알수록 이상한 나라

일본

알수록 이상한 나라

일본

정일성 지음

범우사

책을 펴내며

　우리는 왜 일본의 식민 지배를 받게 되었을까? 그리고 해방된 지 70년 하고도 7년이 지나도록 '역사전쟁'에 시달려야 하는가?

　나의 일본 탐구는 이 두 가지 궁금증에서 비롯되었다고 해도 과언이 아니다. 의문의 시작은 36년 전으로 거슬러 올라간다. 돌이켜보면 1982년 여름은 유난히 뜨거웠다. 날씨도 날씨려니와 일본의 때아닌 '역사왜곡'이라는 '새로운 도발'이 세계 여론을 발칵 뒤집어 놓은 까닭이다. 주지하다시피 그때 우리 사회는 말 그대로 '분노'의 도가니였다.

　일본문부성은 그해 6월 중고교용 역사교과서를 검정하면서 집필자들에게 패전 후 일상화된 역사용어를 자국에 유리하도록 고쳐 쓰게 했다. 곡필 내용도 어처구니가 없다. 이를테면 우리 민족의 의거인 '3·1운동'을 '3·1폭동'으로 쓰게 하거나, 심지어 '조선 침략'을 '조선 진출'로 바꿔 쓰도록 강요했다. 그런가 하면 강제로 행한 창씨개명을 스스로 선택한 '임의제도'였다고 서술토록 하고, '제국

주의'란 용어는 아예 쓰지도 못하게 막았다. 그러면서 '자학사관自
虐史觀 탈피'라는 명목을 역사왜곡의 핑계로 내세웠다.

국내 언론은 이를 과거 식민지 피지배 민족에 대한 정신적 '박
해'이자 선전포고 없이 우리 국권을 제압하려는 '역사전쟁'이라 규
정하고 연일 강도 높은 비판을 쏟아냈다. 중국을 비롯한 세계 매스
컴의 반응 역시 크게 다르지 않았다.

그때 나는《서울신문》문화부 학술담당 기자로 이 사건을 맞닥
뜨렸다. 각사 취재경쟁이 치열한 가운데 여름 내내 일본의 도발과
씨름하는 동안 앞서 말한 두 가지 의문이 꼬리에 꼬리를 물었다. 조
선통신사가 입증해주듯 우리의 문명 수준은 메이지유신 전까지만
해도 분명 일본을 앞서지 않았는가 되뇌면서.

'궁금증을 풀자면 일본근대사를 공부해보는 게 지름길일 수 있
다. 가자, 일본으로!'

이렇게 다짐하고 일본을 '들여다본' 지 어느새 30년이 지났다.
1985년 도쿄 게이오慶應대학에서 처음 메이지유신明治維新 강의를
듣기 시작했으므로 정확히는 33년이 흐른 셈이다. 결코 짧은 시간
은 아니다.

연구성과는 스스로 생각해도 그리 나쁜 편은 아닌 듯싶다.《황
국사관의 실체─일본 군국주의는 되살아나는가》,《후쿠자와 유키
치─탈아론脫亞論을 어떻게 펼쳤는가》,《이토 히로부미─알려지지
않은 이야기들》,《일본 군국주의의 괴벨스 도쿠토미 소호》,《야나기
무네요시의 두 얼굴》,《인물로 본 일제 조선 지배 40년》,《일본을

제국주의로 몰고 간 후쿠자와 유키치—탈아론을 외치다》등 그동안 일본근대사에 관한 책 7권(개정판 포함)을 펴냈으니 말이다.

이들 연구서를 내면서 겪은 애환은 이루 다 말할 수가 없다. 그가운데서도 〈조선통치 요의朝鮮統治の要義〉의 원문을, 그것도 광복 60년 만에 손 안에 넣었을 때의 기쁨이란 정말 하늘을 날 듯했다. 〈조선통치 요의〉는 강제합방 당시 《경성일보京城日報》 감독으로 조선언론 통폐합을 주도한 도쿠토미 소호德富蘇峰가 조선총독부 직원들을 교육하고자 쓴 '무력통치론'이다.

그는 이 글을 1910년 10월 1일부터 15일 사이 10회에 걸쳐 《경성일보》에 기고했다. 그러나 당시 신문이 없어져 필자가 도쿠토미라는 사실만 전해질 뿐 구체적인 내용은 전혀 알 수 없었다. 다행히 도쿠토미는 1915년에 펴낸 《료쿄교류시兩京去留誌》라는 책에 이 글을 옮겨놓았다. 문제의 글에는 무력통치 요령이 적나라하게 적혀 있다. 그 세 번째 글에서 "조선인들이 일본의 조선통치를 숙명으로 여기고 기꺼이 받아들일 수 있게 하는 방법은 오직 힘뿐이다"고 강조한 대목은 지금 읽어도 등골이 오싹해진다. 이 한 마디로도 〈조선통치 요의〉가 일제 무단통치 연구에 얼마나 귀중한 증거자료인가를 단적으로 알 수 있다(이 책 제5장 저서에 대한 서평 《일본 군국주의의 괴벨스 도쿠토미 소호》참조).

이와 함께 국내 최초 후쿠자와 유키치福澤諭吉 우리말 평전을 내어 그가 '침략주의 이론가'였음을 증명한 것 또한 큰 수확이다. 후쿠자와는 일본에서 '국민교사'로 추앙받고 있다. 일본 유신維新정권

혼란기에 《지지신보時事新報》를 창간하고 게이오기주쿠慶應義塾대학을 설립하여 국민을 문명文明세계로 이끈 때문이다. 지금은 일본 최고액 지폐인 1만 엔짜리의 초상으로 부활, 일본을 상징하고 있기도 하다.

그러나 우리에겐 잊을 수 없는, 잊어서도 안 되는 인물이다. 그는 구한말 조선왕조가 바람 앞의 등불과도 같았을 때 김옥균 등 조선 개화당을 부추겨 갑신정변을 일으키게 하고, 정변이 실패로 끝나자 '탈아론脫亞論'을 내세워 일본이 조선을 지배해야 한다고 주장하며 일본을 제국주의로 오도誤導한 장본인이다. 평전이 나오기 전까지 국내 학계는 그런 후쿠자와의 진면목을 까맣게 모르고 있었다. 그저 '제국·식민주의시대에 일본국민을 깨우친 계몽사상가이자 일본근대화에 공헌한 선각자'로만 알려져 있을 뿐이었다.

'탈아론'이 우리 사회에 얼마나 큰 충격파를 몰고 왔는지는 당시 이를 보도한 매스컴이 잘 말해주고 있다. 국내 언론들은 거의 모두가 그에 관한 이야기를 신간화제로 크게 다루었다(이 책 제5장 저서에 대한 서평《후쿠자와 유키치―탈아론을 어떻게 펼쳤는가》참조).

또 일본 민예운동 창시자이자 문장가로 유명한 야나기 무네요시柳宗悅의 실체를 해부, 그 또한 '제국주의 이데올로그'였다는 사실을 역사의 전면에 세운 작업도 보람이 아닐 수 없다. 그는 최근까지도 우리 사회, 특히 고미술계에서 '식민지시대 조선의 독립을 도운 대표적 친한파 일본 지식인'으로 존경받아 왔다. 그러나 그는 일본식 오리엔탈리즘으로 일제 무단통치를 '허울뿐인 문화통치'로 바꾸는 데 일조한 일제 식민통치 조력자였음이 드러났다(이 책 제5장 저서 에 대한 서평《야나기 무네요시의 두 얼굴》참조).

이외에도 일제가 조선을 '황민화(일본화)'할 목적으로 1906년부 터 패망 때까지 임명한 통감·총독 10명의 폐정사弊政史를 한눈에 알 수 있게 정리한 작업도 자랑이라면 자랑이다. 이들의 악정惡政을 복원하는 데는 일제가 패주敗走하면서 조선총독부 문서를 모두 불 태워버려 증거수집에 어려움이 많았다. '책을 읽어내려 가면 갈수 록 슬프고, 속상하고, 분하다. 이런 책이 해방되자마자 편찬되었으 면 우리들이 국사를 잃어버리지 않고, 일본인들도 조금은 한국인의 눈치를 보며 살았을 텐데 아쉽다'는 어느 인터넷서점의 서평을 대 하면서 늦게나마 통감·총독의 폐정을 발굴·재정리하길 잘했다는 생각이다(이 책 제5장 저서에 대한 서평《인물로 본 일제 조선 지배 40년》참조).

이런 결과에 대한 각계의 성원에 힘입어 8번째 일본에 관한 책 을 내놓는다. 그동안 여러 매체에 기고한 글들을 모은 것이다. 주제 는 각각 다르지만 읽는데 맥이 끊어지지 않도록 관련지어 다시 정 리했다.

제1장은 독자들에게 흥미를 더하고자 일본에 처음 가서 겪은 경험담, 일본의 성씨 유래, 아베 신조安倍晋三 전 일본 총리의 가계家 系 등 비교적 가벼운 내용을 시작으로 하여 일본개화기 역사, 일본 이 핵폭탄을 맞기까지의 흥망성쇠 등을 담았다. 그 가운데 〈요시다 쇼인을 알면 일본이 보인다〉는 글은 국내 역사학자들도 거의 잘 모 르는 내용이다. 일본이 핵폭탄을 맞게 된 사연도 읽어두면 일반상

식에 도움이 될 것이다.

　제2장에는 일본이 감추고 싶어 하는 과거사를 다루었다. 일본 군 731부대의 인체 산몸 실험과 일본군 '성노예' 문제가 이야기의 중심이다. 일본은 아직도 이 두 가지 만행을 숨기려 하고 있다. 아베 전 일본 총리는 이들 사건의 존재 자체를 부정한다. 그런 까닭 등을 집중 분석했다. 논제 중 '2015 한일위안부합의서' 졸속합의 내막은 우리 외교의 치부를 그대로 드러낸 외교비사秘史이다. 외교당국이 깊이 반성하고 자세를 가다듬어야 할 교훈이기도 하다.

　제3장에서는 일본 보수우익의 비뚤어진 역사 인식을 진단했다. 독일과 일본의 과거사 청산 비교, 일본 정계를 이끌고 있는 극우단체 '일본회의'의 실상, 일본은 왜 과거 잘못에 대한 사죄·사과에 인색하나, '역사전쟁' 등을 주제로 했다.《책과인생》독자라면 이미 읽었을지도 모른다.

　제4장〈일본은 왜 헌법을 고치려 하는가〉는 이번에 새로 쓴 글이다. 최근 심각한 문제로 떠오른 일본의 무기 수출 현황과 플루토늄 재처리공장에 대한 실상을 깊이 있게 분석했다.

　일본의 군비는 2017년의 경우 454억 달러로 세계 8위를 기록했다. 일본 수출 가운데 무기가 차지하는 군수율軍需率도 평균 4퍼센트라고 한다. 일본은 무역규모가 큰 만큼 액수로 따지면 결코 가벼운 비중은 아니다. 군수율이 가장 높은 가와사키川崎중공업은 14퍼센트나 된다. 사업 규모가 제일 큰 미츠비시三菱중공업도 11.4퍼센트에 이른다.

거기에 더하여 일본은 즉시 핵폭탄을 만들 수 있는 플루토늄을 50톤이나 보유하고 있다. 이는 원자폭탄 6,200여 발을 만들 수 있는 양이다. 아오모리靑森현 로카쇼무라六ヶ所村에 지난 1993년부터 29년이나 걸려 짓고 있는 '핵재처리공장'도 언제 문을 열지 세계가 주목하고 있다.

이런 사실들을 종합해보면 일본은 이미 무기를 자유롭게 사고파는, '싸움하는 보통국가'의 길로 들어섰음을 분명하게 알 수 있다. 그래서 헌법도 그에 걸맞게 고치려는 것이 아닌가?

마지막으로 제5장에는 나의 저작물 7권에 대한 언론계 서평을 모았다. 분량은 조그마한 책자를 낼 정도이다. 그런 만큼 서평만 읽어도 근대한일관계사를 이해하는 데 다소나마 도움이 되리라 믿는다. 이 자리를 빌려 그동안 화제의 책들이 나올 때마다 전폭적인 지지를 보내준 언론계에 깊이 감사드린다.

일본은 이제 어느 나라도 넘볼 수 없는 군사대국을 이룩했다고 판단한 것일까? 아베를 비롯한 일본 정치지도층은 과거 제국주의시대의 잘못에 대해 조금도 반성할 기미를 보이지 않고 있다. 반성은커녕 '침략 역사를 반성하자'는 의견을 '자학사관'이라 폄훼하고 역사의 객관성을 추구하는 학자들을 '국적國賊'으로 매도하며 배타와 경쟁을 강조하는 닫힌 군국민족주의로 치닫는 양상이다. 거듭 강조하지만 역사미화를 주요 내용으로 한 이런 비합리적 '자학사관 극복운동'은 스스로 '정치 소국'임을 드러내는 꼴이다. 양식 있는 일본학자들의 말마따나 결코 선린외교에도 도움이 될 수 없다.

한국이 일본에게 과거 잘못을 인정하라고 촉구하면 '우리(지금의 정권담당자)는 전쟁당사자가 아니다. 전쟁을 모르는 전후 세대가 언제까지 사과·사죄를 계속하라는 말인가. 우리는 미국에 졌지 한국에 진 것은 아니다'는 억지 논리로 배상은 물론 사과·사죄할 책임이 없다고 손사래를 친다. 이보다 황당한 궤변이 어디에 또 있을까. 전쟁이 끝난 지 77년이 지난 지금도 전쟁 피해자를 찾아 사죄와 배상을 계속하고 있는 독일과 비교하면 그야말로 하늘과 땅 차이이다.

왜 그럴까. 혹시 신사도를 중시하는 독일인과는 달리 '강자에 약하고 약자에 강한' 일본인의 '섬나라 근성'(이른바 '시마구니 곤조島國根性')은 아닐까. 그렇지 않으면 19세기 말 제국주의시대 '인종우열론'으로 유명한 프랑스 의사이자 사회심리학자 귀스타프 르 봉(Gustave Le Bon)의 지적처럼(개인적으로 인종우열론을 믿지는 않지만) 일본인은 서구인보다 문명수준이 낮은 탓일까. 귀스타프는 그가 쓴 《민족발전의 심리》에서 '중등中等 인종인 일본인은 아무리 우등 인종인 백인의 서구문명을 잘 학습한다 해도 중등의 한계를 벗어날 수는 없다'고 설파했다.

어쨌거나 패전 후 한동안 평화국가임을 강조하던 일본은 1999년 국회 의결을 거쳐 메이지시대에 만들어 사용한 일장기日章旗 '히노마루日の丸'와 일본국가 '기미가요君が代'를 현재 일본의 국기國旗와 국가國歌로 다시 채택, 전후 일본이 전전戰前과 다르지 않음을 세계만방에 알렸다. 이처럼 일본은 제국주의 국가 유물을 당당히 계승한 만큼 당시의 잘못도 솔직히 시인하고 책임질 일은 책임을 져야 마땅한 도리가 아닐까.

우리는 지금 일본과 '역사전쟁' 중이다. 그 어느 때보다 비이성적 감정보다는 더욱 철저한 논리적 근거가 필요한 시점이다. 일제 강점기 역사가 비록 부끄러운 과거사라 할지라도 보다 철저히 연구하고, 비판하고, 정리하여 일본의 역사왜곡에 대비해야 할 것이다.

'역사를 잊은 민족에게 미래는 없다'는 윈스턴 처칠(Winston Churchill)의 말은 다 함께 머리에 새겨야 할 교훈이다. 이 책을 쓸 수 있게 슬기와 용기를 주신 하나님께 감사드린다. 아울러 변변찮은 내용을 책으로 내주신 윤형두 범우사 회장님과 편집진에게도 고마움을 표한다. 이 책을, 생전 효도를 못 다한, 어머니(송양엽宋良葉) 영전에 바친다.

2021년 12월 정일성

차례

일러두기

1. 주해가 필요한 각주를 괄호 안에 넣었다.

2. 일본 인명·지명·잡지 이름 등의 고유명사는 일본어 발음대로 쓰되 도쿠가와 막부,
   문예춘추 등 익숙해진 말은 우리말로 표기했다.

3. 일본 학자의 연구를 인용할 때는 원문을 직역했다.

4. 연구논문을 인용해 '일본 왕'을 표기할 때는 일본 말로 '텐노(천황)' 또는 우리말 발음
   대로 '천황'으로 표기하고 그 밖에는 왕으로 적었다.

5. '일본군 위안부'라는 표현은 두 나라의 주장에 따라 각각 '일본군 성노예'(한국측), '종군
   위안부'(일본 측)를 함께 썼다.

제1장

알려지지 않은 이야기들

1. '후시기나 구니'

1985~86년 일본 게이오慶應대학 객원연구원으로 있을 때 일이다. 일본에 오래 머물다 보면 '후시기不思議'란 말을 자주 들을 수 있다. '후시기나 구니國', '후시기나 닌겐人間', '후시기나 도우부츠動物' 식으로.

일본어를 배운 사람은 다 알겠지만 '후시기'를 우리말로 옮기면 '이상하다'는 뜻이다. 이 말이 함축하고 있는 것처럼 일본은 정말 알다가도 모를 나라다. 4촌 형제간에도 결혼을 하고, 비록 규슈九州나 도호쿠東北 등 일부 외딴 지방이긴 하지만, 아직도 생판 모르는 남녀가 목욕탕에 함께 들어가 목욕을 하는 메이지明治시대 이전의 '혼욕풍속'이 남아있다는 것쯤은 이미 잘 알려진 얘기다.

'따라 하기' 자살 성행

그러나 자기가 좋아하는 10대(틴에이저Teenager) 가수가 고층빌딩에서 뛰어내려 죽었다고 해서 같은 방식으로 목숨을 초개같이 버리는 모방성 자살이 성행하고, 집을 빌리는 세입자가 '잘 봐달라'는 뜻으로 집주인에게 사례금을 주는 데는 아연해질 수밖에 없다.

1980년대 중반 일본에서는 '오카다岡田'라는 10대 여가수가 선풍적인 인기를 끌었다. 그가 가는 곳은 팬들로 인산인해를 이뤘다. 그는 한마디로 당시 일본 젊은이들의 우상偶像이었다. 그러던 그가 무슨 까닭인지 1986년 4월 갑자기 고층에서 몸을 던져 자살해버렸다. 그러자 그해 4월 한 달 동안 일본 전국에서 48명의 10대들이 같은 '뛰어내리기' 방법으로 목숨을 끊었다. 이 사건으로 당시 일본사회는 발칵 뒤집혔다. 모든 언론은 이를 연일 톱뉴스로 보도했다.

그 뿐인가. 남자와 여자가 혼욕하는 모습이 온천광고로 버젓이 텔레비전에 방영되고, 야쿠자(일본의 폭력조직)의 '대관식'(대표자 취임식)이 텔레비전에 생중계되는 것을 보고 있노라면 정말 '후시기나 구니'(이상한 나라)라고밖에 달리 표현할 길이 없다.

'야쿠자' 총수 취임식을 TV생중계

일본 야쿠자 조직들은 각 파벌마다 자기들의 총수가 죽거나 지위를 잃게 되면 후계자를 뽑아 '대관식'을 갖는 것이 관례라고 한다. 도쿄 체류 당시 나는 때마침 '야마구치山口파'의 대관식을 TV로 볼 수 있었다. 새 대표로 뽑힌 후계자는 죽은 총수의 아내였다.

폭력조직을, 그것도 일본에서 가장 규모가 크고 유명한 '야마구치조직'을 이끄는 대표자가 여성이라니 충격은 말할 수 없이 컸다. 더군다나 취임식 광경은 마치 왕정국가의 군주즉위식을 보는 듯하여 아직도 뇌리에 생생히 남아있다.

주택임대차 관습도 좀처럼 납득할 수 없는 풍속이었다. 일본에서 집을 얻기 위해서는 월세 두 달 치를 집주인에게 사례금조로 주어야 한다. 일본말로는 명목도 좋게 '레이킨禮金'이라 한다. 그것도 잘 봐주겠다는 뜻으로 받는 것이라니 우리의 상식으론 도저히 이해할 수 없는 해괴한(?) 일이다. 거기에다 복덕방 소개료로 한 달 치를 더하고 '시키긴敷金'이라는 명목의 보증금조로 두 달 분을 함께 주게 되어 있다. 보증금은 물론 이사할 때 집주인이 다시 환불하지만 감가상각비를 공제하므로 전액을 그대로 돌려받을 수는 없다.

여섯 달치 월세를 한꺼번에 미리 내야 집 얻어

따라서 방안의 기둥에 못을 박거나 방에 깔린 '다다미'를 더럽히는 일 등은 절대 금물이다. 때문에 우리나라 유학생이 옷을 걸기 위해 우리식으로 아무렇게나 기둥에 못을 박았다가 기둥을 새로 바꾸어 끼우는 데 드는 만큼의 비용을 물었다는 얘기는 너무나도 유명하다.

이처럼 까다로운 조건은 그만두고라도 집을 빌리는 데는 6개월 분 월세의 목돈이 필요하다. 가령 월정 9만 엔짜리 집을 세내었다면 54만 엔이나 되는 적지 않은 돈을 계약 때 한꺼번에 지불해야만 된다. 일본에는 전세제도가 없고 모두가 월세이며 그것도 미리 받는 '선불제'이다.

100만 엔의 거금(?)을 지참하고 건너갔던 필자가 낭패를 당한 것은 바로 그런 정보에 어두웠기 때문이다. 이런 문제를 놓고 일본

학생들과 밤을 새워가며 토론한 적도 있지만 외국에 가면 그 나라의 관습에 따라야 한다는 주장에는 어처구니가 없었다.

또 한 가지 그냥 지나칠 수 없는 일이 떠오른다. 1986년 5월 어느 날로 기억하고 있다. 일본의 유력지 《아사히朝日신문》 광고란에는 한 저명인사의 부음訃音과 개犬의 부고가 같은 크기로 나란히 실렸다.

개 장례식도 TV생중계

그리고 그 다음날 일본의 민영방송들은 이 개의 장례식 모습을 30여분에 걸쳐 현장중계로 생생하게 보여주었다. 개의 주인은 당시 일본에서는 꽤 이름이 알려진 50대 여성 스페인 무용가였다. '견공' 상주가 저명인사여서인지 조문객도 300여 명이나 몰렸다. 문상객은 하나같이 사람 장례식과 똑같이 검정 양복과 검정색 넥타이 차림으로 참석, 분향하며 천수를 다한 개의 명복을 빌었다. 이쯤 되고 보면 '개 팔자가 상팔자'가 아닌가.

이는 물론 일본사회 일각에서 일어난 하찮은 일들에 불과하다. 게다가 시간도 그로부터 40년 가까이 흘러 지금은 세태가 달라졌을지도 모른다. 따라서 이런 일들을 일본사회 전체의 일상으로 단정하면 곤란하다.

오늘날 일본의 학자들은 강단에서 "메이지유신明治維新의 뜻을 받들어 세계 최강국을 이룩하자"고 외치고 있다. 또 학생들은 학생들대로 국가를 위해 무엇을 할 것인가를 논하고 있다.

그들은 비록 못 먹고 잘 못살아도 불평을 하지 않으며 이를 모두 자기의 '운運'으로 돌린다. 다시 말하면 가난은 모두 자신의 운이 나쁘기 때문에 당하는 불행이라고 생각한다. 우리들의 의식과 얼마나 대조적인가.

설령 옳지 않은 일이라도(물론 그런 일은 극히 드물지만) 다수가 그렇게 생각하면 그쪽을 따르는 것이 일본인들의 특질이다. 이런 점들은 우리들이 깊이 음미해볼 일이다.

2. '유월일일'이 성씨라고?

일본의 성씨는 종류가 많기로 세계 으뜸이다. 의미 또한 기상천외奇想天外한 것이 수두룩하다. 두 글자 성姓이 보통이지만 우리처럼 외자가 있는가 하면 심지어 네 글자로 이루어진 성씨도 있다.

'십十', '유월일일六月一日', '구십구九十九'도 성씨

'시時'가 성씨이고, '십十', '유월일일六月一日', '구십구九十九'라는 성씨가 있다고 말하면 아마 곧이듣지 않을 사람이 많지 않을까 싶다. 그러나 이는 일본에 엄연히 존재하는 성씨의 하나이다. 물론 읽는 법은 우리와 전혀 다르다. 시는 '도키'이고, 십은 '모게키', 유월일일은 '우리와리', 구십구는 '츠쿠모'라 읽는다.

따라서 이와 같은 성씨를 신입사원으로 뽑은 회사에서 훈련을 담당한 과장이 전화로

"'시'씨! 급한 일이니 '십'씨와 '유월일일', '구십구'씨를 데리고 빨리 내 방으로 와요!"라고 지시하는 상황도 얼마든지 상상할 수 있다. 우리에게는 배꼽을 잡을 만한 우스개소리로 들릴지 모른다.

하지만 일본말 뜻을 옮기면

"'도키'씨! 급한 일이니 '모게키'씨와 '우리와리', '츠쿠모' 씨를 데리고 빨리 내 방으로 와요!"라는 말이 되니 흠잡을 데가 없지 않은가.

1996년에 발행된 《일본성씨대사전》에 따르면 일본의 성씨는 자그마치 29만 1,531종이나 된다. 그것도 이 숫자가 똑 부러지게 전부라고 말할 수는 없다. 시시각각으로 새로운 성이 생겨나는 데다 한자漢字 읽기가 제각각이기 때문이다. 가령 성인이 된 아들이 분가할 때 아버지의 성씨를 따르기 싫다면 마음에 드는 성을 새로 만들어 호적에 올릴 수 있는 것이 일본의 현행 민법이다.

일본 성씨는 '움직이는 지명'

이처럼 일본에 부지기수의 성씨가 생겨나게 된 계기는 메이지明治유신(1868년)이었다. 근대국가 건설에 나선 메이지정권은 1875년 '성씨필칭령(일본말로는 묘지히츠쇼레이苗字必稱令)'을 내려 모든 국민이 성씨를 갖도록 했다. 남성들의 군대동원, 세금징수, 주택·토지소유 문제 등에 이름을 분별할 필요성이 커짐에 따라 내린 조치였다.

그 이전 도쿠가와 막부德川幕府는 무사武士들에게만 성씨를 허용하고 평민들에게는 일절 쓸 수 없도록 금지했다. 평민들은 거주지도 마음대로 옮길 수 없는 처지여서 마을에서 그저 '개똥이', '쇠똥이' 등으로 불렸다.

갑자기 창씨創氏가 의무화된 평민들은 급한 대로 자기 조상의 발상지 또는 조상의 묘가 있는 곳, 고향·출생지 등의 지명地名을 대부분 성씨로 선택했다. '다나카田中', '나카무라中村', '야마다山田' '기무라木村', '다케시타竹下', '이노우에井上' 등이 모두 그렇다. 오죽했으면 '성씨는 움직이는 지명이다'는 말까지 유행했을까. 옥호屋號와 직업 이름도 성씨로 둔갑했다. 그러다보니 5대만 거슬러 올라가도 자기 조상이 누구인지 가계 혈통을 모르는 사람이 허다하다.

옛날 일본의 양반 계층은 후지와라藤原 계통이었다. 이들은 성씨에 대부분 '등藤'자를 넣었다. 이토伊藤, 가토加藤, 사토佐藤 등이 그 대표적인 예이다. 또 제사와 방울, 다리를 뜻하는 글자가 들어간 스즈키鈴木, 하시모토橋本, 사이토齋藤 등의 성씨는 신관神官 신분이었음을 뜻한다.

같은 한자漢字라도 읽기에 따라 다른 성씨

일본인은 성씨를 거의 한자漢字로 표기한다. 그렇지만 읽는 법은 그야말로 자기 멋대로이다. 우리말로는 오로지 '신전'으로 발음하는 '新田'을 일본에서는 '닛타ニッタ', '아라타アラタ', '신다シンダ', '신덴シンデン', '니이타ニイタ', '니우타ニウタ' 등 여섯 가지로 읽는다. 다시 말하면 한자로는 오직 하나인 '신전'에 여섯 가지 성씨가 있는 셈이다.

그 결과 이를 담당하는 일본 법무성도 현존하는 일본성씨가 정확히 몇 개나 되는지 제대로 파악하지 못할 정도이다. 이 역시 일본 성씨 가짓수를 부풀리는 데 한몫하고 있다.

치과의사이자 인명연구가였던 사쿠마 에이佐久間英(1913~1975)가 1972년에 조사한 일본성씨 현황에 의하면 스즈키鈴木가 일본에서 가장 많은 성씨로 나타났다. 그 다음은 사토佐藤, 다나카田中, 야마모토山本, 와타나베渡邊, 다카하시高橋, 고바야시小林, 나카무라中村, 이토伊藤, 사이토齋藤 등이 뒤를 잇는다. 그러나 일본 제일생명은 사토를 1위로, 스즈키, 다카하시, 다나카, 와타나베, 이토, 나카무라, 야마모토, 고바야시, 사이토 등을 10대 성으로 내세우고 있다. 어쨌거나 이들 10대 성은 일본 인구(2021년 6월 현재 1억 2,623만 명)의 10퍼센트 가량을 차지한다.

서양 성씨제도를 본받아

일본의 성씨제도는 서양의 가족제도를 그대로 본받았다고 해도 틀린 말이 아니다. 특히 여성이 결혼하면 아버지의 성씨 대신 남편의 성을 따르도록 한 것은 서양과 똑 같다.

성씨를 쉽게 바꿀 수 있는 점도 특징이다. 일본 민법은 다른 성씨로의 입양을 허용하고 있어 성씨 바꾸기가 더욱 용이하다. 제2차 세계대전의 A급 전범(침략전쟁을 계획·준비·개시·수행했거나 이에 가담한 자)으로 전후 두 번이나 일본 수상을 지낸 기시 노부스케岸信介(1896~1987)는 그 좋은 예에 속한다. 그의 원래 성씨는 사토佐藤였다. 노부스케는 1919년 기시 요시코岸良子와 결혼하고 나서부터 기시 성을 갖게 되었다고 한다.

임진왜란의 '괴수' 도요토미 히데요시豊臣秀吉(1537~1598)도 본디

성은 기노시타木下였다. 33세에 오다 노부나가織田信長(1534~1582) 다이묘大名의 부장部將으로 출세하면서 하시바羽柴로 고치고, 천하를 손아귀에 넣은 뒤에는 후지와라藤原에 이어 도요토미로 바꾸었다. 한국 침략의 '공적公敵' 이토 히로부미伊藤博文(1841~1909)는 더욱 복잡하다.

이토의 처음 성은 하야시林였다. 그런데 그의 아버지 하야시 주죠林十藏가 이토 나오우에몬伊藤直右衛門이라는 하급 무사의 양자로 들어 가족 모두가 이토라는 성씨를 갖게 되었다. 이토는 출세하기 전 한때 하나야마花山, 요시무라吉村, 오치越智, 나가이長井라는 성씨를 쓰기도 했다.

이처럼 일본에서는 성씨를 바꾸는 일이 가히 손바닥 뒤집기와 다르지 않다. 따라서 일본인과 대화 중 "그 말이 사실이 아니면 내 성을 갈겠다!"는 말은 오히려 실례가 된다.

왕은 이름만 있고 성은 없어

또 한 가지 일본의 왕 이른바 '텐노天皇'에게는 연호와 이름만 있을 뿐 성씨가 없다는 점도 특이하다. 메이지明治왕의 이름은 무츠히토睦仁, 다이쇼大正왕은 요시히토嘉仁, 쇼와昭和왕은 히로히토裕仁, 현재의 레이와令和왕(2019년 즉위)은 나루히토德仁이다.

참고로 일본인은 교제를 시작하기 전 맨 처음 인사할 때 명함 주고받기를 예절로 여긴다. 서로 명함을 건넨 다음에는 대부분 이름 읽는 법을 일러준다. 같은 한자라도 자기만이 좋아하는 읽는 법이 따로 있기 때문이다. 만약 읽는 법을 알려주지 않으면 물어보는 편이 교제에 도움이 된다. 그래도 예의에 어긋나지 않는다.

3. 기시 노부스케와 사토 에이사쿠

　선거운동은 어느 나라나 '진흙탕 싸움'이 예사인가 보다. 이기기 위해서는 수단과 방법을 가리지 않는다. 중상모략이 판을 치고 때로는 죽음까지 불러온다. 부자·형제간에도 인정사정없다. 일본의 선거전도 물론 예외가 아니다.

노부스케와 에이사쿠는 친형제

　일본 선거운동사에서도 기시 노부스케와 사토 에이사쿠佐藤榮作 (1901~1975) 간에 벌였던 선거전만큼 치사함의 극치를 보여준 사례도

드물다. 이미 잘 알려져 있다시피 둘은 성씨만 다를 뿐 친형제간이다. 앞서 설명대로 기시는 일본패전 후 두 번 내각총리를 지냈으며, 동생 또한

(왼쪽) 기시 노부스케 (오른쪽) 사토 에이사쿠

8년여에 걸쳐 세 번이나 수상을 역임한 전후 일본정계의 선두주자였다.

사단은 1953년 4월 중의원 선거 때 '공직추방령'에서 풀린 기시가 그의 고향인 야마구치山口縣현 구마게군熊毛郡 다부세쵸田布施町에서 자유당 중의원후보로 입후보하면서 벌어졌다. 이곳은 민주자유당 소속인 동생 에이사쿠가 1949년 1월 중의원에 첫 당선된 이후 이미 정치 기반을 굳히고 있던 지역구였다.

공직추방령은 제2차 세계대전에 승리한 연합국최고사령부가 1946년 1월 4일 발표한 일본지도층에 대한 일종의 정치활동 금지 조치이다. 이에 따라 제국시대의 전쟁범죄인, 직업군인, 국가주의 단체 등의 유력인사, 만주·타이완·조선 등의 행정장관을 역임했던 인물들은 일체 국가 공직을 맡을 수 없었다.

도조 히데키東條英機(1884~1948) 내각에서 국무대신·상공차관·국무상·군수차관 등을 역임한 기시는 패전 후 1948년까지 3년 동안 도쿄 도시마구豊島區 스가모巢鴨구치소에서 수감생활을 하다 석방되었으나 공직추방령이 해제될 때까지 공적활동을 금지 당했다.

반면 사토는 1944년 4월 철도성鐵道省 감독국장에서 오사카 철도국장으로 좌천되어 근무 중 패전을 맞은 덕에 공직추방령을 면할 수 있었다. 공직추방령은 연합국과 일본이 미국 샌프란시스코에서 강화조약을 맺은 1952년에 해제됐다.

포문은 사토 진영에서 먼저 열었다. 이 고장에서 대대로 삶을 이어온 명문임을 내세운 사토측은 어떻게 해서든 유권자들에게 기

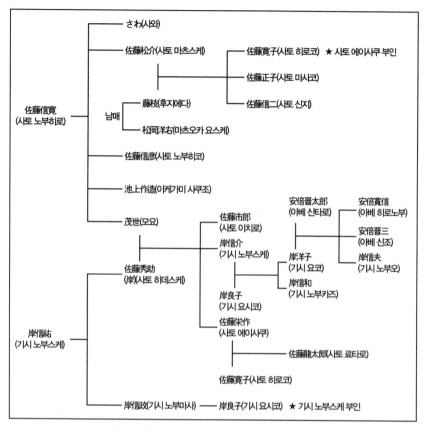

〈표 1〉 기시 노부스케와 사토 에이사쿠 형제 가계도

시 노부스케가 '비열한 인물'이라는 인상을 심고자 머리를 짰다. 그
결과 생각해 낸 것이 예부터 이 지역에 전해 내려온 '간岸'이라는
성씨에 대한 고사故事였다. '간'은 '岸'을 일본말로 발음한 한자漢字
음독音讀이다. 이를 풀어 읽은 말이 바로 '기시'〔훈독訓讀〕이다. 우리말
로는 '안'이다.

기시岸 성은 조선에서 건너간 '귀화인'

'간'씨는 원래 조선에서 일본으로 건너간 '귀화인'이었다고 한다. 이 '간'씨, 즉 '기시'씨가 일본 성씨로 정착한 것은 1555년쯤으로 전해지고 있다. '간'은 일본 전국戰國시대(1467~1573) 일본 중부지방을 석권한 모리 모토나리毛利元就(1497~1571) 영주領主가 그 해 세토나이카이瀬戶內海 히로시마廣島만 북서쪽에 있는 이쿠츠시마嚴島 해전에서 스에 하루카타陶晴賢(1521~1555)를 상대로 싸울 때 모리 쪽에 선박을 동원하여 대승으로 이끌었다. '간'의 도움으로 수호周防·나가토長門 지역을 손안에 넣은 모리는 그 공을 인정하여 그를 다부세田布施 지방의 다이칸代官(영주를 대신하여 발령지역의 행정을 맡아 관리하는 관직)으로 임명했다.

그런데 다부세의 행정을 도맡은 '간' 다이칸은 세금을 과도하게 부과하고 여자들을 농락하며 악착같이 돈을 모은 이른바 '악질 다이칸'으로 악명이 높았다. 이런 구전口傳 야사를 잘 아는 사토 진영의 누군가가 "기시가岸家는 원래 '악질 다이칸'의 내림이다. 그 '간'의 후손이야말로 다름 아닌 '岸(간)'이 아닌가. 기시 노부스케는 '악질 다이칸의 자손'이다!"고 외쳤다. 사토 에이사쿠의 큰아들 류타로佐藤龍太郎마저도 처음에는 '그렇지! 그렇지!'라며 맞장구를 쳤다고 한다.

'제 얼굴에 침 뱉기' 선거운동

그러나 사토와 기시 집안에 얽힌 사연을 들여다보면 그렇게 단순하게 서로를 비방할 사이는 아니었다. 먼저 노부스케와 에이사쿠의 친아버지인 사토 히데스케佐藤秀助는 원래 기시岸성이었다. 히데스케는 사토 모요佐藤茂世와 결혼하면서 사토佐藤 씨로 성을 바꾸었다. 두 부부는 금슬이 얼마나 좋았던지 슬하에 10명의 자녀(남자 3명, 여자 7명)를 두었다. 에이사쿠를 중심으로 하면 형이 2명이고 누나가 4명, 여동생이 3명이었다. 큰형 이치로市郎는 해군중장을 지냈다. 따라서 에이사쿠에게도, 그리고 료타로에게도 기시가의 피가 흐르고 있음은 자명하다.

이처럼 얽히고설킨 두 가문이 추태를 연출하게 된 것은 노부스케가 1919년 11월 기시 노부마사岸信政의 딸 요시코良子와 결혼하여 성씨를 아내 성으로 고친데다 전후戰後 에이사쿠와 정치적 경쟁관계로 바뀌면서 비롯되었다. 그것도 근친결혼에서 터졌다. 다시 말하면 기시 노부마사는 사토 히데스케와 친형제 사이이므로 노부스케는 사촌을 아내로 맞아들인 셈이다. 이 둘 사이에서 출생한 기시 요코岸洋子가 수상 재임 시 '극우 망언'으로 우리에게 악명 높은 아베 신조安倍晋三 전 일본 총리의 어머니이다.

두 형제 모두 사촌을 아내로 삼아

결혼사정이 복잡하기로는 에이사쿠 역시 마찬가지이다. 에이사쿠는 1926년 2월 사토 마츠스케佐藤松介의 딸 히로코寬子와 백년가약을 맺었다. 하지만 에이사쿠의 장인 마츠스케 또한 에이사쿠 어머니(사토 모요)의 친동생이어서 사촌 여동생을 마누라로 삼은 꼴이다. 이러한 근친결혼이 흔한 일본에는 기형아가 많다. 일본병원에서 초진 때 근친결혼 관계를 가장 먼저 확인하는 것도 이와 무관하지 않다. 사촌간의 혼인을 금하고 있는 우리와는 얼마나 대조적인가. 우리의 윤리 감각으로는 도저히 상상할 수 없는 일이다.

《기시 노부스케전岸信介傳》에 따르면 기시가岸家는 가계부터가 고풍·정연하고, 예전 법도를 잘 지킨다. 예를 들면 집안 신단神壇에 불을 켤 때도 반드시 부싯돌을 사용하고 성냥불 등은 '더럽혀진 물건'이라고 여겨 절대로 쓰지 않는다고 한다. 이같은 분위기는 옛날부터 내려온 것이라고는 전혀 남아있지 않은 사토가佐藤家와는 대조적이라고 두 집안의 특징을 적고 있다.

이처럼 기시 집안과 사토가는 다른 것 같지만 같고, 같은 것 같으면서도 다르다. 기시 집안이 '악질 다이칸'의 후예인지 아닌지는 분명하지 않지만 양가兩家의 '양자들이' 사실은 두 집안의 관계를 극명하게 말해주고 있다.

어쨌거나 사토를 지지하는 선거운동원이 "기시는 악질 다이칸의 후손이다!"고 외칠 때 청중의 반응은 썰렁했다고 한다. 일본 사가들은 이 기시와 사토 간의 선거전 해프닝을 '제 얼굴에 침 뱉기'로 기록하고 있다.

4. 아베 전 일본 총리한테
'조선의 피'가 흐른다?

아베 재집권 후 '일본 군국주의 상징' 기습참배

2013년 세밑은 전 세계가 말 그대로 부글부글 끓었다. 재집권에 성공한 아베 신조安倍晋三 전 일본 총리가 12월 26일 야스쿠니 신사靖國神社를 '기습' 참배한 탓이다. 이는 한마디로 일본의 과거 침략행위를 부정하고 군국주의를 찬미하는 시대착오적 '폭거'이다. 한국과 중국에 대한 새로운 '도발挑發'이자 미국에 대한 '도전挑戰'이기도 하다.

굳이 이런 정의定義가 아니더라도 그 심각성은 아베의 '돌출행위'에 대해 매일 비판과 비난을 쏟아내던 미국을 비롯한 세계 각국의 언론보도를 보면 이해가 가고도 남는다. 당시 미국 오바마 대통령은 이례적으로 '실망했다'라는 성명을 발표하기도 했다.

물론 일본 총리들의 야스쿠니 참배는 아베 이전에도 사적私的인 것을 합하면 손꼽을 수 없을 정도이다. 고이즈미 준이치로小泉純一郎는 2001년부터 2006년까지 여섯 번이나 참배했다. 재임기간 동안 매년 8월 15일마다 단 한 번도 빼놓지 않은 것이다. 한 가지 그는 참배 식사式辭에서 꼭 아시아에 대한 가해 사실을 말하고 사죄와 반성의 뜻을 밝힌 점이 다르다면 다르다.

야스쿠니신사를 최초로 공식 참배한 나카소네 전 총리

그래도 한국과 중국의 항의는 빗발쳤다. 일본 각지에서도 내각총리의 야스쿠니 참배가 위헌이라는 소송이 잇달았다. 그러자 애초 자신의 참배에 대해 공公과 사私를 명확히 구분하지 않던 고이즈미는 2004년 4월 7일 기자회견을 통해 자신의 참배는 '개인적'이라고 밝혔다.

총리의 야스쿠니 공식 참배는 나카소네 야스히로中曾根康弘가 최초이다. 나카소네는 '패전 40주년'인 1985년 8월 15일 각료들을 이끌고 야스쿠니에 들어가 세계를 떠들썩하게 했다. 그때 아시아 각국의 반응이 어떠했는지는 언론보도 기사가 명증하고 있다. 이후 내각총리의 야스쿠니 공식 참배는 중단되었다.

야스쿠니 참배는 군국주의 찬미하는 시대착오적 '폭거'

이런 상황에서 아베의 야스쿠니 참배는 한국과 중국을 비롯한 아시아 여러 나라의 일본에 대한 분노 여론에 기름을 붓는 꼴이었다. 이에 미국은 야스쿠니 문제, 나아가 역사 인식의 정치적 쟁점화가 동아시아 정세를 불안하게 하고 미국의 안보에도 마이너스 요인이 되리라 판단하고 대통령 특별성명을 낸 것으로 풀이된다.

야스쿠니가 우리의 국립묘지처럼 순수한 국가참배시설이라면

교수형에 처해진 골수 '전쟁광'
(왼쪽 상단에서 시계 방향)
도조 히데키
기무라 헤이타로
도이하라 겐지
마츠이 이와네
히로타 고키
이타가키 세이시로
무토 아키라

일본 정치인들이 참배하건 말건 상관할 바가 아니다. 그러나 야스쿠니 신사가 어떤 곳인가. 태평양전쟁의 A급 전범 14명을 합사合祀한 '일본 군국주의의 상징'이 아닌가. 그것도 14명 가운데 7명은 일본 패전 뒤 미국 등 연합국이 주도한 이른바 '극동국제군사재판(일명 도쿄재판)'에서 교수형을 받은(1948년 11월 12일 선고) 골수 '전쟁광'들이다.

대對 미영美英 개전 당시 수상으로 전쟁 도발 책임자였던 도조 히데키東條英機(육군대장, 육상, 내상, 수상), 만주전쟁(일본은 만주전쟁과 중일전쟁을 모두 '사변'으로 기록하고 있으나, 이는 중국을 국가로 인정하지 않음으로써 일본 국민들에게 중국에 대한 멸시감을 심고 일본의 군사행동이 마치 '아시아 혁신'을 위한 것처럼 꾸며 국내외에 선전하기 위한 고도의 정치수작으로 학자들은 '전쟁'이라 표현해야 옳다고 주장한다)을 획책한 도이하라 겐지土肥原賢二(육군대장, 항공총감, 교육총감), 1937년 난징대학살 사건의 외교책임자 히로타 고키廣田弘毅(정보부 차장, 구미국장, 외상), 조선군사령관으로 우리 민족을 못살게 군 이타가키 세이시로板垣征四郎(육군대장, 육군상), 미얀마 방면 사령관을 지낸 기무라 헤타로木村兵太郎(육군중장, 병기행정본부장), 난징작전을 지휘한 마츠이 이와네松井石根(육군대장, 특무기관장), 난징대학살을 계획한 무토 아키라武藤章(육군중장) 등이 그들이다.

또 일본의 무조건 항복을 반대한 히라누마 기이치로平沼騏一郎(검사총장, 대심원장, 국무상, 내상), 조선총독으로 조선인을 전쟁에 강제동원한 고이소 구니아키小磯國昭(육군대장, 조선군사령관, 수상), 일본본토 결사항전을 주장한 우메즈 요시지로梅津美治郎(육군대장, 참모총장), 국제연맹 탈퇴를 주도한 시라도리 도시오白鳥敏夫(정보부장, 중의원 의원), 미일전쟁 개전 당시 외상이었던 도고 시게노리東鄕茂德(외교관, 조선인 도공의 후예) 등 5명은 종신형 또는 금고 20년형을 선고받고 복역 중 사망했다.

이외에도 재판을 받던 중 숨진 마츠오카 요스케松岡洋右(외상, 독·이·일 삼국동맹 주도)와 나가노 오사미永野修身(해군원수, 연합함대사령관, 군령부총장, 진주만 공격 주도)도 들어 있다.

전범들의 위패 야밤중 몰래 안치

야스쿠니 신사는 1978년 10월 17일 이들 전범들의 위패를 새로 만들어 봉안奉安했다. 그것도 야밤중에 몰래 작업을 진행했다. 국민들은 물론 심지어 유가족들도 몰랐다고 한다. A급 전범들의 위패를 야스쿠니에 들여놓는 것이 떳떳한 일이라면 왜 그렇게 극비리에

했겠는가. 이 사실은 그로부터 반년 뒤인 1979년 4월 19일《아사히신문朝日新聞》이 특종 보도하여 세상에 알려지게 되었다.

물론 야스쿠니에 이들의 유골이 묻힌 것은 아니다. 특히 교수형을 받은 도조 히데키 등 7명은 스가모巢鴨구치소에서 처형 후 바로 요코하마橫浜 시영 구보산久保山화장터로 옮겨져 화장되었으나, 미군은 유족측에 유골을 넘겨주지 않았다(연합군이 독일 뉘른베르크 재판 결과 처형된 나치 전범들의 유골을 대서양에 뿌렸듯 이들의 유골을 태평양 상공에 흩날렸을 것으로 추측되나 지금까지 공식적으로 확인된 바는 없다). 다만 위패를 그들 표현대로 '영령英靈'으로 봉안奉安하고 있을 뿐이다.

따라서 미국측에서 보면 내각총리를 비롯한 일본 정치지도자들이 공식이든 개인적이든 야스쿠니 신사를 참배하는 행위는 곧 도쿄재판, 좀 더 구체적으로 말하면 일본 패전에 대한 불복을 의미하는 것이다. 미국의 여론이 아베 정권에게 종군 위안부 강제동원 사실에 대한 사죄와 배상을 촉구하며 아베의 극우 행보를 따갑게 꾸지람하고 있는 것도 이와 무관하지 않다.

야스쿠니 신사의 홍보자료에 따르면 2004년 10월 현재 야스쿠니에는 이들 A급 전범 외에도 모두 246만 6,584명의 전몰자 위패가 안치되어 있다. 이 가운데 7,751명은 메이지유신 전후 내란 때 희생된 사람이고, 6,971명은 세이난전쟁西南戰爭(1877년 조선정벌 실행 시기를 놓고 정부와 사이고 다카모리西鄕隆盛 사이에 갈등을 빚다가 사이고를 비롯한 사족士族들이 가고시마 부근에서 일으킨 반란. 정부군 반격으로 패해 사이고는 할복자살) 때 죽은 사람이다. 또 1만 3,619명은 청일전쟁으로, 1,130명은 타이완

(왼쪽) 야스쿠니 신사의 다이치 도리이 (오른쪽) 야스쿠니 신사

출병에서, 1,256명은 북청사변(일명 의화단 사건. 청나라 의화교 교도가 비밀결사대를 조직, 1899년 산동성에서 열강의 침략에 봉기한 사건. 이듬해 베이징北京까지 들어와 각국 공사관을 포위했기 때문에 미·영·프랑스 등 8개국이 연합군을 만들어 진압함. 청나라는 이때 4억 5천만 냥의 배상금을 물었다)으로, 8만 8,429명은 러일전쟁 또는 조선독립운동 진압 때, 4,850명은 제1차 세계대전과 시베리아 출병 때, 185명은 사이난濟南사건(1928년 5월 중국 산동성 제남에서 벌어진 중국 국민당군과 일본군 간의 전투. 일본군은 재만在滿일본거류인을 보호한다는 구실 아래 출병했다) 때 각각 죽은 것으로 분류되어 있다. 이외에도 1만 7,161명은 '만주전쟁'에서, 19만 1,250명은 중일전쟁에서, 213만 3,915명은 태평양전쟁에서 각각 숨졌다.

재무장 본격화 '출사표'

아베는 이런 야스쿠니 신사를, 나라를 위해 목숨을 바치는 '애국제단祭壇'으로 신성시하고 있다. 게다가 아베의 비뚤어진, 비상식적 역사 인식은 아시아의 분란을 일으키는데 불쏘시개가 되고 있다. 그는 일제의 전쟁 도발을 긍정적으로 평가하고, 도쿄재판을 부당하다며 전범의 명예회복을 요구한다. 전쟁은 국가의 당연한 권리이고, 제2차 세계대전도 당시 정세가 그렇게 만들었으며, 그때 일본 군인과 정치가들은 나라를 위해 싸우도록 국민을 지도한 것일 뿐 전범은 아니라는 주장이다. 그런 잘못된 역사 인식은 아베가 정권을 출범하면서 내건 '전후戰後정체 탈피'라는 구호에도 잘 드러나 있다.

아베의 마음속을 누구보다 잘 아는 이나다 도모미稻田朋美(전 방위성 장관)는《산케이신문》2006년 6월 3일자〈수상의 야스쿠니 신사 참배는 안전보장 문제〉라는 글에서 "수상이 야스쿠니에 참배하는 의미는 '부전不戰의 맹세'만이 아니다. '타국의 침략에 굽히지 않는다. 조국이 위기에 직면하면 뒤를 잇는다'는 의사 표명이자 일본이 진짜 의미 있는 나라라는 것을 내외에 알리는 것"이라고 야스쿠니 참배의 뜻을 정의했다.

이어 2014년 4월에는 역시 같은 신문을 통해 "주권회복 기념일을 축하한다는 것은 아베 신조 전 수상이 내건 '전후정체 탈피'를 다시 한 번 우리 당의 기치로 확인하는 것이고, 그 핵심에 놓아야만 할 것은 도쿄재판 사관으로부터 결별하는 것이다. 자민당 총재가 기념일 국민 집회에서 인사하는 뜻은 정권을 되찾은 수상으로서 당당하게 야스쿠니 신사에 참배하고, 무라야마 담화와 고노 담화를 철회하자고 국민에게 약속하는 데 있다"고 주장했다.

마치 '군국주의 상징'에다 대고 제국주의 시대에 일본이 누렸던 '영화榮華를 되찾겠다'는 다짐처럼 들리지 않는가. 일본의 재무장을 본격적으로 추진하고 있는 아베의 야스쿠니 참배를 다른 총리들의 '보여주기 참배'와는 달리 재무장 '출사표'로 해석하며 신경을 곤두세우는 것도 바로 그런 까닭이다.

"아베 집안에 '조선의 피'가 섞여 있다"

이처럼 '신군국주의'의 길을 걷고 있는 아베는 보수우파 집안의 유복한 가정에서 태어났다. 앞서 여러 번 설명한 대로 태평양전쟁의 A급 전범인 기시 노부스케가 외조부이고, 총리를 세 번(제61~63대)이나 역임한 사토 에이사쿠는 작은외할아버지이다.

그의 아버지 아베 신타로安倍晋太郎는 나카소네 야스히로 내각(1982~1987)에서 외무상을 지냈다. 신타로는 외무상으로 있으면서 1985년 8월 15일 내각총리와 함께 야스쿠니를 참배한 인물이기도 하다. 할아버지 아베 칸安倍寬도 국회의원이었고, 외조부 집안으로 양자를 든 동생 기시 노부오岸信夫도 중의원을 거쳤다. 아내는 일본제과업계에서 제일가는 모리나가森永그룹의 큰딸 아키에昭惠이다.

아베 신조

하지만 학력은 그리 내세울 게 없다. 그는 어렸을 때부터 가정교사까지 두고 공부를 하고도 도쿄 인근 무사시노武藏野시에 있는 세이케이成蹊대학교를 졸업하는데 그쳤다. 대학을 마친 뒤에는 미국 캘리포니아로 건너가 남캘리포니아대학 등을 전전했으나 신통치 않았다. 아베 신조는 1982년 외무상이던 아버지의 비서로 들어가면서 비로소 정계에 얼굴을 알리기 시작했다. 아버지의 후광을 업었음은 말할 나위도 없다. 도쿄 태생이면서 아버지의 고향인 야마구치山口현 오츠군大津郡(지금의 나가토시長門市)에 정치기반(선거구)을 두고 있는 점도 성공의 요인으로 꼽힌다.

이처럼 학력을 제외하면 가문으로나 경제적으로 남부러울 게 없는 '극우정치인'인 그로서도 한 가지 콤플렉스가 있다. 그의 혈통에 '조선의 피가 섞여 있다'는 사실이다. 이는 아버지 신타로가 스스로 고백한 말이다. 《아사히신문》이 발행하는 《주간아사히週刊朝日》는 2006년 9월 아베 신조의 첫 번째 총리(제90대) 취임을 계기로 출신배경을 보도(10월 6일자)하면서 이런 사실을 밝혔다.

이에 따르면 신타로는 살아있을 때 이따금 "나는 조선(인)이다. 조선"이라고 말했다고 한다. 신타로 집에서 오랫동안 살림살이를 돕던 가정부도 신타로가 죽어 입관할 때 시신의 골격을 보고 조선 계통임을 실감했다고 증언하고 있다.

아베가安倍家의 터전이 야마구치라는 점은 '조선혈통'일 신빙성을 더해준다. 야마구치는 한국과 지리적으로 가까워 예로부터 조선 문명의 혜택을 가장 많이 받은 곳이다. 조선시대에는 조선통신사가 에도江戸로 가는 길목이었다.

더욱이 고구려와 백제 멸망 때 정치적 망명으로 고향을 등진 실향민이 많이 살던 지역이기도 하다. 일본 역사학계는 이들을 '도래인渡來人' 또는 '귀화인歸化人'으로 표현하고 있다.

임진왜란 때는 도공을 포함한 3만 4천여 명의 조선인이 포로로 잡혀가 고생했다고 역사는 기록하고 있다. 이때 끌려간 이작광李勺光·이경李敬 형제가 이곳에 도요지 '하기야키萩燒'를 일으킨 일은 너무도 유명하다. 오늘날 사카 고라이자에몬坂高麗左衛門이란 이름으로 명성을 날리고 있다.

미일 전쟁 개전 당시 도조 히데키 내각의 외무상을 맡았다고 해서 A급 전범으로 금고 20년형을 받은 도고 시게노리도 조선인 도공의 후손이라지 않은가. 근래에 들어서는 야마구치 들목의 시모노세키下關와 부산 사이에 연락선, 부관釜關페리가 오가고 있다.

아베 '돌출행위'는 '보상심리'일까?

야마구치는 일본 전국에서 수상을 많이 배출한 지역으로도 이름나 있다. 지금까지 모두 8명이나 된다. 그러나 공교롭게도 이 가운데 조선병탄에 광분한 우리의 '공적公敵'이 많다. 이름을 대면 안중근 의사에게 사살된 이토 히로부미伊藤博文, 정한론을 주장한 조슈 군벌軍閥의 대표 야마가타 아리토모山縣有朋, 일본수상으로 한국병탄을 주도한 가츠라 다로桂太郞, 무단통치로 조선을 짓밟은 데라우치 마사다케寺內正毅 전 조선총독, 조선 지배에 앞장선 다나카 기이치田中義一 전 육군상 등이다. 역사가 말해주듯이 이들은 하나같이 둘째 가라면 서러워할 정도로 맨 앞에 서서 조선 침략을 진두지휘했다.

그러면 그 동기는 과연 무엇일까. 혹시 고구려와 백제 유민의

야마구치 출신 총리
(왼쪽 상단에서 시계 방향)
다나카 기이치
데라우치 마사다케
가츠라 다로
이토 히로부미
야마가타 아리도모

후예로서 선조들의 정치박해에 대한 '보상심리'는 아니었을까. 그렇지 않고서야 어떻게 한 지역에서 그처럼 조선 침략 강경파가 몰려나와 조선인을 못살게 굴었단 말인가. 아베의 '돌출행위'도 그런 심리의 연장선상에 있는 '현상'이라면 지나친 해석일까.

이런 가설은 식민지시대 일제가 조선과 일본민족은 '동조동근 同祖同根(같은 조상아래 같은 뿌리라는 뜻)'이라는 구호를 내걸고 조선을 동화시키려 했던 사실로 미루어 결코 무리는 아닐 듯싶다. '은혜를 원수로 갚는 꼴'인 이런 사례는 정치·사회심리학적으로 연구해볼 만한 흥밋거리임에 틀림없다.

아베는 참배를 마친 뒤 담화를 통해 "두 번 다시 전쟁의 참화에 고통받지 않은 시대를 만들어야 한다. 아시아와 세계의 친구들과 함께 전 세계의 평화 실현을 생각하는 국가가 되겠다고 맹세하는 뜻에서 참배했다"고 언급했다고 한다. 소가 자다가도 웃을 일이다. 그런 아베도 2020년 9월 16일 일본 국내 코로나19 만연에 대한 대책 미비로 비난 여론이 들끓자 스스로 수상 자리에서 물러났다.

5. 요시다 쇼인을 알면 일본이 보인다

'정한론'의 원조

요시다 쇼인吉田松陰(1830~1859)은 우리에겐 낯선 인물이다. 심지어 역사학계에서도 그를 아는 학자는 그리 많지 않다. 그런 그가 최근 국내 학계와 언론의 주목을 받고 있다.

2013년 8월 13일 아베 신조 전 총리가 그의 고향인 야마구치현 하기萩시에 있는 요시다 쇼인의 묘소를 참배한 것이 계기이다. 그때는 일본 정치인들의 야스쿠니 신사 참배문제가 한·일 간 외교마찰로 번져 서로 신경전을 벌이던 민감한 때여서 총리의 동정에 눈길이 쏠렸다. 일본 언론들은 그 같은 아베의 이례적인 개인 묘소 참배에 대해 안으로는 국내 여론 다지기라는 실리를 챙기고 밖으로는 야스쿠니 참배로 인한 외교 마찰을 피해보자는 속셈이라고 보도했다. 그럼 요시다 쇼인은 도대체 누구이기에 총리가 일본 패전일(8월 15일)을 이틀 앞두고 야스쿠니 대신 요시다

요시다 쇼인

묘소를 참배했던 것일까.

결론부터 말하면 요시다 쇼인은 '정한론征韓論의 원조에 해당하는 인물'이다. 일본 도쿠가와 막부德川幕府 말 '막번幕藩체제'를 없애고 왕을 옹립하여 외세를 막아내자는 이른바 '존왕양이尊王攘夷'를 주장한 반정부 '지사志士(국가의 장래를 걱정한 사람)'였다. 그는 숙장塾長으로 있던 쇼카손주쿠松下村塾에서도 '존왕양이'와 '정한론'이 앞으로 일본의 나아갈 길이라고 제자들을 가르치며 유신의 싹을 키우기도 했다.

쇼인은 스물아홉 살로 삶을 마감했다. 막부정권이 메이지유신明治維新이 일어나기 9년 전(1859년) 그를 반역죄로 참형斬刑에 처했기 때문이다. 요시다 쇼인의 짧은 삶은 실로 파란만장했다. 그의 인생역정은 일본의 '개화기 진통'이라 해도 틀린 말이 아니다.

도쿠가와 막부德川幕府와 '막번幕藩체제'

요시다 쇼인의 인물상人物像을 알아보기에 앞서 일본근대사를 살펴보는 것도 그를 이해하는데 도움이 될 것이다. 주지하다시피 메이지혁명(1868년)이 일어나기 전 일본사회는 '도쿠가와 막부'라는 무사집단이 전국을 지배 통치하는 봉건체제였다. 국정의 우두머리는 도쿠가와 이에야스德川家康(1543~1616)를 시작으로 그의 자손들이 대대로 이어왔다.

이에야스는 1600년 9월 15일 미노노구니美濃国(지금의 기후岐阜현) 후와不破군에서 벌어진 이른바 '세키가하라関ヶ原전쟁'에서 도요토미 히데요시豊臣秀吉(1537~1598)의 부하 이시다 미츠나리石田三成가 이끈 서군西軍을 무찌르고 대권을 거머쥐었다. 그는 여세를 몰아 1603년 스스로 '세이이타이쇼군征夷大將軍'에 오른 뒤 에도江戶(지금의 도쿄)에 막부를 열고 천하를 호령하기 시작했다.

그러나 이에야스의 걱정은 한두 가지가 아니었다. 그 가운데서도 정권을 자손에게 영구 세습하는 문제가 가장 큰 고민거리였다. 또한 손아귀에 들어온 수많은 다이묘大名들의 모반謀反을 미리 막는 일도 보통 문제가 아니었다. 그래서 생각해 낸 묘안이 바로 '막번체제幕藩體制'였다. 이에야스는 전국을 274개 번藩(일본 말로는 '한'이라 발음)으로 나누고, 각 번마다 다이묘들을 영주領主로 임명했다. 다이묘들 지위도 '신판親藩', '후다이다이묘譜代大名', '도자마다이묘外様大名' 등 세 가지로 분류하여 지역의 중요도에 따라 배치했다.

신판은 주로 이에야스 자손들의 차지였다. 후다이다이묘는 왕이 있는 교토京都 가까운 기내畿內, 관동, 동해도 등 요지에 배치하여 막부의 요직을 주고 도자마다이묘를 감시하게 했다. 그러나 녹祿(연봉)은 적게 책정했다. 이에 견주어 도자마다이묘에게는 후다이다이묘보다 많은 연봉을 주어 실리를 챙기게 했다. 다시 말하면 후다이다이묘에게는 명예(권력)를, 도자마다이묘에게는 실리(재력)를 갖도록 한 것이다. 이는 모든 다이묘들에게 권력과 재력을 함께 주면 반란을 일으킬 우려가 있어 짜낸 하나의 통치방법이었다.

이에야스는 전 국민을 사농공상士農工商으로 엄격히 구분하여 신분 간 이동을 불허했다. 따라서 한번 무사 집안에 태어나면 그 자손들은 대대로 '영원한' 무사였다. 그리고 무사들은 평민 위에 군림했다.

이에야스는 특히 다이묘들의 반란을 막기 위해 영주들을 일정 기간 에도에 올라와서 근무토록 하는 이른바 '참근교대參勤交代'제를 만들었다. 그는 그래도 미덥지 않았던지 지방 영주의 아내와 자식들을 에도에 인질로 잡아두었다. 그로 인해 다이묘들은 에도와 영지領地를 오가는 이중생활의 고역을 겪어야 했고, 그 비용도 엄청났다. 평민은 평민들대로 막부와 번으로부터 이중 통치에 시달렸다.

막부는 이와 함께 철저한 쇄국정책으로 외국과의 교류, 접촉을 일절 금지했다. 번 밖으로 나가는 여행도 당국의 허가 없이는 할 수 없게 막았다. 일본에는 16세기 중반 무렵부터 포르투갈과 스페인을 비롯한 서양인들이 들어와 기독교 선교활동을 벌이거나 교역을 요구하는 예가 빈번했다. 막부로서는 이런 서구인들이 여간 성가신 게 아니었다. 게다가 서양문명과 기독교 사상에 매료된 다이묘들도 없지 않았다.

그러나 이런 상황에서 막부가 문을 닫으면 닫을수록 지배층의 서양 궁금증은 더욱 늘어났다. 마침내 1716년 들어 제8대 쇼군에 오른 도쿠가와 요시무네德川吉宗(1684~1751)는 규슈九州의 나가사키長崎항을 열고 포교활동과 무관한 네덜란드 상인들에게 출입을 허용하기에 이른다. 막부가 이처럼 제한적이나마 항구를 열고 교역한 나라는 네덜란드가 유일하다. 이후 규슈에는 의학과 과학을 비롯한 네덜란드의 선진문명이 들어와 '난가쿠蘭學'라는 말이 유행할 정도였다.

조슈번長州藩은 막부의 특별 감시를 요하는 도자마다이묘 배치 지역

나가사키를 이웃하고 있는 조슈번은 막부의 특별 감시를 요하는 도자마다이묘 배치 지역이었다. 모리 히데나리毛利秀就(1595~1621)가 여덟 살의 어린 나이에 초대 영주로 임명됐다. 조슈번은 조선과 중국에서 건너간 '도래인渡來人'이 많이 살고 있었다.

막부 초기에는 하기성萩城(지금의 하기시)에 번청藩廳을 두어 하기번萩藩이라 했고, 막부 말에는 야마구치성山口城으로 옮겨 수오야마구치번周防山口藩이라 부르기도 했다. 영주는 물론 모리가毛利家에서 대대로 이었다. 1605년 당시 조슈번의 번세藩勢(번의 크고 작음)는 '고쿠다카石高(영지 안에서 생산되는 연간 쌀 생산량)' 29만 8,500여 석이었다. 번세는 관할구역의 넓이가 아니라 '고쿠다카'를 기준으로 삼았다.

조슈번은 당초 16세기 말 일본 전국戰國시대 무장武將 모리 모토나리毛利元就(1497~1571)가 차지한 땅이다. 도요토미 히데요시가 전국을 평정한, 모리의 손자 데루모토毛利輝元(1553~1625) 대에 이르러서는 관할지역이 규슈지방까지 9개 구니國나 되었고, 고쿠다카도 120만 5,000석에 달하는 큰 번이었다. 그러나 도쿠가와는 세키가하라전쟁에서 데루모토가 도요토미측을 도왔다하여 모리가毛利家를 감봉처분, 관할지를 수오구니周防國와 나가토구니長門國로 크게 줄인 한편 그를 정계에서 물러나게 했다.

조슈번에서 하급사로 태어나다

요시다 쇼인은 1830년 8월 4일 이런 역사를 지닌 조슈번의 마츠모토무라松本村에서 3남4여 중 둘째 아들로 태어났다. 아버지 스기 유리노스케杉百合之助(일명 스기 츠네미치杉常道)는 연간 27석의 세록世祿(대대로 한 집의 계승자가 번으로부터 봉급으로 받는 쌀)을 받는 조슈번의 하급 무사였다. 아버지는 두 명의 동생을 두었는데 모두 다른 집안의 양자로 들어가 성씨가 각각 달라졌다. 첫째 작은아버지는 요시다 오스케吉田大助, 둘째는 다마키 분노신玉木文之進이라고 했다. 그때 조슈번 영주는 모리 다카치카毛利慶親(1819~1871)였다.

쇼인은 어렸을 때 스기 도라노스케杉寅之助라 불리었다. 그러나 네 살 때(1834년) 첫째 작은아버지의 양자가 되어 요시다吉田 성씨를 따르고 이름도 요시다 오지로吉田大次郎라 고쳤다. 커서는 일상이름을 도라지로寅次郎, 휘諱를 노리가타矩方, 자字를 요시사토義卿, 호를 쇼인松陰이라 했다. 아울러 니주잇카이모시二十一回猛士라는 호를 쓰기도 했다.

양아버지는 조슈번의 야마가류병학山鹿流兵學(에도 전기의 유학자이자 군사학자인 야마가 쇼코山鹿素行가 창안한 병법) 사범으로 활약 중이었다. 세록도 친아버지보다 많은 57석을 받았다. 그러나 양아버지는 쇼인을 양자로 들인 지 1년 만(1835년)에 병으로 죽었다. 이에 따라 쇼인은 양아버지의 가독家督(가부장제의 가장권家長權)은 물론 세록도 함께 이어받았다.

쇼인은 양아버지가 죽자 둘째 작은아버지 다마키 분노신이 운영하던 쇼카손주쿠松下村塾에 들어가 교육을 받았다. 양자로 들어가기 전까지는 그의 형 우메타로梅太郎와 함께 친아버지를 따라 들에

나가 풀을 베고 논밭 일을 도우면서 《사서오경四書伍經》을 익혔다고 한다. 쇼인은 열한 살 때 조슈번 번주 모리 다카치카 앞에서 《무교전서武教全書》를 주제로 행한 '어전'강의에서 재능을 인정받아 번이 세운 메이린칸明倫館의 병학 강사로 임명되기도 했다.

그러나 아편전쟁(1840~1842)에서 청나라가 영국에 패하자 자신이 터득한 야마가류병법이 시대에 뒤떨어졌음을 깨닫고 서양병법을 배우기 위해 1850년 규슈의 히라도平戶로 유학했다. 만 스무 살 때였다. 그곳에서 야마가 반스케山鹿万介와 하야마 사나이葉山左內를 만나 병법을 배웠으나 그들 역시 야마가류를 벗어나지 못하고 있었다.

쇼인은 결국 에도로 가야 서양병법을 배울 수 있다고 판단하고 1851년 때마침 막부로 참근參勤교대하러 가던 히라도 영주를 따라나섰다. 에도에 도착한 쇼인은 마츠시로번松代藩(지금의 나가노長野현 마츠시로시) 번사인 사쿠마 쇼잔佐久間象山(1811~1864, 주자 학자 겸 병법학자)을 소개받아 주자학과 서양병법을 배웠다. 사쿠마는 일본에 최초로 서양식 포술砲術을 소개한 서양병법 연구가였다.

쇼인은 사쿠마에게 병법을 배우는 도중 히라도 유학 때 사귄 미야베 데이조宮部鼎藏와 함께 1852년 일본 동북東北지방을 여행하기도 했다. 그러나 쇼인은 미야베와 출발일 약속을 지키느라 번에 신청한 통행증이 나오기를 기다리지 않고 그냥 떠나 화를 자초했다. 번 밖의 여행을 엄격히 규제하던 당시 법규를 어긴 일을 조슈번이 그냥 모른 채 할 리 만무했다. 그는 에도로 돌아오자마자 무단 탈번脫

藩죄로 사적土籍을 박탈당하고, 57석의 세록도 몰수 처분됐다.

'지사志士'가 되다

무단 탈번사건으로 쇼인의 상심傷心이 계속되던 1853년 6월 3일 뜻밖의 일이 벌어졌다. 미국 페리함대 군함 네 척이 갑자기 도쿄만 인근 우라가항浦賀港에 나타난 것이다. 군함은 모두 다 새카만 철선이었다. 함대에 승선하고 있던 2,000여 명의 병사들도 하나같이 키가 2미터를 넘는 장신들이었다. 함장 매튜 페리(Matthew C. Perry, 1794~1858)는 미국 대통령이 사인한 국서國書를 제시하며 일본의 개국開國을 강요했다.

난생 처음 이런 모습을 목격한 일본인들은 그저 놀랄 뿐 벌어진 입을 다물지 못했다고 한다. 에도에서는 시중 고도구古道具 상점의 갑옷과 투구 값이 크게 올랐다. 일본인들은 페리 함대를 '흑선黑船(일본 말로는 '구로후네くろふね'라고 한다)'이라 표현했다. 이 흑선 도래到來 뉴스는 순식간에 일본 전국으로 퍼졌다. 세상 공기는 갑자기 어수선해졌다. 그때까지 일본에는 영국·러시아 등으로부터 개항을 요구하는 사절이 더러 들어오고 있었지만 막부는 여러 가지 핑계를 내세워 이를 거절했다. 그러나 이번의 미국 사절은 사정이 달랐다. 그들은 자기들의 요구가 받아들여지지 않으면 절대로 물러날 수 없다며 군함에서 공포를 쏘아대기도 했다. 그때 그들이 쏜 함포는 소리만 들어도 가공할 만했다고 전해지고 있다.

때마침 에도에 묵고 있던 요시다 쇼인은 이 소식을 듣고 스승

사쿠마 쇼잔과 함께 급히 우라가항으로 달려가 미국 함선을 자세히 관찰했다. 그때 쇼인이 미국 함선을 보고 받은 충격은 실로 컸다고 한다. 쇼인은 서양의 선진문명을 따라가기 위해서는 서양을 배워야 한다며 유학을 결심했다. 그리고 유럽으로 가는 배편을 찾기 시작했다. 수소문 끝에 러시아 군함 프리게트 파루라다(함장 푸차친 Jevfimij V. Putjatin)함이 나가사키항에 들어와 있음을 알아냈다. 그는 러시아 군함에 편승하기로 마음먹고 고향 친구인 가네코 쥬스케金子重輔와 함께 나가사키로 갔다. 그러나 유럽에서 크리미아전쟁(1853~1856, 러시아의 남진 팽창정책으로 투르크와 대결한 전쟁)이 일어나 배가 예정보다 빨리 떠나는 바람에 뜻을 이루지 못했다.

미국 페리함대 출현으로 도쿠가와 막부 최대 위기 맞아

페리함대 내항으로 일본은 '막번체제' 출범 이후 250년 만에 최대 위기를 맞았다. 막부는 페리에게 "개국은 막부가 단독으로 할 수 있는 문제가 아니라 교토京都에 있는 조정朝廷과 상의해야 할 중대한 국사國事이므로 그에 필요한 시간을 달라"고 요청했다. 그러면서 어떻게든 이듬해(1854년)까지는 문호개방 여부를 결정하겠다고 약속했다.

이렇게 일단 시간을 번 막부는 독재정치를 풀고 여러 다이묘들에게 의견을 물었다. 그러자 정치정세는 더욱 흔들렸다. 막부의 명령 또한 제대로 먹혀들지 않았다. 각 번은 나름대로 살길을 찾아 나섰다. 일반 국민도 막부의 우왕좌왕하는 모습을 보고 정권이 의외로 약해 대책이 없음을 알아차렸다. 이대로 가다가는 일본은 곧 망하게 되리라는 말이 공공연히 나돌았다.

이런 위기감은 곧 '애국운동'으로 이어졌다. '국가 장래를 바로 잡겠다'고 자처한 이른바 '지사志士'들이 우후죽순처럼 나타나 '존왕양이운동'을 부르짖고 나선 것이다. 이들은 '국사國事를 바로 잡는다'는 구실로 암살도 서슴지 않았다. 말을 바꾸면 암살을 국사國事 개조의 정치적 수단으로 인식했다.

앞서 설명했듯이 쇼인도 그 가운데 한 사람이었다. 당시 이런 지사들의 숫자가 전국적으로 200만 명을 넘었다니 일본의 유신전야 혼란상을 알고도 남을 만하다. 암살에 희생된 사람도 사카모토 료마坂本龍馬를 비롯, 실로 헤아릴 수 없이 많다. 이는 일본 역사의 큰 물결이기도 했다.

한편 그동안 유구琉球의 나하那覇로 물러나 있던 페리함대는 새해(1854년)가 되자 이즈伊豆반도의 시모다항下田港(지금의 시스오카静岡현 시모다下田시)으로 다시 들어와 약속대로 문호를 개방하라고 윽박질렀다. 시모다항에 들어와 정박한 미국 군함은 유에스에스 포하턴(USS Pawhatan)호였다.

요시다 쇼인은 이 군함을 타고 미국에 몰래 가기로 마음먹고 가네코와 함께 시모다항을 찾아가 태워달라고 간청했다(페리를 암살할 계획이었다는 설도 전해지고 있다). 하지만 한마디로 거절당했다. 둘은 미국 밀항기도에 실패한 뒤 일이 너무 무모했음을 깨달았으나 이미 때는 늦었다. 그렇다고 그 증거를 손쉽게 없앨 수도 없었다. 미국

함선에 타려고 끌고 간 조그만 배가 사실을 잘 말해주기 때문이었다. 둘은 자신들의 죄가 더욱 무거워질까 두려워 어쩔 수 없이 시모다쵸 부근 마을에 자수했다.

이들은 시모다 봉행소下田奉行所(봉행은 무사직명의 하나로 봉행소는 봉행이 직무를 보던 곳)에서 1차 무단 탈번 및 밀항기도죄로 조사를 받은 뒤에도로 이송되어 덴마쵸伝馬町 감옥에 갇혔다. 사쿠마 쇼잔도 이 사건에 연루되어 함께 투옥되었다. 막부는 당초 둘을 모두 사형에 처하려 했으나 노중수좌老中首座(막부에서 세이이타이쇼군征夷大將軍 직속으로 국정을 총괄하는 다이묘의 직명)인 아베 마사히로阿部正弘가 반대하여 목숨만은 건졌다. 그러나 조슈로 이송되어 노야마옥野山獄에 유폐幽閉되었다.

〈유수록〉을 쓰다

요시다 쇼인은 노야마옥에서 〈유수록幽囚錄〉이라는 제목의 글을 썼다. 내용은 시모다항에서 미군함을 타고 밀항하려다 실패한 일을 적고 있다. 그는 이 글에서 당시 긴박했던 국제정세를 나름대로 분석하고 '대외팽창주의'만이 일본이 살아남는 길이라 강조했다. 그 속에는 '정한론'도 들어있다.

그러나 원본이 남아 있지 않아 모든 주의·주장이 당초 그가 쓴 내용인지는 알 수 없다. 유신에 가담한 제자들이 자신들에게 유리하도록 내용을 수정했을 개연성이 높기 때문이다. 아무튼 〈유수록〉은 혁명에 성공한 유신세력에게 국가운영 방향을 안내한 '나침반'

이자 유명세를 타게 된 실마리이기도 하다. 이 글은 메이지유신이 일어나던 1868년 단행본으로 출판됐다. 쇼인의 스승인 사쿠마 쇼잔이 이 글을 읽고 비평, 첨삭을 가하기도 했다고 한다. 주요 부분을 옮기면 아래와 같다.

황화皇和의 나라 일본은 큰 바다 가운데 대륙과 멀리 떨어져 있어서 그동안 외세가 쉽게 범할 수 없었지만, 지금은 증기선〔화륜선火輪船〕이 만들어져 해외 만리萬里도 이웃이 되어 바다가 오히려 더 큰 위험이 되었다. 서쪽 중국에 서양 오랑캐〔양적洋敵〕가 번성하게 되면 그로 인한 피해〔환해患害〕는 말로 다할 수 없으며, 신주神州(일본 자국을 자랑스럽게 일컫는 말)의 동쪽이 아메리카, 캄차카, 오츠크가 됨으로써 아메리카와 러시아로부터 크게 위협받게 되었다.

근래 듣기로는 러시아가 캄차카, 오츠크에 병사를 두어 대진大鎭을 만들었다고 한다. 바다를 사이에 두고 우리와 마주하고 있는 캘리포니아 같은 곳도 수년래 화륜선을 타고 자주 다가오게 될 것이다. 그 나라가 우리 신주의 토지를 욕심내고, 우리 재화를 노린다면 그 화가 장차 러시아보다 덜하지 않을 것이니 살피지 않을 수 없다.

신주의 남쪽, 오스트레일리아는 천도天度(위도)의 중간지대로 지금 영국이 개척하고 있지만 10분의 1에 불과하니, 우리가 이를 먼저 얻는다면 큰 이득이 될 것이다. 신주의 서북에는 조선과 만주가 이어져 있는데, 조선은 옛날 우리에게 신속臣屬되었으나 지금은 그렇지 않으니 먼저 그 풍교風教를 상세하게 파악하여 이를 다시 회복해야만 한다.

많은 나라가 신주를 둘러싸고 있는 형세가 바로 이러한데 팔짱만 긴 채 그냥 서 있을 수 없지 않은가. 유럽의 땅은 대단히 멀리 떨어져 있어서 예부터 우리와 통한 적이 없지만, 배와 군함〔선함船艦〕이 발달하여 포르투갈, 스페인, 영국, 프랑스와 이미 머리를 맞대어 우리의 걱정거리가 되었다. 근래 화륜선을 가지지 않는 나라가 없어 먼 곳 유럽도 오히려 이웃같이 되었다.

요시다 쇼인은 위와 같이 당시 세계정세를 분석한 뒤 일본이 앞으로 나아갈 길을 다음과 같이 제시했다.

태양은 떠오르면 서쪽으로 지게 마련이고, 달도 차면 기운다. 마찬가지로 나라도 융성했다가 쇠하게 된다. 때문에 나라를 잘 보전한다고 하는 것은 단지 그 가지고 있는 자체를 잃지 않는 것만이 아니라 그 부족한 부분을 늘려야 하는 것이다.

지금 서둘러 군비를 가다듬고, 군함과 대포를 전부 갖춘 뒤에는 홋카이도〔하이蝦夷〕를 개척하여 여러 다이묘를 영주로 봉하고, 기회를 틈타 캄차카와 오츠크를 빼앗고, 유구琉球도 타일러 내지內地의 영주領主들처럼 교대 근무시키지 않으면 안 된다.

또 조선을 독촉하여 옛날처럼 조공을 바치게 하고 북쪽은 만주의 땅을 분할하여 갖고 남南은 타이완과 루손의 여러 섬을 우리 손에 넣어 점차 진취의 세를 나타내야만 한다. 그러고 나서 민民을 사랑하고, 선비를 양성하여 변경 수호를 충분히 굳히면 나라를 잘 보전한다고 말할 수 있는 것이다. 그러지 않고 여러 외국 경합에서 주저앉아 뭔가 이루는 것이 없다면 얼마 안 가서 나라는 쇠망할 것이다.

요시다 쇼인은 어떤 역사서를 읽고 이런 주장을 펼쳤을까. 아니면 그의 상상력일까. 20대 젊은 나이에, 더군다나 국제교류가 단절된 섬나라에서 어떻게 외국 물정을 소상히 꿸 수 있었을까. 이 글이 수정되지 않고 그가 맨 처음 쓴 그대로라면 그의 국제정세 판단력과 정치 감각은 시대에 앞선 것이라고 말하지 않을 수 없다.

그러나 이 글에서 보듯이 그의 조선에 대한 역사 인식은 실로 어처구니가 없다. "조선은 옛날 우리에게 신속_{臣屬}되었으나 지금은 그렇지 않으니 먼저 그 풍교를 상세하게 파악하여 이를 다시 회복해야만 한다", "조선을 독촉하여 옛날처럼 조공을 바치게 해야 한다"는 대목은 일제 침략이론과 무엇이 다른가. 이쯤 되면 아베가 왜 쇼인의 묘소를 참배했는지 알고도 남을 만하지 않은가.

쇼카손주쿠 숙장이 되다

쇼인은 노야마옥에 갇힌 지 1년여 만(1855년)에 풀려났다. 단 스기가_{杉家} 집안에서만 활동하는 조건이었다. 그는 그로부터 2년이 지난 1857년 둘째 작은아버지 다마키 분노신이 운영하던 쇼카손주쿠를 이어받아 숙장으로 취임했다. 그러나 쇼카손주쿠를 어떻게 물려받게 됐는지, 그러기 전 무엇을 했는지 등에 대해서는 잘 알려져 있지 않다.

쇼카손주쿠는 1842년 다마키 분노신이 처음 세웠다고 한다. 한

때 쇼인의 외숙부인 구보 고로자에몬久保伍郎左衛門이 운영하기도 했다. 이 배움터는 번이 운영하는 학교 메린칸과는 달리 신분에 관계없이 수강생을 받아들였다. 메린칸은 무사로 인정된 사람만 입학이 허용되었다. 평민은 말할 나위도 없고 무사를 돌보는 이른바 졸족卒族, 아시가루足輕 등도 입학할 수 없었다.

쇼카손주쿠에서는 선생이 제자에게 일방적으로 지식을 가르치는 것이 아니라 제자와 함께 의견을 나누면서 학문을 익혀갔다. 과목도 문학과 철학을 비롯한 인문사회과학은 물론 등산, 수영 등도 넣어 '살아있는 학문'이었다고 전해지고 있다.

쇼인은 2년 남짓 쇼카손주쿠를 운영하며 제자들을 가르쳤다. 그동안 키워낸 유신정부 관계인물만도 50명을 넘는다. 조슈번의 존왕양이파 중심인물 구사카 겐스이久坂玄瑞, 조슈번 기병대를 창설하여 막부 타도에 앞장선 다카스기 신사쿠高杉晋作, 요시다 도시마로吉田稔麿, 이리에 구이치入江九一, 데라시마 쥬사부로寺島忠三郎, 이토 히로부미伊藤博文, 야마가타 아리토모山縣有朋 등을 그 대표로 꼽을 수 있다. 이 가운데 이토 히로부미는 한국병탄에 광분하다 안중근 의사에게 사살되었고, 야마가타 아리토모는 정한론을 주장하며 유신 후 일본 육군의 기초를 다진 조슈 군벌軍閥의 대표이기도 하다. 그러나 수료생 명부는 전해지지 않는다.

일본 '유신삼걸'의 한 명으로 꼽히는 기도 다카요시木戶孝允(유신 전 이름은 가츠라 고고로桂小伍郎)는 쇼인보다 3살 아래로 쇼카손주쿠에 다니지는 않았지만 메린칸에서 쇼인으로부터 병학수업을 받았다. 쇼카손주쿠는 1858년 쇼인이 국사범으로 다시 노야마옥에 투옥되자 폐쇄됐다.

요시다 쇼인의 최후

미국의 강요에 시달리던 막부는 1854년 3월 가나가와神奈川에서 미국과 '화친조약'을 맺은 데 이어 1858년 7월 29일 왕의 재가 없이 미국과 '수호통상조약'을 체결했다. 이를 매우 못마땅하게 생각한 요시다 쇼인은 막부가 일본 발전의 최대 장애가 되고 있다고 비판하고 본격적인 막부 타도운동에 나섰다. 그는 먼저 노중수좌 마나베 아키카츠間部詮勝를 몰래 죽이기로 마음먹고 쇼카손주쿠 제자들에게 의견을 물었다. 그러나 구사카 겐스이, 다카스기 신사쿠 등이 반대했다. 노중수좌 암살계획은 결국 실패로 돌아갔다.

그런 가운데 궁지에 몰린 막부도 반격에 나섰다. 막부는 1858년 9월부터 2년여에 걸쳐 '막부 무너뜨리기운동'에 앞장선 이른바 '도막파倒幕派 지사' 100여 명을 붙잡아 무참히 죽였다. 일본 역사는 이 사건을 '안세이다이고쿠安政大獄'로 기록하고 있다. 1차로 하시모토 사나이橋本佐內, 라이산 쥬사부로賴三樹三郎 등이 붙잡혀 목이 잘렸다. 요시다 쇼인은 1859년 10월 27일 최후를 맞았다. 그는 죽기 전까지 독신이었다.

쇼인의 유해는 정말 처참했다고 한다. 이토 히로부미와 기도 다카요시 등이 장례를 치르러 갈 때까지 시체는 거죽에 덮여 방치돼 있었다. 온 몸은 피투성이였고 머리와 몸체가 따로 떨어져 차마 눈을 뜨고 볼 수가 없었다고 전해진다. 이토 등은 유체를 잘 씻어 관 속에 넣으려 했으나 교도관이 못하게 했다. 이들은 하는 수 없이 각 자 입고 있던 옷을 벗어 입히고 이토가 혁대를 풀어 유체를 묶은 다 음 옹기 관에 넣어 도쿄 아라가와荒川구 고즈카하라小塚原 에코인回 向院 묘지에 묻었다. 쇼인 제자들에게 스승의 참살은 큰 충격이었다. 이들은 그로부터 존왕양이파의 무력테러 활동에 적극 가담했다고 한다.

요시다는 옥중에서 죽기 전 이틀 동안 〈유혼록留魂錄〉을 써서 제자들에게 남겼다. 그는 "몸은 비록 무사시노武藏 들녘에 썩어 없 어지더라도 남기고 싶은 것은 야마토다마시이大和魂(일본정신의 독자성 과 우수성을 표현하는 말)다"는 말로 글머리를 시작하고 있다. 이와 함께 가족에게도 〈영결서永訣書〉를 썼다.

〈유혼록〉과 〈영결서〉는 감옥에서 교도관의 도움으로 제자인 이 이다 쇼하쿠飯田正伯에게 전해져 오늘에 이르고 있다고 한다. 존왕파 지사들은 1863년 쇼인의 유골을 지금의 도쿄 세타가야世田谷구의 와카바야시若林로 옮겼다.

맺는 말

요시다 쇼인은 막부 말 '국가 장래를 걱정하는 반정부 지사'였 다. 그렇다고 유신혁명을 위해 직접 한 일은 하나도 없다. 게다가 그는 혁명이 일어나기 9년 전 29세의 혈기왕성한 나이에 죽었다.

그럼에도 일본 국민, 특히 보수우익들은 그를 '유신의 스승' 또는 '학문의 신神'으로 떠받들고 있다. 일본 역사학자 다나카 아키라田中彰는 2001년 중앙공론신사中央公論新社에서 펴낸《요시다 쇼인―변전한 인물상吉田松陰―變轉する人物像》에서 요시다 쇼인을 메이지유신에 이바지한 인물 35명 가운데 6번째로 올려놓고 있다.

그를 추모하는 신사神社도 2개나 된다. 하나는 도쿄 세타가야구世田谷區 와카바야시若林에 있고 다른 하나는 야마구치현 하기시에 세워져 있다. 일본 정부는 메이지혁명 100주년인 1968년 쇼카손주쿠를 복원, 사적지로 지정하고 그 입구에 '메이지유신 태동지'라는 표지석을 세우기도 했다.

이처럼 일본 국민이 요시다 쇼인을 '유신의 스승'으로 우러러보고 있는 가장 큰 까닭은 아무래도 그가 옥중에서 쓴《유수록》과《유혼록》에 있는 듯하다. 앞서 소개했듯이《유수록》은 일본의 장래 진로進路를 제시한 국가운영 방향이었다. 일본 역사가들은 일본이 메이지유신 이후 제국주의로 번영을 누린 것도 쇼인의 영향이 컸다고 입을 모은다. 유신에 가담한 쇼인의 많은 제자들이 혁명 후 그의

(왼쪽) 도쿄도 쇼인 신사 (오른쪽) 하기시 쇼인 신사

제언을 하나하나 실천하여 국가 부흥을 이루었다는 분석이다.

둘째는 쇼인에 대한 도쿠토미 소호德富蘇峰(1863~1957, 한일합병 때 조선 언론을 통폐합하고 〈조선통치 요의〉를 써서 무력으로 조선을 다스리도록 한 제국주의 언론인)의 요시다 쇼인 미화美化 영향도 빼놓을 수 없다. 도쿠토미는 1893년에 쓴 인물평전《요시다 쇼인》에서 쇼인을 '유신 순교자'로 극찬했다.

도쿠토미는 이 책에서 "요시다 쇼인의 일대一代는 실패의 역사이다. 그렇지만 유신혁명에 있어서는 혁명적 급선봉이었다. 혹시 유신혁명을 이야기한다면 그 역시 반드시 전해야만 한다"고 전제한 뒤 "그의 사업은 짧았어도, 교훈은 길다. 한 일은 많지 않았어도 가르친 바는 크다. 유신혁명 건아로서 그의 사업은, 어쩌면 역사의 조그만 그림자로 묻힐 수도 있다. 하지만 혁신자의 모범으로서, 일본 남아의 전형으로서, 길이 국민의 마음을 태울 것이다. 그의 생애는 피가 통하는 국민적 시가詩歌이다. 그는 빈말이 아니라 행동으로 가르쳤다. 쇼인은 죽었으되 죽지 않았다"고 쇼인의 삶을 칭송하고 있다(德富蘇峰 저,《吉田松陰》249~250쪽).

일본의 역사학자들은 흔히 메이지유신을 국운 융성의 시발점으로 평가한다. 특히 보수우익들은 메이지시대를 가장 동경憧憬하며, 복고復古운동에 앞장서고 있다. 일본 정부가 유신 100주년을 맞은 1968년 대대적인 기념행사를 개최하고 메이지유신을 '세계를 고무시킨 장거壯擧이자 다가오는 새천년의 또 다른 영광을 위한 거울'이라고 추켜세웠던 사실만 보더라도 그들의 정신세계를 짐작할 수 있다.

최근 국제적 말썽을 빚고 있는 아베 전 총리의 '돌출 행동'도 '메이지시대 되살리기 운동'과 깊이 관련돼 있다고 해석하는 학자가 적지 않다. 다시 말하면 아베의 쇼인 묘소 참배는 자신이 옛 제국주의 일본의 영광을 되찾는 구실을 해내겠다는 신호였다.

우리는 이 사실을 까맣게 모르고 있었다. 이태진 서울대 명예교수는 지난 2014년 1월 27일 동북아역사재단 대회의실에서 열린 한일 지식인 공동성명 기념 제3차 학술회의에서 "한국이 요시다 쇼인에 대한 지식이 부족하여 참배의 의미를 제대로 읽지 못한 것은 비극이 아니라 희극이라 하지 않을 수 없다"고 역사학계의 연구부족을 탄식했다.

지금 우리는 일본과 '역사전쟁'을 치르고 있다. 이 싸움에서 이기려면 무엇보다 상대를 알아야 한다. 그것도 정확하고 철저하게. 학계의 분발을 촉구한다.

6. 일제日帝는 왜 전쟁에서 패했나

2017년 8월 6일은 일본의 원자폭탄 피폭 72주년이 되는 날이다. 적지 않은 시간이 흘렀지만 후유증은 계속되고 있다. 지금도 히로시마와 나가사키적십자원폭병원에서 치료받으며 실험대상이 되고 있는 피폭 환자들은 해마다 이맘때만 되면 "우리가 무슨 모르모트냐"고 소리치며 항의소동을 벌인다고 한다.

그럼에도 일본은 이른바 '평화헌법'을 고쳐 또다시 '싸우는 나라'가 되려고 재무장에 혈안이 되고 있다. 또 북한은 북한대로 핵무장에 집착하며 미국과 대결하고 있다. 이런 긴박한 현실에서 일본의 원자탄 피폭 실상을 재조명해 보는 것도 동북아정세를 가늠하는 데 다소나마 도움이 되리라 여겨진다.

'후발 제국주의 국가'를 완성하다

일본은 제1차 세계대전(1914~1918) 결과 '제국주의 국가'로 성장한 것으로 평가된다. 1868년 메이지유신明治維新을 일으켜 부국강병富國强兵을 실행한 지 실로 반세기 만이다.

가타야마 모리히데片山杜秀(게이오대 교수)가 쓰고 김석근이 우리말로 옮긴 《미완의 파시즘》에 따르면 일본은 제1차 세계대전을 통해 러일전쟁(1904~1905)에서 짊어진 외채 10억 엔(러일전쟁에 든 전쟁 비용의 절반)을 모두 갚고도 17억 4,700만 엔을 벌어들여 '후발 제국주의 국가'로 발돋움했다고 한다.

일본은 그때 여러 유럽 전쟁당사국에 군복과 군화, 총기 등 전쟁 물자를 팔아 속된 말로 '떼돈'을 벌었다. 특히 면(목화)으로 만든 군복은 없어서 못 팔 정도였다.

게다가 일본은 연합국측 편을 들어 전쟁이 끝난 뒤 베르사유(Versailles) 강화조약(1919. 6.)에서 승전국의 합의로 패전국 독일이 독점하고 있던 중국 산동반도에 대한 이권利權과 서태평양의 캐롤라인 제도(Caroline Islands) 및 마셜 제도(Marshall Islands)를 대신 차지하게 되었다.

일본은 또 전투가 더욱 격렬해지자 1915년 8월 10일 '임시군사조사위원회'를 설치하고, 8개 반 25명 규모의 '제1차 세계대전 시찰단'을 유럽 싸움터에 보내 실전을 관전토록 했다.

이들 군사전문 현역들은 전쟁이 끝난 뒤 돌아와 현장에서 수집한 모든 군사 정보사항을 종합 분석,《구주전쟁총서歐洲戰爭叢書》라는 보고서로 만들어 제출했다.《구주전쟁총서》는 모두 83권으로 되어 있다.

이 보고서에는 각 전쟁당사국의 △건군建軍 및 군 편제 상황 △군 동원 및 보충, 교육 제도 △전비 예산, 피복, 식품, 건축 실태 △

위생, 군마軍馬위생 상태 △외교, 전략전술, 보병, 포병 등 각 군별 현황 △병참, 운수교통 체제 △무기, 기타 기자재 현황 등이 망라되어 있다.

'문명文明이 야만野蠻을 지배해야 한다'—제국주의 논리

그렇다면 '제국주의'란 무엇일까. 이미 잘 알려져 있듯이 제국주의, 곧 'Imperialism'이란 말은 19세기 중반 이후 유럽에서 생겨난 용어이다. 하나의 강국이 자국의 민족주의·문화·종교·경제체계 등을 넓히거나 새로운 영토 또는 천연자원 등을 얻어내고자 군사력을 배경으로 다른 국가나 민족을 침략하고, 이를 적극 뒷받침하려는 사상이나 정책을 말한다. 때로는 이미 16세기 유럽에서 유행한 'Colonialism(식민주의)'과 맥을 같이 하기도 한다.

제국주의는 한마디로 '문명文明이 야만野蠻을 지배해야 한다'는 논리이다. 좀 더 구체적으로 설명하면 백색인종은 황색인종이나 흑색인종보다 정신적으로나 신체적으로 우월하므로 백인종인 유럽 사람들이 미개한 아프리카와 아시아를 지배하는 건 정당한 일이자, 신성한 의무라고까지 주장했다.

일본은 이런 내용의 'Imperialism'을 '데이코쿠슈기帝國主義'로, 'Colonialism'을 '쇼쿠민슈기植民主義'로 각각 번역하여 사용했는데, 우리가 이를 다시 우리말 발음대로 '제국주의'와 '식민주의'로 옮긴 것이다.

제국주의 열강들은 식민지를 확보하면 그 지배 영역을 내외에

널리 알리고자 박람회를 열곤 했다. 그리고 박람회를 개최하면서 식민지에서 나오는 여러 가지 특산품은 물론이고 식민지 출신 사람까지 전시하여 문제가 심각했다. 아프리카 여러 곳에 식민지를 두었던 프랑스가 그 좋은 예이다. 프랑스는 1889년 프랑스혁명 100주년을 맞아 파리에서 만국박람회를 열면서 박람회장에 '식민지관'을 따로 만들고 알제리와 튀니지 등 자국식민지에서 실제 살아있는 원주민을 마치 원숭이들처럼 붙잡아다가 우리에 가둬놓고 구경하게 했다.

더욱 놀라운 일은 일본이 그로부터 14년 뒤 프랑스를 흉내 낸 것이다. 일본은 1903년 3월 오사카大阪에서 '내국권업박람회內國勸業博覽會'(제5회)를 열었다. 그때 박람회장 안에 '인류관人類館'을 설치하고 아이누·타이완 고사족高砂族·유구인琉球人·중국인·조선인·인도인·자바인·벵갈인·터키인·아프리카인 등 32명을 끌어다가 전시했다.

이런 일본의 인종 전시행위에 대한 항의와 비난이 빗발쳤음은 말할 나위도 없다. 특히 중국은 '중화민족을 얕잡아 보는 행위라'며 강력 반발, 외교문제로 삼았다.

귀스타프 르 봉(Gustav Le Bon)의 '인종우열론'

이러한 '약육강식弱肉强食'의 제국주의 논리는 물론 학자들이 앞장서 궁리해냈다. 그 으뜸으로 프랑스의 귀스타프 르 봉(Gustav Le Bon, 1841~1931)을 꼽을 수 있다.

귀스타프 르봉

의사이자 사회심리학자 겸 식민정책학자인 귀스타프는 "인간은 다 같은 평등한 존재가 아니라 인종마다 유전자에 따라 결정되는 특성을 갖고 있다. 다시 말하면 세계 각 인종의 사회체제나 관습·법률·문화 등은 각각의 유전적 특성으로부터 필연적으로 발생한 것이며, 후천적으로 바꿀 수 있는 것은 아니다. 따라서 인간은 우등인종·중등인종·열등인종·원시적 인종 등 네 가지로 나눌 수 있는데, 열등 이하의 인종도 더러 고유의 훌륭한 예술을 갖고는 있지만 문명수준의 기준은 되지 못하며, 그 경계도 결코 교육 등으로 뛰어넘을 수 없다. 또 열등인종이 유럽풍의 교양을 몸에 익히는 일도 있지만 인종적 우열은 그런 개인 수준보다도 민족 집합적으로 만든 문화나 체제에 나타나는 것"이라고 주장했다.

귀스타프는 특히 러일전쟁 승리로 거의 '서구화'를 이룩했다고 자부하던 일본인도 중등인종 이하로 치부했다. 그는 "황색인종인 일본인은 서구의 문물을 아무리 잘 도입하더라도 문명화는 불가능하며, 오히려 종래의 문화를 파괴하여 혼란에 빠지게 하는 존재에 지나지 않는다"고 그 까닭을 설명했다. 지금 세계 곳곳에서 벌어지고 있는 인종차별도 혹시 귀스타프의 영향은 아닐까?

여기서 한 가지 간과할 수 없는 것은 일제 치하에서 대문장가로 이름을 날렸던 춘원 이광수李光洙가 이런 귀스타프의 지론에 흠뻑 빠졌다는 사실이다. 하타노 세츠코波田野節子(일본 니가타新潟현립대학

교수)의 논문(李光洙の《民族改造論》とギュスターヴ・ル・ボンの《民族進化の心理學的法則》)에 따르면 춘원은 1922년 《개벽開闢》 5월호에 〈민족개조론〉을 발표하면서 귀스타프가 쓴 책 《Les Lois psychologiques de l'évolution des peuples》의 일본어 번역판 《민족발전의 심리民族發展の心理》에 심취, 많은 부분을 인용했다고 한다. 그런데 이 일본어 번역본은 일본 학자들이 자국에 불리한 내용을 모두 빼고 옮겨 번역 당시부터 비판이 끊이지 않았다.

또 현재 일본 최고액 1만 엔권 지폐의 초상肖像으로 미화된 후쿠자와 유키치福澤諭吉(1835~1901)도 귀스타프에 버금가는 제국주의자이다. 후쿠자와는 1894년 청일전쟁이 일어나자 "전쟁의 실상은 청일 양국 사이에 벌어졌지만 그 근원을 찾으면 문명개화의 진보를 도모하는 자와 그 진보를 방해하려는 자와의 싸움이지 결코 양국 사이의 싸움은 아니다"며 청일전쟁을 '문명과 야만의 전쟁'이라고 규정했다.

일제日帝의 과욕

일본은 제1차 세계대전을 통해 서구 열강으로부터 많은 전략, 전술을 배웠다. 특히 독일군 13만여 명이 러시아군 50만 명을 섬멸한 '타넨베르크(Tannenberg, 1914. 8. 26~31)전투'에서 물자가 부족하더라도 선제공격으로 기습전을 벌이면 이길 수 있다는 사실을 터득했다고 한다. '기습전'은 이후 일본군 전투의 핵심전략이 되었다.

일본은 제1차 세계대전에서 벌어들인 막대한 외화와 전투학습을 바탕으로 아시아대륙 침략을 위한 군비증강에 박차를 가했다. 그 결과 만주에 진출한 일본관동군은 1931년 9월 18일 중국 랴오닝성遼寧省 펑톈奉天(지금의 선양瀋陽) 인근 '류탸오후柳條湖'에서 일본이 운영하던 남만주철도 선로를 스스로 폭파하고는 이를 중국군의 짓이라고 뒤집어씌워 싸움을 걸었다. 그리고 반년도 안 돼 만주 전체를 완전 장악한 뒤 '만주국'이라는 일본앞잡이나라를 세워 식민지로 만들었다. 일본은 이 '음모'를 어이없게도 '만주사변'이라 기록하고 있다.

만주침공 작전에서 자신을 얻은 일본은 1937년 7월 7일 또다시 베이징 교외의 작은 돌다리인 '루거우차오蘆溝橋'에서 빚어진 중국군과 일본군 사이의 충돌을 빌미로 중국에 선전포고도 없이 전쟁을 일으켰다.

이렇게 되자 중국에서 각종 이권을 누리던 구미 열강은 일제히 일본을 견제하고 나섰다. 모두가 알고 있듯이 당시 중국은 동물세계로 비유하면 '사자들의 먹이로 잡힌 큰 코끼리 신세'나 다름없었다. 영국을 비롯한 유럽 열강과 미국이 중국에서 얻은 이권은 막대했다. 그런 곳에 일본이 강대국 허락 없이 마구 뛰어들었으니 가만둘 리 만무했다.

일본의 진주만 공격

러일전쟁 때만 해도 일본에게 1억 달러의 돈을 빌려주며 우호적이던 미국은 1941년 7월 일본이 인도차이나 남부까지 점령하자

일본군의 진주만 공격

일본의 팽창을 적극 반대·저지하고 나섰다. 미국은 1941년 7월 25일 재미在美 일본재산을 동결한데 이어 8월 2일 석유를 비롯한 전략물자가 일본으로 건너갈 수 없도록 대일수출금지령을 내렸다. 당시 미국 대통령 프랭클린 루스벨트(Franklin D. Roosevelt, 1882~1945. 제32대부터 4선, 재위기간 1933~1945)는 대일 강경조치를 발표하면서 일본이 1931년 이후 중국 등지에서 획득한 땅을 모두 당사국에 돌려주지 않으면 제재조치를 풀 수 없다고 경고했다.

그때 석유수입의 80퍼센트를 미국에 의존하고 있던 일본으로서는 실로 치명적인 타격이었다. 게다가 그때까지 일본이 점령한 땅을 모두 당사국에 돌려주라는 전제조건은 전쟁에서 지는 것보다 더 굴욕적인 일이라고 일본군부 지도자들은 분개했다.

이에 일본은 1941년 12월 8일 새벽 3시 19분(하와이Hawaii 시간 12월

7일 오전 7시 49분, 일요일) 미국에 선전포고도 없이 일본에서 6,000여 킬로미터 떨어진 하와이 진주만을 기습공격했던 것이다. 일본군은 이 전투에 항공모함 6척, 전함 2척, 순양함 3척, 구축함 9척, 잠수정 5척, 함상전투기 350대를 동원했다.

당시 하와이는 미국이 1898년 7월 합병한 미국의 준주準州였다. 진주만은 하와이의 여러 섬 가운데 3번째로 큰 오아후(Oahu)섬에 있다. 미국은 이곳을 필리핀 공략을 위한 전진기지로 활용할 계획으로 본래 캘리포니아(California)주 샌디에이고(San Diego)에 있던 미 해군 태평양함대를 옮겨 요새화한 곳이었다.

일본의 기습공격으로 미국은 군인 2,345명이 전사하고 민간인 68명이 희생되었다. 부상자도 1,247명에 이르렀다. 또 전함 18척이 침몰되거나 반파되고, 항공기도 343대가 완전 파괴되어 한때 전투력을 잃었다. 반면 일본측은 64명이 사망하는데 그쳤다. 물적 피해도 전투기 실종 29대, 전투기 손상 74대, 잠수정 실종 5척 등으로 미국에 견주어 가벼운 편이었다.

루스벨트는 이날 백악관에서 귀빈 30여 명을 초청, 오찬을 함께할 예정이었으나 일본의 기습침공으로 취소하고 즉각 대책회의를 소집했다. 루스벨트는 밤 10시 45분 회의를 끝내고 집으로 돌아온 뒤에도 새벽 1시까지 국민에게 호소할 연설문을 카피라이터의 힘을 빌리지 않고 직접 썼다고 한다.

그리고 다음날인 12월 8일 12시 29분 의회에서 연설하며, 이날을 '아메리카 합중국 치욕의 날'이라고 개탄했다. 루스벨트의 연설은 라디오를 통해 중계되어 미 국민 6,000여만 명(1940년 미국 인구: 1억 3천 2백만 명)이 들을 정도로 관심이 집중되었다.

태평양 '난타전'

그러나 일본의 기쁨은 오래 가지 못했다. 진주만 공격 6개월 뒤 1942년 6월 4일부터 7일까지 3일 동안 미드웨이에서 벌어진 미일 격전은 '피눈물'의 시작이었다. 일제는 이 해전에서 3,057명의 전사자를 내어 하와이 기습작전 승리를 무색케 하는 엄청난 타격을 입었다. 뿐만 아니라 항공모함 4척과 순양함 1척도 잃었다.

이에 견주어 미군은 사망자 307명에 항공모함 1척과 구축함 1척이 침몰되는 피해를 당했다. 인명피해만 보면 일본의 10분의 1에 불과하다. 일제 지휘관들은 이 전투에 항공모함 4척, 지원함 150척, 전투기 48대, 수상 항공기 16대 등 막강한 전력을 동원하고도 이런 비참한 결과를 낳아 당황했다.

일본이 겪은 미드웨이 해전은 1944년 6월 11일부터 7월 9일까지 벌어진 사이판(Saipan) 전투에 견주면 가벼운 편이었다. 일본군은 28일 동안 계속된 사이판전에서 무려 3만 1,629명이 목숨을 잃고, 921명이 포로로 붙잡혔다. 당시 전투를 지휘하던 나구모 추이치南雲忠一 해군대장과 사이토 요시쓰구齋藤美次 중장은 말할 나위 없고 사이판에 살고 있던 일본 민간인들까지 그들의 표현을 빌리면 모두 '옥쇄玉碎'했다. 물론 미군측 희생도 전사자 3,126명, 부상자 1만 4,985명으로 만만치 않았다.

그러나 승리는 미군에게 돌아갔다. 이에 따라 사이판과 괌(Guam)·로타(Rota)·티니언(Tinian)섬 등은 자연히 미국측으로 넘어갔다. 미군은 사이판을 손안에 넣음으로써 홋카이도北海道를 제외한 일본 전토를 전투기로 직접 공격할 수 있는 발판을 마련했다.

'맨해튼 프로젝트(Manhattan Project)'

한편 미국은 1939년 9월 1일 나치 독일이 폴란드를 기습침공, 제2차 세계대전을 일으켰으나 한동안 어느 쪽에도 편을 들지 않았다. 1936년 제정에 이어 1937년 2월 개정된 '미국중립법' 때문이었다.

그러나 독일이 1940년 9월 27일 이탈리아·일본과 삼국동맹을 맺고 전 유럽을 전쟁의 도가니로 몰아넣으며 미국을 적대하자, 1941년 3월 '무기대여법(Lend Lease)'을 제정, 영국·프랑스·중국(장제스 국민당 정부)·소련 등 연합국을 지원하기 시작했다. 지원액도 총 501억 달러로 엄청난 액수였다. 그리고 영국과 '대서양 헌장' 회담(1941. 8. 9~12.)을 거쳐 1941년 9월부터는 미군도 연합국의 일원으로 유럽전투에 직접 참가했다.

미국은 그로부터 전열을 채 가다듬기도 전에 일본이 진주만을 침공함에 따라 대서양과 태평양에서 동시에 전쟁을 치르게 되었다.

이에 버거움을 느낀 루스벨트는 핵폭탄의 중요성을 절감하게 되었다. 그는 1939년 10월 11일 이미 히틀러의 유태인 박해로 미국으로 망명한 아인슈타인(Albert Einstein, 1879~1955)과 실라드(Leo Szilard,

1898~1964)로부터 '원자폭탄개발 건의' 서한을 받아둔 터였다.

이 편지에는 "우라늄으로 가공할 만한 폭탄을 만들 수 있고, 독일이 선점할지도 모르며, 폭탄 원료인 우라늄이 독일 지배하에 있는 체코와 아프리카 콩고에 많이 매장돼 있다"는 사실 등이 담겨 있었다.

실제로 당시 독일의 오토 한(Otto Hahn, 1879~1968)은 1938년 12월 우라늄235에 열중성자를 충돌시키면 큰 에너지가 발생한다는 이른바 '핵분열현상'을 최초로 발견했다. 오토 한은 이 공로로 1944년 노벨화학상을 받기까지 했다.

핵무기에 대한 관심이 높아진 가운데 1940년 2월 캘리포니아대학, 버클리교의 글랜 시보그(Glenn T. Seaborg, 1912~1999) 교수(핵화학자)가 우라늄 핵분열실험 중 플루토늄(Plutonium)을 발견, 핵폭탄개발에 파란불을 당겼다.

루스벨트는 1942년 9월 극비리에 '맨해튼계획(Manhattan Project)'을 확정했다. 그리고 레즐리 R. 그로브스(Leslie R. Groves, 1896~1970) 준장(최종계급 중장)을 책임자로 임명했다. 이어 이듬해 4월 뉴멕시코 주 로스앨러모스(Los Alamos)에 고농축 우라늄 개발을 위한 '로스앨러모스국립연구소'를 설립하고, 테네시(Tennessee)주 오크리지(Oak Ridge)에는 고농축 우라늄공장을 세웠다. 로스앨러모스국립연구소 소장에는 이론물리학으로 이름난 로버트 오펜하이머(Robert Oppenheimer, 1904~1967) 박사를 발탁했다.

이 프로젝트에는 미국 내 과학자들이 총 동원되고, 연구비도 20

억 달러나 들어갔다. 연구진은 연구개발을 시작한 지 1년 9개월 만인 1944년 6월 고농축 우라늄 개발에 성공했다.

원자폭탄 투하부대를 편성하다

이 사실을 보고받은 루스벨트 대통령은 곧바로 원자폭탄 투하 실행부대를 만들라고 지시하고(1944. 9. 1.), 폴 티베츠(Paul Warfield Tibbets, Jr. 1915~2007) 중령(최종계급 준장)을 부대장으로 발령했다.

티베츠는 석 달 만에 부대편성을 마무리했다. 부대는 부대원 1,767명과 B29폭격기 14대가 전부였다. 그러나 부대원들은 육·해군에서 각각 선발된 전문요원들이었다. 부대 이름을 제509혼성부대라 명명한 것도 그런 까닭이었다.

B29는 당시 보잉사가 개발한 신형 대형폭격기로 한 번 기름을 넣으면 5,600킬로미터를 날을 수 있었다. 슈퍼포트리스(Superfortress)라는 별명도 가졌다. 이 B29가 6·25 전쟁 때 용맹을 떨쳤던 사실은 70대 이상이면 아마 모르는 사람이 없을 것이다. 제509혼성부대는 맨 처음 유타 주(State of Utah) 웬도버(Wendover) 기지에서 비밀리에 훈련을 시작했다.

하지만 미국 본토에서 일본까지 거리가 너무 멀어 B29로는 공격이 어렵다는 점이 문제였다. 그래서 미국은 1945년 2월 일본에서 2,000여 킬로미터 떨어진 티니언(Tinian) 섬을 원자폭탄 투하 실행기지로 결정하고, 제509혼성부대를 그곳으로 옮겼다. 티니언은 최고 고도가 171미터이고, 면적도 101평방킬로미터에 불과하다. 북마리아제도를 바로 위에 두고 있고, 괌으로부터는 북쪽으로 160킬로미터, 사이판에서는 약 8킬로미터 떨어져 있다.

'도쿄 대공습'

미드웨이와 사이판전 승리로 태평양 섬에 전투기 이착륙거점을 확보한 미군은 1945년 3월 10일 새벽 0시 7분부터 2시 37분까지 B29 325대를 동원하여 도쿄 시가지 공습을 감행했다(작전명: 미팅하우스2호).

이 융단폭격으로 도쿄시민 8만 3,793명이 사망하고, 부상자도 4만 918명이나 되었다. 사망자 가운데는 조선인(당시 도쿄거주 조선인 9만 7,632명)도 1만여 명이나 들어 있었다. 주택도 26만 8,358채가 불타거나 부서져, 100만 8,000여 명이 오갈 데 없는 이재민 신세가 되었다. 도쿄시의 3분의 1이 말 그대로 쑥대밭이 되었다.

미군이 이날 밤 두 시간 반 동안 도쿄시내에 쏟아 부은 폭탄은 자그마치 38만 1,300발(무게로는 1,783톤)에 달했다. 대부분 불을 잘 번지게 하는 소이탄燒夷彈이었다.

미군은 이어 나고야名古屋(3. 12.)와 오사카大阪(3. 13.) · 고베神戸(3. 17.) 등 주요도시에 대대적인 공습을 계속했다. 미군이 1944년 11월 14일부터 1945년 8월까지 일본본토를 폭격한 횟수는 모두 106회에 이른다. 특히 도쿄는 그해 3월부터 5월까지 공습으로 시가지의 50퍼센트가 불탔다.

이에 앞서 미군은 영국군과 함께 1945년 2월 13일부터 15일까지 독일 동부의 드레스덴(Dresden)을 폭격했다. 이 공습으로 2만 5,000~15만여 명(추정되고 있을 뿐, 지금도 정확한 희생자는 알 수 없음)이 사망하고, 시가지(면적 328.8평방킬로미터)의 85퍼센트가 파괴되어 '엘베 강변의 피렌체'라 불리던 아름다운 모습은 완전히 자취를 감추었다. 총 4차례에 걸친 공습에는 미군폭격기 527대, 영군폭격기 722대 등 모두 1,249대의 전투기가 동원되었다. 독일은 드레스덴 피습으로 전투의지를 잃고, 4월 30일 히틀러마저 자살하자 1945년 5월 8일 연합국에 무조건 항복했다.

최후의 통첩—포츠담 선언

이처럼 일본에 대한 공격을 거듭하며 전쟁을 끝내기 국면으로 몰아가던 미국도 한 가지 악재가 생겼다. 루스벨트 대통령이 1945년 4월 12일 갑자기 뇌졸중으로 숨진 것이다. 대통령직을 이어받은 트루먼(Harry S. Truman, 1884~1972) 부통령은 맨해튼계획을 계속 밀어붙였다.

연구진은 실험을 거듭한 끝에 1945년 7월 16일 뉴멕시코 주 소코로(Socorro) 남동 48킬로미터에 자리한 앨라모고도(Alamogordo) 사막의 화이트 샌드(White Sands)실험장에서 인류사상 최초의 핵실험('트리니티Trinity'—코드명, 가제트Gadget)에 성공했다. 트루먼 대통령과 영국의 윈스턴 처칠(Winston Churchill, 1874~1965) 수상, 소련의 이오시프 스탈린(Joseph Stalin, 1879~1953) 공산당서기장 등 3국 수뇌가 소련이 점령한 독일 베를린 교외의 포츠담(Potsdam)에서 전후처리를 위한 회담(1945.

포츠담 삼상회의(앞줄 왼쪽부터 처칠, 트루먼, 스탈린)

7. 17~8. 2)을 시작하기 하루 전이었다.

트루먼은 핵실험 성공 사실을 스탈린에게 자랑했으나 아무 반응이 없자 쇼크를 받았다고 한다. 나중에 알려진 얘기지만 소련은 이미 자국 첩보원을 통해 이 사실을 알고 있었다.

트루먼은 회의 중 스탈린에게 소련군이 태평양전에 참전해 주기를 요청했다. 하지만 스탈린은 1941년 4월 25일 일본과 맺은 5년 만기 조건의 중립조약을 이유로 난색을 표했다고 한다. 그러자 트루먼은 회의가 계속되던 7월 26일 밤 9시 20분(베를린 시간) 영국의 처칠 수상, 장제스蔣介石 중화민국 총통 등 3명의 공동 이름으로 13개 항의 포츠담 선언문(Potsdam Declaration)을 발표하고 일본의 무조건 항복을 촉구했다.

미국은 선언에 앞서 7월 24일, 일본에 사용할 원자폭탄 2발을 이미 만들어두고 있었다.

그러나 일본의 대응은 그야말로 무모했다. 특히 일본 군부는 '전 국민이 모두 죽는 한이 있더라도 항복은 있을 수 없다'며 단호하게 거절했다. 언론도 '끝까지 성전을 완수해야 한다'고 주장하며 항전을 계속 부추겼다.

히로시마廣島가 '비극의 무대'로 선정되다

미국은 대규모 피해를 낸 도쿄 대공습과 주요도시에 대한 연이은 폭격에도 항복하지 않는 일본을 보고 놀랐다. 특히 1944년 10월 21일부터 '가미가제神風特攻隊'(1944. 10. 20. 창설)가 폭격기에 폭탄을 싣고 미군 전함에 자살 공격을 하는 데는 경악할 수밖에 없었다.

실제로 1944년 10월 25일 세키 유키오關行男(1921~1944) 대위가 이끈 6기의 특공대가 미 항공모함 세인트 로(USS St. Lo)를 공격하여 격침시켰다. 승선하고 있던 889명 중 143명이 전사했다. 일본은 1945년 8월까지 '자살 폭격'을 280회 넘게 감행, 미 군함 54척을 침몰시키고, 23척을 파손시킨 것으로 기록하고 있다.

미국은 이런 상황에서 일본 본토를 점령하려면 지상군을 상륙시켜야 하는데 그러기 위해서는 미군에도 많은 사상자가 생길 것으로 판단했다.

이에 원자폭탄을 사용하기로 결정하고 1945년 4월 27일부터 투하대상지를 논의하기 시작했다. 선정위원회는 5월 10~11일 로스앨러모스의 오펜하이머 박사 사무실에서 회의를 갖고 교토시(AA급),

히로시마시(AA급), 요코하마시橫浜市(A급), 고쿠라시(A급) 등 4개시를 우선 투하대상지로 뽑았다. 도심 직경이 3킬로미터가 넘는 도시로 효과적인 파괴를 이룰 수 있을 것으로 판단했다고 한다. 그 뒤 여러 차례 회의를 거듭한 끝에 교토는 문화재가 많고, 요코하마는 외국인이 많이 거주하고 있는 점 등이 고려되어 대상에서 제외되었다.

그러나 히로시마는 처음부터 투하대상에서 한 번도 빠진 적이 없었다. 히로시마가 군사요지였기 때문이다. 그곳에는 일본 제2군 총사령부를 비롯, 육군 제5사단사령부, 그에 따른 각 부대가 주둔한 데다 시 북쪽은 대부분 육군 시설이 차지하고 있었다. 게다가 우지나항宇品港에 자리한 육군선박사령부는 주요한 병참 거점이었다.

트루먼 대통령은 1945년 7월 25일 포츠담회담 중 히로시마에 원폭을 투하하도록 최종 승인했다. 이에 따라 미국 제20항공군사령부는 8월 2일 '야전명령 제13호'를 발령하고, 8월 6일을 히로시마 원폭투하 디데이(노르망디 상륙작전에서 비롯된 군사용어, 행동 개시 예정일)로 정했다. 이와 함께 폴 티베츠와 그가 조종하는 B29폭격기 에놀라 게이(Enola Gay)에게 투하임무를 맡겼다. 에놀라 게이는 티베츠의 어머니 이름이기도 하다.

드디어 8월 5일 자정 출격 명령(작전 명령 35호)이 내려졌다. 티베츠는 곧바로 에놀라 게이에 마크1(Mk.1)이라는 핵폭탄(코드 네임 '리틀 보이Little Boy')을 싣고 8월 6일 1시

에놀라 게이

45분 티니언 기지에서 이륙했다. 리틀 보이는 길이가 3미터이고 지름 71센티미터, 무게는 약 4톤이었다.

에놀라 게이가 이륙한 지 2분 후에는 원폭 위력을 기록하기 위한 과학관측기 그레이트 아티스트(Great Artist) 호가, 4분 후(1시 49분)에는 사진 촬영용 비행기가 떴다. 이날 작전에는 총 6대의 B29가 동원되었다.

'리틀 보이'의 위력

에놀라 게이는 7시간 남짓 비행 끝에 오전 8시 9분 히로시마 상공에 이르렀다. 기장이 눈으로 직접 시가지를 확인했다. 그리고 오전 8시 15분 인류 최초로 히로시마에 농축우라늄235로 만든 원자폭탄 리틀 보이를 떨어뜨렸다.

리틀 보이는 히로시마 상공 약 9,600미터에서 에놀라 게이와 작별한 뒤 지상 600여 미터에 이르러 폭발했다. 리틀 보이는 곧 버섯구름과 함께 섭씨 3만 도의 고온을 내뿜으며 작열했다. 리틀 보이의 위력은 실로 상상을 초월했다.

당시 히로시마(면적 906.5평방킬로미터) 인구 35만여 명 가운데 7만 8,000여 명이 즉사하고, 1만여 명이 실종되는 등 수많은 사상자를 내고 부상자 16만 6,000여 명도 피폭 2~4개월 내에 사망했다. 또 시가지 중심부 약 12평방킬로미터가 폭풍과 화재로 괴멸되어 상가와 주

리틀 보이

택 6만 2천 채가 파괴되었다.

그해 11월까지의 집계로는 원폭이 떨
어진 사이쿠마치細工町 중심부 반경 500미
터 안의 피폭자 98~99퍼센트가 즉사 또는
당일 죽었고, 500~1,000미터 내는 사망률
이 90퍼센트에 이르렀다. 섬광과 충격파로
거대한 폭풍이 일어 폭심지爆心地 500미터

히로시마 원폭 투하

안에 있던 건물이 순식간에 파괴되고 목조건물은 모두 불탔다. 시
마병원島病院(사이쿠마치 29-2, 현재 시마외과내과) 건물도 완전히 날아가 병
원에 있던 80여 명의 직원과 입원환자들이 즉사했다. 7월 28일 히
로시마 구래군항吳軍港을 공습하다가 격추되어 헌병대사령부에 포
로로 잡혀 있던 미군조종사 10여 명도 함께 죽었다.

작전을 마친 에놀라 게이는 이날 오후 2시 58분 티니언 기지 비
행장에 무사히 귀환했다. 기장인 폴 티베츠는 칼 스파츠(Carl A. Spaatz,
1891~1974) 전략공군총사령관(소장)으로부터 영예의 십자훈장을 받고,
나머지 12명은 은성훈장을 받았다. 그리고 그날 저녁 부대장병, 과
학자들과 함께 밤늦게까지 축하파티를 벌였다고 한다.

미국은 8월 6일 심야(일본 시간 7일 새벽) 백악관에서 트루먼 대통
령 이름으로 원자폭탄 투하사실을 발표했다.

나가사키長崎는 운이 나빴다

미국은 이런 엄청난 피해에도 일본이 백기를 들지 않자 또 한 발의 원폭을 쓰기로 했다. 이번에는 일본육군조병창과 야하타八幡 제철소가 있는 후쿠오카福岡현 고쿠라小倉(지금의 기타규슈 시)시가 목표였다. 티베츠 부대장은 찰즈 스와니(Charles W. Sweeney, 1919~2004) 소령에게 작전을 지시했다. 스와니는 히로시마 작전 때 B29 그레이트 아티스트를 몰고 기상을 관측했었다.

그레이트 아티스트는 스와니의 애기愛機였다. 그러나 히로시마 작전 때 사용하던 기상관측용 기자재가 그대로 실려 있어서 원폭 탑재기를 보크스카(Bockscar)로 바꾸었다.

스와니는 마크3(MK.3)이라는 원폭(코드 네임 '팻 맨Fat Man')을 보크스카에 실었다. 팻 맨은 리틀 보이와 달리 플루토늄으로 만든 것이다. 길이는 3.66미터이고 무게는 4,670킬로그램, 최대 직경은 1.52미터였다.

보크스카는 9일 새벽 기장 스와니를 비롯한 승무원 10명과 레이더 모니터 요원, 원폭 담당자 등 3명을 태우고 출격했다. 에놀라 게이와 다른 B29 3대도 함께 차례차례 티니언 기지를 이륙했다. 이번에는 에놀라 게이가 기상관측을 담당했다. 보크스카에 앞서 고쿠라 시를 관측한 에놀라 게이는 "고쿠라 시에는 안개가 끼어 있으나 곧 맑은 날씨가 기대된다"고 알려왔다.

보크스카는 9일 오전 9시 44분 투하 목표인 고쿠라육군조병창 상공에 이르렀다. 그러나 폭격수 커미트 비한(Kermit K. Beahan,

1918~1989)이 고쿠라 상공에 떠있는 구름과 연기 때문에 투하 목표를 확인하는 데 실패했다. 당시 야하타제철소는 히로시마 원폭 투하 소식을 전해 듣고 하늘에서 지상이 잘 보이지 않도록 콜타르를 태워 연막을 쳤다고 한다.

팻맨

　이후 고쿠라 상공을 3번이나 선회하며 관측했지만 모두 실패했다. 그 바람에 45분이 쓸데없이 흘러가버렸다. 엎친 데 덮친 격으로 보크스카의 연료계통에 이상이 생겨 예비 연료장치로 바꿔야 했다. 기상은 더욱 악화되고 일본 고사포부대의 대공포 사격도 심해졌다.

　스와니는 하는 수 없이 오전 10시 30분쯤 고쿠라 시를 뒤로 하고 예비목표인 나가사키로 향했다. 그 사이 나가사키 상공의 기상을 체크하던 기상관측기는 "나가사키 상공 맑음. 그러나 천천히 구름양이 많아지고 있음"이라고 스와니에게 알려왔다. 나가사키에는 미츠비시 제강소와 미츠비시 병기공장 등이 있어서 7월 24일 예비목표로 뽑혔다.

　스와니는 10시 50분께 나가사키에 도착, 상공을 돌며 폭탄 투하 기회를 엿보았으나 솜털구름이 지상 1,800~2,400미터 높이를 가려 좀처럼 기회를 잡지 못했다. 스와니는 눈으로 폭격지점을 직접 보고 폭탄을 떨어뜨리는 목시폭격目視爆擊이 정 어려우면 태평양에 원자폭탄을 버릴 생각이었다고 부대에 돌아와 털어놓은 것으로 전해지고 있다. 레이더 폭격은 명령위반이었기 때문이다.

'팻 맨'이 '리틀 보이'보다 강했으나……

그때 폭탄 담당인 프레데릭 에쉬워즈(Frederick L. Ashworth, 1912~2005) 해군 중령이 "레이더 폭격을 하자"고 제의했다고 한다.

그의 제안대로 레이더 폭격을 하려는 순간, 본래 투하 예정지점으로부터 북쪽 상공에 구름이 걷히며 나가사키 시가지가 눈에 들어오자 폭격수 커미트 비한이 "시가지가 보인다. 제2목표 발견!"이라고 소리쳤다. 스와니는 즉시 자동조종으로 바꾸고 비한에게 고도 9,000미터 상공에서 버튼을 눌러 폭탄을 떨어뜨리도록 지시했다. 팻 맨은 곧 포물선을 그리며 낙하, 약 1분 후인 오전 11시 2분 지상으로부터 500미터 위에서 터졌다.

팻 맨의 위력도 대단했다. 당시 나가사키(면적 4064평방킬로미터) 인구 25만여 명 가운데 7만 4천여 명의 목숨을 한순간에 앗아가고, 시내 전체 건물의 36퍼센트를 전파 또는 반파시켰다.

앞서 밝힌 대로 나가사키 원폭은 플루토늄239를 사용한 것이다. 티엔티(TNT)화약으로 환산하면 2만 2,000톤 규모라고 한다. 리틀 보이(티엔티 화약 1만 5,000톤 상당)의 1.5배에 해당한다.

나가사키 원폭 투하

그러나 나가사키는 주변이 산으로 둘러싸인 지형 덕분에 열선이나 폭풍이 산으로 차단되어 히로시마보다 피해가 덜했다. 따라서 처음 공격목표대로 평야지대인 고쿠라에 투하되었더라면 기타규슈

일대가 더 큰 피해를 입었을 것이라고 학자들은 말하고 있다. 고쿠라 이웃에는 도바타戶畑 · 와카마츠若松 · 야하타八幡 · 모지門司 등 인구가 많은 도시가 밀집해 있기 때문이다.

보크스카는 원폭 투하를 마치고 나가사키 상공을 떠날 무렵 연료가 1,000여 리터밖에 남지 않았다고 한다. 계산상으로는 오키나와沖繩 부근 80~120킬로미터 정도밖에 비행할 수 없었다. 스와니는 원자탄 투하 후 연료를 아끼고자 보크스카를 하늘 높이 몰고 올라가 엔진을 끄고 나는 무동력 비행방식으로 이날 오후 2시쯤 오키나와 요미단読谷비행장에 비상 착륙했다. 그때 남은 연료는 겨우 26리터였다고 한다.

스와니는 착륙 후 당시 제8항 공군사령관 제임스 드리틀(James H. Doolittle, 1896~1993) 육군 중장을 만나 아찔했던 순간을 이야기하고, 연료보충과 정비를 마친 후 이날 밤 11시 6분 티니언 기지로 돌아갔다. 소련은 그때서야(8월 9일) 일본 공격에 나서 종전終戰을 거들었다.

미국은 2번의 원폭 투하에도 일본이 계속 버틸 경우 8월 20일 전후 또 한 차례 원폭을 투하할 계획으로 8월 14일 로스앨러모스 기지에 투하준비를 지시했다고 한다. 당시 미국은 로스앨러모스 기지에 13발의 완성된 원자탄과 60발분의 부품을 만들어놓고 있었던 것으로 전해진다.

맺는말

일본의 원자탄 피폭은 인류 역사상 초유의 비극이었다. 그 피해의 참상은 그만두더라도 인간이 직접 핵실험시료가 되었다는 사실 자체가 충격이다. 실로 부끄러운 일이기도 하다.

일본은 미국의 원폭 사용을 독일 나치스의 아우슈비츠 대학살에 견주며 제2차 세계대전이 빚은 2대 '잔학행위'로 비난하고 있다. 그러나 이는 어디까지나 일본이 자초한 일이었다. 일본이 포츠담선언을 연합국의 진정한 '최후통첩'으로 알아차리고 무조건 항복의 길만 택했더라도 수많은 무고한 시민들을 단숨에 죽게 하거나 '모르모트' 지경으로 몰아넣지는 않았을 것이다.

앞에서 설명했듯이 미국은 포츠담선언 이틀 전 이미 일본에 사용할 원자폭탄 2발을 만들어놓고 있었다. 게다가 트루먼 대통령은 바로 다음날 히로시마에 핵폭탄 사용을 승인했다지 않는가. 그런 엄중한 상황에서 일본이 포츠담선언을 '묵살'한 것은 정보 부재로 인한 무모함의 극치이자 '객기'라고 말할 수밖에 없다.

일제를 이처럼 파멸에 이르게 한 것은 다름 아닌, 나라를 파시즘체제로 이끈, 군부세력이었다. 이들 군부 극단주의자들은 일제 패망 후 A급 전범으로 처형되거나 중형을 받았다.

그런데도 일본 지도층은 그토록 감당할 수 없는 전쟁을 일으켜 국민을 극심한 고통으로 몰아넣은 전범들을 비난하는 법이 없다. 아니 오히려 이들을 '군국주의의 상징' 야스쿠니 신사靖國神社에 몰래 합사하여 민족 영웅으로 떠받들고 있다.

제2차 세계대전이 끝난 지 77년이 지난 지금도 나치 협력자들을 찾아내어 처벌하는 독일과 비교하면 얼마나 대조적인가. 독일은 과거 자신들의 조상이 저지른 실수를 대신 반성하고 다시는 그런 역사가 되풀이 되지 않도록 학생들에게 수업시작 전 3분간 묵념하는 시간을 갖도록 하고 있다.

우리는 언제쯤 일본으로부터 과거 잘못에 대한 명쾌한 사과를 받을 수 있을까. 일본 극우 보수지도자들의 말도 안 되는 구차한 변명을 되풀이해 들으면서 독일과 일본의 대비되는 과거사 인식이 시대적으로 한물간, 귀스타프의 '인종우열론'과 자꾸만 오버랩되어 안타깝기 그지없다.

제2장

일본이 '감추고 싶어 하는' 과거사

1. '731부대'의 악행

식민지시대의 침략역사를 미화美化하는 일본 정부 특히 보수우익들은 잘못된 과거사 가운데 다음 두 가지를 가장 감추고 싶어 한다. 첫째는 일본군 '731부대'의 '인체 산몸실험'이고, 다른 하나는 '일본군 성노예(종군 위안부)' 강제동원 사실이다.

이 가운데 '731부대'는 사상 최악의 '악마'였다. 사람 피부를 산 채로 벗겨 표본을 만들었는가 하면, 팬티만 입히거나 방한복과 평상복 차림의 사람들을 각기 3개조로 나누어 옷차림대로 한 줄로 세우고 총을 쏘아 죽음을 확인하는 소총 성능 실험도 서슴지 않았다.

안타깝게도 '731부대'의 이런 천인공노할 죄상은 시간의 흐름에 밀려 우리들의 기억 속에서 점점 사라지고 있다. 일부 역사학자들을 제외하면 대부분 '731부대'의 존재 자체를 잘 모르는 게 우리의 현실이다.

아베 신조가 '731부대' 재조명 불 지펴

최근 들어 일본이 '재무장'을 본격화하면서 '731부대'의 끔찍한 만행이 세계 언론의 주목을 받고 있는 것은 그나마 다행이다. 아니 좀 더 정확히 말하면 '731부대'의 죄상에 대한 재조명은 2012년 12월 재집권한 아베 신조 전 총리가 2013년 5월 18일 일본자위대를 순시하며 '731'이 쓰인 전투기에 올라앉아 엄지손가락을 추켜올림으로써 불붙기 시작했다.

특히 중국은 아베의 '시대착오적 망동妄動'에 단단히 화가 난 모양이다. 2014년 2월 22일 '731부대'의 죄상을 제대로 알리고자 헤이룽장黑龍江성 하얼빈哈爾濱시에 '하얼빈시 731유적 진열관'을 증축하겠다고 발표했다.

이에 앞서 2014년 1월 10일에는 731부대의 만행을 입증하는 400쪽이 넘는 관련문서 81권과 시청각 자료 70여 건을 공개하기도 했다. 현재 6천여 가지의 '731부대' 관련 유물과 문건을 전시, 일반에게 공개하고 있는 '하얼빈시 731유적 진열관'은 2012년 초부터 2년 동안 1,740점을 새로 찾아냈다고 한다. 중국은 이와 함께 '731부대 유적'을 유네스코 세계문화유산으로 등록, '만행의 실상'을 전 세계에 널리 알리겠다고 벼르고 있다.

사실 '731부대'의 잔학상은 그동안 여러 학자들의 연구에 따라 속속 드러났다. 츠네이시 게이치常石敬一(1943~. 일본과학사 전공)가 쓴 《사라진 세균전부대 관동군 제731부대》,《의학자들의 조직범죄—관동군 제731부대》,《731부대—생물병기 범죄의 진실》, 모리무라 세이치森村誠一(1933~. 추리소설가)가 펴낸《악마의 포식惡魔の飽食》시리즈, 아오키 후키코青木富貴子(1948~. 재미일본인 저널리스트)가 출간한

《731—이시이 시로와 세균전부대의 비밀을 폭로한다》 등은 '731부대'의 실상을 적나라하게 파헤친 대표적인 저작물로 꼽힌다.

다만 이들 서적은 과거 '731부대' 관련자들의 증언을 바탕으로 한 것이어서 내용이 생생하지만 전모를 파악하기에는 다소 미흡한 편이다. 가령 '731부대'가 생체실험에서 얻은 구체적인 실험데이터, 정확한 생체실험 규모와 사망자 수, '731부대'의 반인륜적 범죄가 '도쿄전범재판'에 기소되지 않은 까닭 등은 여전히 베일에 가려져 있다.

우선 그동안 공표된 연구결과를 참고로 '731부대'의 범죄 실상을 재조명해보기로 한다.

이시이 시로가 부대설립 주도

'731부대'는 1932년 히로히토裕仁 일본 왕 칙령으로 창설되었다. 일본이 만주에서 전쟁을 일으켜(1931년 9월) 일본괴뢰 '만주국'을 세운 때이기도 하다. 생화학무기 연구개발을 위한 '인체 산몸실험'이 주된 목적이었다. 그러나 겉으로는 전염병 감염예방과 위생급수 체제연구 부대라 가장했다. 왕의 칙령으로 설립된 부대는 '731'이 유일하다. 히로히토의 막내 동생 미카사노미야 다카히토三笠宮崇仁(1915~2016)도 이 부대의 장교(고등관)로 복무했다. 이런 사실만으로도 이 부대의 특수임무를 짐작하기에 부족함이 없다.

부대창설은 세균 전문의사인 이시이 시로石井四郎(1892~1959. 최종 계급 육군중장)가 주도했다. 이시이는 지바千葉현 산부군山武郡 시바야

731부대 사령부 단지 전경

마마치芝山町 출신이다. 그는 지바중학교와 가나자와金澤 고교를 거쳐 1920년 3월 교토京都제국대학 의학부를 수석 졸업했다. 대학졸업 이듬해에 육군 중위로 임관한 이시이는 군복무와 함께 모교 대학원에서 세균 위생 병리학을 전공, 1927년 6월 박사학위를 받았다. 이어 1928년 4월부터 세균 병리학에 관한 선진국의 연구동향을 살피러 유럽과 미국에 유학, 여러 연구시설을 돌아보고 1930년 12월 귀국했다.

이시이는 일본으로 돌아오자마자 세균무기를 개발하기로 마음먹었다고 한다. 그는 1932년 4월 다른 동료 5명과 함께 육군군의학교 지하실에 방역연구실을 마련하고 본격 연구를 시작했다. 이와 함께 세균무기 연구개발 특수부대를 창설해 줄 것을 군 수뇌부에 줄기차게 건의했다.

그는 "중국과의 전투를 앞둔 상황에서 자원부족으로 인한 일본의 고전을 해결하는 데는 세균무기만한 것이 없다"는 대학 은사 기요노 겐지清野謙次의 말을 귀담아듣고 "구미 선진국은 이미 생물무기 개발에 손을 대고 있다"며 윗선을 설득했다. 이시이는 한 가지 1925년부터 발효된 생물무기 사용을 금지하

이시이 시로

는 제네바 의정서가 켕겼으나 일본은 이를 비준하지 않은 데다(1970년에 비준) 생물무기의 연구개발이나 생산, 보유 등은 금지하지 않아 문제될 게 없다고 주장했다.

이시이는 1932년 1월 오줌을 걸러내어 마실 수 있는 '이시이식 여과기'를 개발하여 특허를 받기도 했다. 이 여과기는 뒤에 태평양의 이오토硫黃島에서 벌인 미군과의 전투 때 장병들 비상 급수에 큰 몫을 했던 것으로 전해지고 있다.

'731부대'는 '만주 제731부대'를 줄인 이름이다. 정식명칭은 '관동군방역급수본부'였다. 부대원들은 이시이를 기념하기 위해 그의 가명인 '도고東鄕 하지메'를 따서 '도고부대', 또는 '이시이부대'라고 부르기도 했다. '731부대'는 무단강牧丹江(643부대), 린커林口(162부대), 쑨우孫鳴(673부대), 하이라얼海拉爾(543부대), 따리엔大連(319부대) 등지에도 지부를 두었다.

부대 규모

'731부대'는 1933년 8월 중국 헤이룽장성黑龍江省 하얼빈 동남쪽 70킬로미터 떨어진 베이인허背陰河에서 '관동군방역반關東軍防疫班'이란 이름으로 처음 문을 열었다. 이어 1936년 8월 부대증강계획(군령육갑 제7호)에 따라 '관동군방역부'로 승격되고 이시이 시로가 초대부대장으로 발령됐다. 그래서 부대이름을 이시이가 태어난 마을 이름을 따서 '가모加茂부대'라고도 했다.

부대인원은 군인 65명(장교 36명 포함), 군속 105명 등 모두 170명(1936년 12월 당시)이었다. 직급은 장군將軍, 고등관高等官, 판임관判任官, 고원雇員, 용인傭人 등으로 나뉘었다. 좌관급(우리의 영관급) 장교와 실험에 종사하는 기사(의사) 등은 고등관으로, 위관급 장교와 실험지원 부서 책임자나 기사 조수는 판임관으로 대우했다. 부사관 및 기타 잡다한 일의 작업반장 등은 고원, 일반 병사와 수용소 간수 등은 용인 신분이었다.

'731부대'는 1936년 당시 일본 관동군 참모장이던 이타가키 세이시로 건의로 대대적인 시설확장에 나서 1940년까지 하얼빈 남쪽 24킬로미터 떨어진 핑팡平房에 새 실험시설을 완공했다.

그리고 그해 7월 부대인원도 군인 1,235명(장교 264명), 군속 2,500명 등 모두 3,240명으로 크게 늘렸다. 일본 패전 때(1945년)는 3,560명(군인 1,344명, 군속 2,208명, 기타 8명)에 이르렀다고 한다(일본 후생성 통계). 연간예산도 200만 엔(1942년)으로 도쿄제국대학의 예산과 맞먹을 정도였다.

부대는 세균무기 개발 효율을 높이고자 총무, 자재, 진료, 교육 등 4개 지원부서와 4개 연구개발 실무부서로 나누었다. 제1부는 다시 11개 과로 세분하여 각각 티푸스, 콜레라, 이질, 페스트, 결핵균 등 전염병균에 대한 배양증식 연구를 맡았다. 제2부는 8개 반으로 나뉘어 병균을 옮기는 리케티아 미생물, 벼룩, 유해곤충 등을 이용한 생물화학무기를 만들었다. 특히 병균과 기생충을 대량 확산할 수 있는 장비 개발에 힘을 기울였다. 이를 위해 300~400명을 한꺼번에 수용할 수 있는 실험실도 갖추었다. 4개 과로 짜인 제4부에서는 균을 활용하여 인명을 대량으로 살상할 수 있는 수류탄과 폭탄을 만들었다. 제3부는 3개 과 5개 반으로 나누어 방역 위생급수를 담당했다.

연구에는 일본에서 세균 위생병리 연구로 이름난 의사와 수의사들이 총 망라됐다. 교토의과대학은 산몸실험 결과에서 얻은 데이터로 논문을 제출한 23명에게 전시 중 의학박사 학위를 수여하기도 했다.

부대 주변은 인체실험의 비밀이 새나갈까 보안이 철통같았다. 인근에 살던 주민을 모두 내쫓고, 하얼빈에서 출발한 열차가 근처를 지날 때는 커튼을 모두 내려 승객이 부대 모습을 볼 수 없게 했다. 커튼을 내리지 않은 승객은 가차 없이 체포, 구금했다.

'마루타'는 시료(試料) 암호명
이시이는 부대를 설립하기 전 세균무기를 만들어 산 사람에게 성능실험을 해보는 것이 꿈이었다. 그가 만주에 생화학무기 연구개발 부대 창설을 요구한 것도 산몸 시료試料를 쉽게 구할 수 있다고 판단했기 때문이다. "내지(일본 본토)에서는 할 수 없는 실험을 하고자 하얼빈에 연구소를 세웠다"는 이시이의 실토에서 그의 의지를 읽을 수 있다(츠네이시 게이치, 《731부대 생물 병기 범죄의 진실》 101쪽).

또 전 육군군의학교 방역연구실 책임자이자 이시이의 오른팔 격이었던 나이토 료이치內藤良一(전후 일본녹십자사 설립)의 증언은 이시이의 범죄행위를 입증하는 결정적 증거이기도 하다. 나이토는 일본 패전 후 극동국제군사재판 검찰부의 닐 스미스(Neal Smith) 미군 중위가 행한 심문에서 "이시이가 하얼빈에 실험실을 만든 것은 포로를 쉽게 구할 수 있었기 때문이다. 이시이는 하얼빈에서 비밀리에 실험할 방법을 찾았다. 하얼빈에서는 어떤 방해도 없고 언제든지 포로를 구하기가 쉬웠다. 세균부대의 아이디어는 이시이 혼자의 것이었지만 일본의 세균 학자 거의는 어떤 형태로든 이시이의 연구에 관여하고 있었다. 이시이는 거의 모든 대학을 동원하여 부대의 연구에 협조해주도록 요구했다"고 진술했다(아오키 후키코, 《731—이시이 시로와 세균전부대의 비밀을 폭로한다》 352쪽).

'731부대'는 문을 열기 바쁘게 독립운동에 가담한 조선인을 비롯, 거동이 수상한 중국인, 몽골인, 러시아인 등을 스파이 용의자로 마구 잡아들여 수용소에 가두었다. 부대원들은 이들을 '마루타丸太'라 불렀다. 다시 말하면 '마루타'는 생체실험 시료의 암호명이다. 우리말로는 '통나무'라는 뜻이다. 이 말은 부대원들끼리 주고받은 농담에서 비롯되었다고 한다. '731부대'는 부대를 짓기 시작할 때 하얼빈지역에 제재소를 세운다는 헛소문을 퍼뜨렸는데, 그렇다면 제재소에서 필요한 것은 '마루타'가 아니냐고 우스갯소리를 한 데서 생겨난 말이라는 것이다.

'마루타' 가운데는 무고한 시민은 물론이고 중국과 러시아의 임산부, 몽골 소년, 러시아 소녀, 흑인, 유럽인 심지어 731부대의 소년대원도 들어 있었다고 한다. 실제로 '731부대'의 소년대원이었던 시노즈카 요시오篠塚良雄는 전후 일본 TBS방송 인터뷰에서 "같은 소년대원이었던 히라가와 미오平川三雄가 페스트에 걸려 생체를 해부했는데 이를 지켜보았다"고 증언했다.

이는 731부대가 남녀노소와 인종을 가리지 않고 다양한 실험 데이터를 얻고자 했기 때문으로 분석되고 있다. 특히 여성 마루타는 주로 성병실험에 활용되었다고 연구서들은 밝히고 있다.

생체 실험 백태

이른바 '마루타'로 붙들린 사람들은 철근콘크리트로 지은 특설 수용소에 갇히는 순간부터 인격은커녕 이름마저 빼앗겼다. 누구라고 할 것 없이 모두 다 100단위 수인囚人번호가 옷가슴에 새겨졌다. 이 가운데 살아서 무사히 수용소를 빠져나온 사람은 단 한 명도 없었다.

'731부대'는 이들을 대상으로 인간으로서는 도저히 상상할 수 없는 인면수심人面獸心이란 말로도 부족한 끔찍한 짓을 저질렀다. 그

가운데서도 인체를 산 채로 풀어헤친 이른바 '생체해부'는 너무 잔인하여 필설로 다 표현할 수가 없다.

실험 담당자들은 페스트, 콜레라, 이질, 매독스피로헤타 등 살아있는 전염병균을 '마루타' 몸에 주입한 후 발병으로부터 죽어가는 과정을 지켜봤다. 그것도 실험대상자들에게는 예방접종이라 속이고 세균 주사를 놓거나 균을 집어넣은 만두를 먹게 하여 병을 유발했다. 그런 뒤 병에 감염된 환자들의 장기臟器를 산 채로 떼어내어 질병이 인체에 미치는 영향을 분석했다. 모든 생체실험은 마취 없이 살아있는 채로 이루어졌다. 죽은 다음에는 부패과정에서 잡균이 들어가 영향을 미칠 수 있다는 근거에서였다.

피부 표본을 만든다며 '마루타'의 피부를 산 채로 벗겨내고 인간이 피부 없이 얼마나 버티는지 시간을 재보기도 했다. 팔이나 다리를 잘라 피가 치솟는 모습을 관찰하는 무지막지한 실험도 했다. 잘라낸 팔이나 다리를 반대편에 봉합하거나 얼린 팔다리를 자른 다음 녹는 피부의 괴저 및 부패를 살펴보기도 했다.

그뿐만이 아니다. 위를 잘라내고 식도와 장을 직접 연결하여 얼마 동안 사는지도 실험했다. 뇌, 폐, 간 등을 떼어내 실험하기도 했다. 남자와 여자의 생식기를 잘라내어 상대방의 국부에 이식하는 수술도 했다.

실험대상자들에게 얇은 옷과 두꺼운 옷을 입혀 각각 한 줄로 세우고 총을 쏘아 사망자를 확인하는 소총 성능실험도 눈 하나 깜짝 않고 해치웠다. 그런가 하면 '마루타'들에게 화염방사기를 쏘거나 이들을 여러 위치에 세워놓고 수류탄을 터뜨려 거리에 따라 어떻게 죽는지 확인하는 실험도 했다.

'마루타'를 산 채 말뚝에 묶어두고 세균폭탄을 터뜨려 얼마나 감염되는지 측정하기도 했다. 이 실험에는 이시이가 직접 개발한 도자기폭탄이 사용되었다. 도자기폭탄은 폭탄 안에 넣은 세균이 폭발 뒤에도 살아 잘 퍼질 수 있게 고안한 것이었다. 주로 흑사병이나 콜레라, 탄저균 등을 옷가지나 벼룩에 감염시켜 그 안에 넣었다.

이와 함께 '마루타'를 3~4명씩 철책이 쳐진 운동장에 풀어 밥을 주지 않고 잠도 재우지 않은 채 계속 달리도록 하여 며칠 동안 사는지를 실험했다. 때로는 '마루타'의 목을 매달아 죽음에 이르는 질식 시간을 재보고, 음식을 전혀 주지 않거나 물만 마시게 하여 생존하는 기간을 실험했다. 이 실험에서 좌광아左光亞라는 중국인 의사는 물만 마시고 45일간 버티다 죽었다. 증류수만 마신 사람은 "제발 물 좀 달라"고 아우성치며 33일을 견디다 숨을 거뒀다고 한다. 좌광아는 '마루타'로 억울하게 붙잡혀 들어온 사례였다(츠네이시 게이치,《표적 이시이》162쪽).

또 '마루타'의 동맥 또는 심장에 공기를 넣어 색전塞栓증이 생기는 시간을 측정하고, 콩팥에 말의 오줌을 주입하는 실험을 했다. 동상이나 가스 탄저, 총탄 등으로 인체를 죽기 직전까지 파괴하면 며칠 동안 버틸 수 있는지 실험하고, 또 극한상태를 어떤 방법으로 치유할 수 있는지에 대한 실험도 빈번했다.

인체의 수분함량을 측정할 목적으로 '마루타'를 원심분리기에 넣고 죽을 때까지 돌리기도 했다. 동물 피를 혈관에 주사하여 반응을 확인하고, 바닷물을 혈관에 넣어 생리식염수 대신 쓸 수 있는지 알아보기도 했다. '마루타'를 진공관에 잡아넣어 인간이 진공상태에서 얼마나 버틸 수 있는지 실험하고, 가스실에 넣어 몇 분 만에 죽는지도 시험했다. 일부 '마루타'는 외과의사를 급히 키울 목적으로 신참 군의사와 위생병의 수술 연습에 동원되기도 했다.

실험대상은 성인 남녀, 어린이, 영아, 임산부 등을 가리지 않았다. 노인도 예외는 아니었다. 심지어 의사가 여성 '마루타'를 강간하여 수태한 태아를 꺼내 실험용으로 사용하는 일까지 벌어졌다.

'731부대'는 이런 실험을 통해 1939년 마침내 세균무기를 개발, 그해 5월에 일어난 노몬한사건(만주와 몽골 국경지대에서 벌어진 일본군과 몽골·소련군 사이의 대규모 충돌) 때 실전에 처음 사용했다. 731부대는 그로부터 일본 패망 때까지 닝보寧波, 창더常德, 신징新京, 눙안農安 등 중국 14개 지역에서 1,131회나 전염병세균을 무기로 썼다. 이로 인해 중국인 50여만 명이 감염되어 사망한 것으로 추정된다.

특히 2011년 일본국립국회도서관 간사이부關西部에서 발견된 '731부대' 관련 박사학위 논문은 당시의 실험실상을 여실히 보여준다. 이 논문은 1940년 6월 4일 1차 눙안에 5그램의 페스트균을 뿌려 607명의 환자가 발생했고, 10월 27일 비행기로 닝보에 세균 2킬로그램을 떨어뜨려 1,554명을 병에 걸리게 했으며, 1941년 11월 4일 창더에 1.6킬로그램을 살포해 2,810명을 감염시키는 등 여섯 차례에 걸쳐 모두 2만 5,946명을 희생시켰다고 적고 있다.

부대 내규

'731부대'가 얼마나 잔인했는가는 부대 내규가 잘 말해주고 있다. 규정을 읽어보면 등골이 오싹해진다.

구체적인 내용은 아래와 같다.

△물의를 일으키거나 탈주를 시도한 수용자는 24시간 안에 모든 실험을 마친다. △731부대의 모든 대원(지휘관 포함)은 근무 도중 사망하면 모두 부대 안에서 시체를 해부한다. △수용자는 어떠한 경우에도 석방할 수 없다. △실험을 끝마친 수용자는 죽었든 살아있든 무조건 불태워 없앤다. △만약 적과 싸워 지거나 어쩔 수 없이 부대가 퇴각할 때는 모든 수용자를 뒤탈이 없도록 깨끗이 정리(죽음을 의미)해야 한다. △수용자의 도주를 도와준 부대원은 직위해제는 말할 것 없고 중죄인으로 다루어 사형 또는 이에 준하는 엄벌에 처한다. △부대에 전입한 신병은 실험에 질이 떨어지는 허약한 수용자를 때려죽여야 한다.

이러한 규정 때문에 일정에 없던 산몸실험을 하는 예가 비일비재했다. 또 일제가 패망하여 부대가 물러날 때 50여 명의 '마루타'를 모두 불태워 죽였다고 한다.

희생자 수

'731부대'에 갓 배치된 신병들은 부대 내규에 따라 의무적으로 수용자 중 저항이 심하거나 병약한 수용자들을 골라 육모방망이로

때려죽였다. '마루타'를 불쌍히 여기는 일이 없도록 군기를 다잡기 위함이었다고 한다. 위관이나 영관급 장교들은 실험이 끝나 죽음을 눈앞에 둔 '마루타'를 원판에 묶어 돌리며 단검을 던져 맞히는 사람이 내기에 건 돈을 몽땅 갖는, 믿기 어려운 일탈행위도 자행했다.

그렇다면 이 산몸실험으로 인해 얼마나 많은 '마루타'가 숨졌을까. 그리고 조선인 '마루타'는 얼마나 될까. 결론부터 말하면 정확한 희생자 수는 아직 밝혀진 바가 없다. 다만 과거 '731부대' 관련자들의 증언에 의존해 대강 수를 어림해 볼 수밖에 없다.

'731부대' 해부반에서 기사로 근무했던 구루미사와 마사구니胡桃澤正邦는 많아야 700~800명 정도라고 주장했다. 1년에 100명씩 계산해도 1,000명 미만이라는 설명이다. 그런가 하면 '731부대'의 구호동口號棟 위생조장으로 일했던 오가와 후쿠쇼大川福松는 2007년 8월 4일 오사카에서 〈전쟁과 의사의 윤리〉를 주제로 열린 국제심포지엄에서 "'731부대'에서는 날마다 2~3명을, 많을 때는 5명의 '마루타'를 산 채로 해부했다"고 밝혔다. 오가와의 증언이 사실이라면 해부 인원을 하루 2명씩으로 가정해도 1936년부터 1945년까지 9년 동안 희생자는 6,500명을 넘는다는 계산이 나온다.

또 '731부대' 제4부장으로 일하다 구 소련군에 붙들려 러시아 하바롭스크에서 재판을 받은 가와시마 기요시川島淸(당시 소장)는 법정에서 '마루타' 수가 3,000명 이상이라고 진술했다. 둘의 증언을 종합해 보면 생체실험 희생자 수는 3,000명에서 많게는 7,000명을 웃돌았으리라는 추산이 가능하다.

중국《하얼빈일보》는 지난 2005년 8월 2일 1,463명의 생체실험 대상자 명단을 발굴·공개했다. 이 가운데에는 조선인 희생자도 여섯 명 들어있다. 심득룡沈得龍(1911년생, 1943년 10월 1일 소련 스파이 혐의로 체포), 이청천李淸泉(독립운동가, 1944년 7월 체포), 이기수李基洙(1913년생, 함남 신흥군 동흥면, 1941년 7월 20일 체포), 한성진韓成鎭(1913년생, 함북 경성, 1943년 6월 25일 체포), 김성서金聖瑞(함북 길주, 1943년 7월 31일 체포), 고창률高昌律(1899년생, 강원도 회양군 난곡면, 1941년 7월 25일 소련 스파이 혐의) 등이 그들이다.

정확한 '마루타' 수를 밝히는 것은 앞으로 학자들이 풀어야 할 숙제이다.

패전 후 증거 인멸

'731부대'는 소련군의 갑작스런 참전(1945년 8월 9일)에 따라 다른 일본부대에 앞서 9일부터 철수를 시작했다. '731부대'의 재빠른 퇴각에는 당시 대본영大本營(전시 중 설치된 일본군 최고 통수기관) 참모로 근무하던 아사에다 시게하루朝枝繁春(중좌)의 역할이 컸다. 아사에다는 관동군 참모 당시 '731부대' 담당자로 부대의 인체실험 사실에 대해 잘 알고 있었다. 그는 이러한 생체실험 사실이 연합군에 알려지면 '천황'의 처벌이 불가피하리라 판단하고 '731부대'의 증거인멸 작전에 나섰다. 아사에다는 이 문제를 윗선에 보고하고 자신을 하얼빈으로 보내줄 것을 건의했다. 허락을 받은 그는 대본영 참모장 이름으로 이시이에게 "8월 9일 오전 11시 신징비행장에 대기하라"는 지급전을 타전한 뒤 도쿄에서 출발했다.

이시이는 지령대로 제시간에 신징비행장에서 기다리고 있었다. 아사에다는 이시이를 만나기 무섭게 "생체실험 사실이 세상에 알려지면 텐노天皇가 전범으로 기소될 수 있으므로 귀부대의 과거 연구 기록 및 연구 데이터, 실험에 사용했던 기자재 등 모든 증거를 완벽하게 없애주기 바란다"는 급한 용무부터 전했다. 윗선의 뜻이라는 말도 덧붙였다.

이시이는 곧바로 행동에 나섰다. 아직 실험에 이용하지 않은 50명가량의 살아있는 '마루타'를 즉시 한 사람도 빠짐없이 죽이라고 지시했다. 살해방법은 '청산가리 독살설', '총살' 등 말이 많지만 독가스 살해설이 가장 유력하다.

"마루타 가운데 더러는 독가스 연기가 자욱한데도 숨이 넘어가지 않자 철문을 마구 두드리며 고통스러워했다. 방독면을 쓴 특별 반원이 다가가 권총을 가슴에 대고 방아쇠를 당겼다. 반원들은 죽은 마루타의 발목을 잡아끌어 7동 옆에 있던 큰 구멍에 차례차례 던져 넣고 휘발유와 중유를 부어 불을 붙였다. 11일 오후로 기억하고 있다"는 전 부대원의 마루타 집단 살해현장 목격담은 독가스살해설을 뒷받침한다.

1천 개가 넘는 포르말린 병에 넣은 사람머리, 팔, 다리, 각 내장의 표본, 배양한 전염병균도 야밤을 틈타 송화강에 갖다 버렸다. 각종 세균 저장시설과 엄청나게 많은 쥐, 벼룩, 해부기록, 병리기록 세균배양기록도 구덩이를 파서 넣고 중유로 불태웠다. 실험 흔적이 가득한 건물은 화약으로 폭파했다. 폭발 당시 섬광은 하얼빈 시내에서도 볼 수 있었다.

이시이 시로는 이처럼 '731부대'의 증거를 급히 없앤 뒤 8월 16일 밤 특별열차를 타고 귀국했다. 그러나 실험 데이터를 비롯한 중요 문서는 배낭에 빠짐없이 챙겨 넣었다. 그는 일본으로 돌아오면서 731부대원과 가족들에게 "일본은 망했다. 여러분들은 지금부터 일본으로 돌아가는데 731부대의 비밀을 끝까지 지켜주기 바란다. 만약 군사기밀을 누설한 자가 있으면 끝까지 찾아 가만두지 않겠다"고 엄포를 놓기도 했다고 한다.

731부대원들을 구출하러 갔던 아사에다 시게하루는 소련군에 붙잡혀 시베리아에 억류되었다가 하바롭스크 수용소로 이송됐다. 아사에다는 그곳에서 KGB(소련국가보안위원회)에 포섭되어 간첩교육을 받고 귀국, 도쿄에서 활동하다가 일본 경시청에 자수했다.

하바롭스크 재판

이같은 대본영의 발 빠른 조치로 '731부대' 관계자들은 소련군이 도착하기 전 대부분 부대를 빠져나왔다. 그러나 증거를 없애느라 시간을 빼앗긴 관계자 12명은 몸을 피하지 못하고 소련군에 붙들렸다. 그 가운데는 야마다 오토조山田乙三 관동군사령관(육군대장), 가지츠카 류지梶塚隆二 관동군 군의부장(육군중장), 다카하시 다카아츠高橋隆篤 관동군 수의부장(육군중장), 사토 슌지佐藤俊二 관동군 제5군 군의부장(육군소장), 가와시마 기요시川島淸 731부대 제4부 세균제조부장(육군소장) 등 장성급도 5명이나 들어있다.

야마다 오토조

당시 소련군의 최대 관심사는 '731부대'의 생체실험 기록이었다. 소련군은 1946년 9월 26일부터 30일까지 포로들을 상대로 생체실험 사실에 대해 집요하게 심문했다. 마침내 '731부대' 세균제조과장이었던 가라사와 도미오柄澤十三夫(육군소좌)가 최초로 입을 열었다.

가라사와는 "나는 안달安達역 야외 특설실험장에서 실시한 인간 감염실험에 2번 참가했다. 첫 실험은 1943년 말쯤으로 피실험자 10명을 특설실험장으로 끌고 갔다. 이들을 5미터 간격으로 기둥에 묶어놓고 50여 미터 떨어진 곳에서 전기장치로 탄저균을 넣은 폭탄을 터뜨려 세균을 전염시켰다. 그리고 그들을 부대로 데려와 유심히 관찰하도록 했다. 그로부터 얼마 뒤 이들이 모두 사망했다는 보고를 받았다"고 실토했다.

가라사와는 고백에 앞서 "이 일은 누군가가 말하지 않으면 안 된다고 생각하고 여러 날 고심을 계속해 왔다. 지금 나는 의사로서의 양심을 걸고 모든 것을 말하겠다"며 털어놓기 시작했다. 그는 '731부대' 조직과 연구개발 내용, 실험시설, 생체실험 사실, 중국 닝보·창더 등지의 세균 공격 등을 상세히 진술하고 총 지휘자가 이시이 시로였음을 밝혔다(츠네이시 게이치, 《731부대 생물병기범죄의 진실》 155~156쪽).

가라사와의 상사였던 가와시마 기요시도 세균무기 연구개발과 사용 사실 등에 대해 솔직히 시인했다. 그는 특히 천황 명령서, 부대의 자금 출처, '마루타' 공급과 수령 방법 등에 대해 상세히 진술했다.

이들은 심문을 끝낸 뒤 모두 하바롭스크 군사재판에 넘겨졌다. 재판은 1949년 12월 25일부터 30일까지 6일 동안 열렸다. 재판결과 피고인 전원에게 강제노역 2~25년형이 내려졌다. 야마다, 가지츠카, 다카하시, 가와시마 등 4명은 강제노역 25년, 가라사와는 강제노역 20년형을 받았다.

다카하시는 강제노역 중 1952년 뇌일혈로 숨지고, 강제노역 2년을 받은 구루시마 스케시久留島祐司(실험수)와 강제노역 3년의 기쿠치 노리미츠菊地則光(상등병)는 만기를 채우고 귀국했다. 장기 노역 중이던 나머지 9명도 1956년 일소공동선언에 따라 귀국이 결정됐다. 그러나 생체실험 사실을 맨 처음 고백한 가라사와는 일본에 돌아가면 비난을 받을까 두려웠던지 귀국을 앞두고 갑자기 자살했다.

미·소 간 인체실험 데이터 쟁탈전

일본으로 돌아온 이시이는 하얼빈에서 가져온 주요 산몸실험 자료를 가나자와金澤시와 자기 집 등에 나누어 숨겼다. 그리고 전범으로 몰릴 것이 두려워 가족들에게 자신은 귀국 도중 병들어 사망했다는 헛소문을 퍼뜨리게 한 뒤 장례식까지 치르고 모습을 감추었다.

한편 '731부대'의 세균무기 사용 사실을 미리 알고 있던 미국은 일본이 항복한 지 1주일 만에 박테리아 연구전문가인 머리 샌더즈

(Murry Sanders) 중령을 도쿄에 급히 보내 실험 기록을 확보하도록 지시했다.

잘 알려져 있듯이 당시는 미소냉전이 시작되고 있었다. 영국과 소련 등 동서진영은 앞으로 일어날 수도 있는 전쟁에 대비해 세균무기 개발에 혈안이었다. 1943년 9월부터 메릴랜드 주 데트릭(Detrick)연구소에서 연구를 시작한 미국도 상당한 성과를 거두고 있었다. 그 연구책임자가 바로 샌더즈였다. 샌더즈는 미국의 세균무기 개발연구를 더욱 진척시키기 위해서는 '731부대'의 실험 결과를 참고할 필요가 있다는데 생각이 미쳤다.

샌더즈는 도쿄에 내리자마자 실험에 참여했던 '731부대' 간부들을 불러 사실 조사를 벌였다. 이시이의 오른팔이었던 나이토 료이치가 통역을 맡았으나 중요한 자료는 내놓지 않았다. 결국 샌더즈는 10주 동안 인체실험에 관한 아무 자료도 캐내지 못하고 빈손으로 돌아갔다. 그리고 같은 부대에서 연구를 하던 아보 톰슨(Arvo T. Thomson) 중령이 1946년 1월 17일 도쿄로 와 조사를 계속했다. 그러나 그 역시 아무런 성과 없이 그해 5월 조사를 끝내고 귀국했다.

그러는 사이 소련은 앞서 설명했듯이 가라사와 도미오의 고백으로 '731부대'의 모든 비밀을 알게 되었다. 소련은 이를 근거로 1947년 1월 도쿄군사재판에서 전범수사를 돕고 있던 소련측 검사인 바실리에프(Vassyliev) 소장을 통해 연합국최고사령부(GHQ)에 이시이 등의 신병을 소련측에 넘겨줄 것을 요구했다. 곧바로 이 문제를 논의하기 위한 미소회담이 도쿄 이치가야에 있던 전범수사본부에서 열렸다. 아직 구체적인 인체실험 기록을 확보하지 못한 소련은 이때 '731부대'의 실험 데이터를 미소가 공동으로 갖자고 제의했다.

이에 GHQ는 2월 10일 워싱턴 정부에 이시이들을 소련에 넘겨 심문하도록 할 것인지에 대해 타진했다. 그러나 미국은 "미국전문가들이 이들을 심문해야 하고 중요한 정보는 소련측에 절대로 넘겨서는 안 된다"고 회신, 인체실험 기록을 독점하기 위한 비밀공작에 나섰다. 미국은 1947년 5월 또다시 미생물전문가인 노버트 펠(Norbert Fell) 박사를 도쿄로 급파했다.

미국의 움직임을 눈치 챈 소련은 모스크바 방송을 통해 하바롭스크재판 결과를 날마다 전 세계로 내보냈다. 그러면서 "재판관 동지 여러분! 군사재판위원동지 여러분! 이 사건은 피고인들의 개인적 책임을 훨씬 넘는 중대한 일입니다. 우리는 이미 도쿄군사재판에 임하고 있는 소련 검사를 통해 일본 지배 계급의 인체실험에 관련된 범죄를 폭로한 가라사와 가와시마의 진술서를 미국측에 제출했습니다. 그러나 영향력을 쥐고 있는 인물들이 자국 이익을 위해 이 범죄의 폭로를 막고 있습니다. 새로운 세균무기로 인간의 대량살육을 준비하고 있는 자들에게 '제2차 세계대전의 교훈을 잊어서는 안 된다'는 사실을 알려야 합니다"라고 미국의 속셈을 폭로하기도 했다.

소련은 이와 함께 1950년 2월 1일 재판결과를 정리하여 딘 에치슨(Dean G. Acheson) 당시 미 국무장관에게 보내 국제군사재판을 새로 열 것을 제안했다. 소련은 이 문서에서 "일본 세균전부대의 행위는 천황을 정점으로 한 일본군의 조직적 범죄이다"라고 지적하고, "직접 인체실험을 한 이시이 등 731부대 간부들을 전범재판에 넘겨야 한다"고 강조했다.

전범 면책 공작

소련 검사 바실리에프로부터 '731부대'의 구체적인 죄상을 통보받은 GHQ 전쟁범죄수사본부는 이시이 시로의 소재 수사에 나섰다. 그동안 행방을 감췄던 이시이도 더 이상 버틸 수 없어 GHQ에 모습을 드러냈다. 도쿄에 도착한 노버트 펠은 곧바로 그를 만나 실험 데이터를 어디에 감췄느냐고 캐물었다.

그러나 이시이는 호락호락 사실을 털어놓지 않았다. 그는 미국과 소련 사이에 이미 인체실험 기록을 서로 차지하기 위한 쟁탈전이 벌어지고 있음을 간파했기 때문이다. 이시이는 2년 남짓 숨어지내는 동안 나이토 류이치 등을 통해 미국의 움직임을 소상히 파악하고 있었다. 이시이는 협상만 잘하면 처벌도 피할 수 있으리라 판단했다.

이시이는 일단 "나는 기술적인 데이터를 넘겨줄 수는 없다. 상세한 것은 모른다. 알고 있던 것도 잊어버렸다. 모든 것은 파기되었다"고 한발 뺐다. 그러면서도 "탄저균은 무기화武器化에 가장 유효한 균이다. 양산이 가능하고 치사율이 80~90퍼센트에 이를 정도로 맹독성이다. 전쟁에 이용하기에는 페스트만한 전염병도 드물다. 유행성 뇌염도 매개 동물로 퍼뜨리기 쉽다"고 귀띔하며 "만약 당신이 나 자신과 나의 상관, 그리고 부하들의 면죄를 보증하는 문서만 써주면 모든 정보를 제공할 수도 있다"고 팰에게 은밀히 뒷거래를 제안했다.

팰이 호의를 보이자 이시이는 다시 자신은 완전히 미국측에 기울었다는 듯이 "세균전 전문가로서 미국에 고용되고 싶다. 소련과의 전쟁 준비를 위해 나의 20년에 걸친 연구와 실험효과를 미국에 제공할 수 있다"는 말까지 했다. 팰은 그래도 마음을 놓지 않고 "인체실험, 벼룩의 대량생산, 중국 현장실험 등에 관해서는 물론이고 미국과의 거래사실에 대해 한 마디라도 흘려서는 안 된다"며 이시이에게 주의를 주는 것도 잊지 않았다.

이들은 곧 가나가와神奈川현 요코스카橫須賀시 인근의 가마쿠라鎌倉로 자리를 옮겨 '731부대'의 생체실험 기록을 주고받는 문제를 협상하기 시작했다. 미국은 이때 9개 항의 조건을 내밀었다. 내용은 다음과 같다.

1) 비밀조사보고서의 열람은 팰 박사와 맥퀠 중령, 통역사 요시바시吉橋, GHQ에 파견된 미국인, 그리고 이시이와 약 20여 명의 연구자만으로 제한한다.

2) 일본인 연구자는 전범 소추로부터 절대적 보호를 받기로 한다.

3) 보고서는 소련에 대해서는 완전 비밀로 하고 미국에게만 제공한다.

4) 소련의 소추 및 전범 추궁으로부터 절대적 보호를 받기로 한다.

5) 보고서는 일반에 공표되어서는 안 된다.

6) 연구자는 미합중국 보호 아래 있다는 사실이 알려지지 않게 주의를 기울여야 한다.

7) 핵심 연구자는 미국행을 허락한다.

8) 세균전실험실이 마련되면 필요한 경비는 미국이 지원한다. 그러나 미국인 책임아래 실시하는 미일 공동연구는 앞으로 고려해 보기로 한다. 연구 결과를 확인할 특별실험이 예정되어 있다.

9) 미일 전면적 공동연구는 일본 전후협상에 좋은 영향을 미칠 것이다. 이들 조항 가운데 8항 말고는 모두 미국인의 일반적 뜻이다.

'731부대' 간부들은 이게 웬 떡인가 눈을 의심했다. 그들이 속으로 바라던 바가 아닌가. 반대할 이유는 하나도 없었다. 양측은 이 문서에 합의 서명했다. 그리고 '731부대' 관계자들은 60쪽 안팎의 인체실험에 관한 데이터를 영문으로 작성했다. 이와 함께 병리표본 8천 장을 메릴랜드 주 데트리크연구소로 보냈다. 이렇게 하여 미국은 소련을 따돌리고 '731부대'의 생체실험에 관한 상세한 기록을 단독으로 손안에 넣는데 성공했다. '731부대' 간부들에게도 역시 '승리'의 순간이었다. (아오키 후키코, 《731 이시이 시로와 세균전부대의 흑막을 폭로하다》 428쪽)

무엇이 문제인가

'731부대'의 인체실험은 많은 의문과 교훈을 남겼다. 인간은 도

대체 얼마나 잔인해질 수 있을까. 그리고 정의란 과연 무엇일까. 국 익을 위해서는 국제 도의 정도는 팽개쳐도 무방한 것일까.

바른대로 말하면 제2차 세계대전에 승리한 미국은 전후戰後문제를 처리하면서 전쟁을 도발한 일본에게 (적어도)두 가지 실수를 범했다. 첫째는 히로히토 일본 왕에게 전쟁책임을 묻지 않은 것이고, 둘째는 731부대원들을 도쿄군사재판 심판대에 세우지 않고 '면죄부免罪符'를 준 잘못이다. 그것도 소련군에 붙잡힌 12명을 제외한 부대원 전원에게. 특히 히로히토는 전쟁책임은 그만두고라도 그의 칙령으로 '731부대'를 설립한 자체만으로도 반인도적 범죄혐의를 면할 수 없었다.

그럼에도 미국은 이들에 대한 소련측의 전범소추 요구도 묵살하고 반인도적 범죄행위를 전혀 문제 삼지 않았다. 미국은 심지어 "하바롭스크 군사재판은 소련이 37만 명의 일본인 억류사실을 호도하려는 속임수에 불과하다"고 비난하기까지 했다. 아무리 자국 이익이 중요할지라도 피해를 당한 한국과 중국, 러시아로서는 도저히 이해할 수 없는 조치였다.

미국은 이와 달리 1946년 10월 독일 뉘른베르크에서 열린 국제군사재판에서는 유태인 생체실험을 한 나치스 의사들을 모두 단죄斷罪했다. 그리고 일본 내에서 일어난 소수 미국인 생체실험 살해사건(규슈의과대학의 미군 포로 생채해부실험 등)에 대해서도 관련자들을 모두 붙잡아 처벌했다. 그런 사실에 비추면 '731부대'에 대한 면죄는 이성理性을 잃은 이중잣대가 아닌가.

미국은 이런 상반된 처리가 국제사회로부터 규탄 받을 것을 우려했던 모양이다. 미 고위 간부들은 협의를 거듭했다. 그 결과 △일본의 생물전 연구정보는 미국의 연구프로그램에 커다란 가치가 있다. △일본의 생물전 데이터는 '전범'소추보다 훨씬 중요하고, 미국의 안전에도 대단히 중요하다. △일본의 생물전 전문가를 '전범' 재판에 넘겨 그 정보를 다른 나라에 흘리는 것은 미국 안보에 득책이 아니다. △일본으로부터 얻은 정보는 정보채널에 보관해야 하고 '전범'의 증거로 사용해서는 안 된다는 등의 이유를 들어 '731부대'의 인체실험을 불문에 붙이기로 결정했다(츠네이시 편역《극동 국가전력 해군협력최고회의 1947》416쪽).

'731부대' 간부들과 협상에 나섰던 에드윈 힐(Edwin V. Hill 화학전부대 기초과학부 주임)은 이에 대해 "731부대의 인체실험 기록에서 얻은 정보는 각 병원체마다 인간이 감염될 수 있는 세균의 양이다. 인체실험을 금기하는 우리의 연구실에서는 결코 얻을 수 없는 자료이다. 앞으로 이 분야의 발전에 크게 기여할 수 있다. 일본의 기록을 손에 넣는데 총 25만 엔이 들었다. 이 비용은 이들 연구 가치와 견주면 아주 적은 액수에 불과하다"라고 최종보고서에 기록하고 있다.

아무튼 '731부대'의 인체실험 기록은 이런 뒷거래를 거쳐 미국이 독차지했다. 그리고 '731부대'의 인체실험 죄과는 역사의 뒤안길로 사라졌다. 이는 미소냉전이 낳은 또 다른 비극이기도 하다. '731부대'의 인체실험 문서들은 현재 미국 유타(Utah)주에 있는 미군 더그웨이(Dugway) 생물무기연구기지에 보관되어 있는 것으로 알려졌다. 분량도 미국측 조사보고서를 포함하여 2,000여 쪽에 이른다고 한다.

미국은 외교문서 비밀유지 기간(미국은 원칙적으로 25년이 경과된 기밀문서를 편찬하여 공표公表하되 기밀취급을 해제할 수 없는 문서는 공표 대상에서 제외하고 있다)이 훨씬 지난 2000년 의회에서 일본제국정부에 관한 정보공개법을 통과시켜 '731부대'의 인체실험 기록을 공개할 수 있게 했다. 그러나 구체적인 실험 수치를 비롯한 많은 기록은 아직도 공개되지 않은 채 베일에 싸여있다.

인체실험 기록을 미국에 넘겨준 대가로 죄를 면한 인체실험 관련자들은 1950년 이후 일본 각 대학 의학부와 국립연구소, 각지 병원에 취업하거나 제약회사(녹십자)를 설립하는 등 일본 의학계의 중진으로 우뚝 섰다. 이시이 시로도 도쿄 신주쿠新宿에서 여관을 경영하며 의학계를 들락거렸다. 그는 67세까지 살다가 1959년에 죽었다.

최근 들어 일본정치지도자들은 과거 침략역사를 부정하며 막말을 마구 쏟아내고 있다. 이는 혹시 미국이 동서냉전을 빌미로 히로히토와 731부대원들에게 면죄부를 주어 버릇을 잘못 들인 탓은 아닌지 '731부대'에 대해 더욱 깊이 연구해볼 일이다.

아내고 있다. 이는 혹시 미국이 동서냉전을 빌미로 히로히토와 731부대원들에게 면죄부를 주어 버릇을 잘못 들인 탓은 아닌지 '731부대'에 대해 더욱 깊이 연구해볼 일이다.

2. '인체 산몸실험'을 역사의 뒤안길에 그냥 묻어도 되나?

'731부대의 만행', 역사의 미궁으로 빠질 뻔하다

일본군의 인간 산몸실험은 독일 나치스의 아우슈비츠 대학살과 함께 제2차 세계대전이 빚은 2대大 '잔학행위'로 꼽힌다. 아우슈비츠에서 희생된 유태인 수는 100만여 명에 이른 것으로 추산되고 있다(실제로 2005년 아우슈비츠 사건 60주년 행사를 알린 세계 각국의 언론은 유태인 희생자 수를 100만 명으로 기록하고 있다). 이에 견주어 일본군이 생체실험에 활용한 '마루타'수는 최대 7,000여 명으로 어림된다.

이를 바탕으로 두 나라의 희생자 수를 단순 비교하면 물론 일본은 아우슈비츠의 140분의 1에 불과하다. 그러나 의사들의 산몸실험으로 인한 희생자는 나치스보다 12배가 많을 만큼 '잔학성'은 견줄 바가 아니다(近藤昭二 譯,《死の工場》17쪽). 특히 사람의 몸을 산 채로 풀어헤친 이른바 '생체해부'는 너무 잔인하여 말과 글로는 다 표현할 길이 없다.

일본역사학자 이에나가 사부로家永三郞(1913~2002)는 자신의 저서 《전쟁책임戰爭責任》에서 "적군과 접촉이 없는 후방의 은밀한 곳에서 주도면밀하게 계획을 세워 생체실험을 추진하고, 살인 숫자는 아우슈비츠보다 적지만 살해 방법이 아우슈비츠 이상으로 잔인하며, 인명구조를 임무로 하는 의학자들이 총 동원되었다는 점이 '731부대'의 잔학성의 특질이다"라고 지적하고, "당시 생체실험을 추진했던 일본의사들은 결코 전쟁책임을 면할 수 없다"고 잘라 말했다(家永三郎, 《戰爭責任》 80쪽).

일본 정부가 악행 은폐 주도

이런 잔학행위가 하마터면 역사의 미궁으로 빠질 뻔했다. 이는 무엇보다 일본이 생체실험 사실을 철저히 은폐한데다 미국이 이에 관한 주요 실험데이터와 노하우를 넘겨받는 조건으로 관련자들을 처벌하지 않은 탓이다. 게다가 이시이 시로를 비롯한 731부대원들은 주요 실험데이터를 제외한 생체실험 관련시설과 실험기록들을 모두 폭파하거나 불태워 없앤 뒤 부대를 철수하여 진실 규명을 더욱 어렵게 하고 있다.

일본은 패망 후 '731부대'의 악행을 감추고자 실로 필사적인 노력을 기울여왔다. '731부대'를 연구하여 1997년 7월 《Factories of Death(죽음의 공장)》라는 제목의 책을 낸 쉘든 해리스(Sheldon H. Harris, 미국 캘리포니아 대학 명예교수)는 그의 책에서 역사학자 존 다워(John W. Dower, 매사추세츠 공과대학)교수 말을 빌려 일본 정부의 과거사 은폐공작을 신랄하게 비판하고 있다.

이에 따르면 일본인들은 일치단결하여 자기나라 역사를 '미화

동북아역사재단은 2014년 10월 14일 '731부대'의 악행을 재조명하는 국제학술회의를 열었다. 사진은 김학준(앞줄 왼쪽에서 다섯 번째) 당시 동북아역사재단 이사장과 주제발표자들.

〔정화(淨化)〕'시키려 한다. 특히 일본 문부성은 일본에 부정적 이미지로 작용할 수 있는 전쟁에 관한 표현은 중·고교 교과서에 일절 쓰지 못하게 하고 있다. '731부대'의 내막을 담은 이에나가 사부로의 역사교과서가 1983년도 문부성 검정에서 탈락한 사실은 그 한 예에 불과하다. 이에나가는 문부성과 13년 간 법정다툼 끝에 1997년 731부대의 기술에 대해 승소했다. 일본 최고재판소는 재판관 5명 중 3명이 일본군이 과거 세균전에 관계된 인체실험을 행한 것은 학계에서는 정설로 되어 있다며 이에나가의 손을 들어주었다. 그는 84세가 되어서야 비로소 관료에게 삭제당한 내용을 자신의 교과서에 올릴 수 있게 되었다고 한다.

문부성은 또 학자들에게도 '731부대'를 주제로 한 연구를 아예 하지 못하게 강력한 금지조치를 내렸다. 이 조치로 '731부대'의 비

행을 아는 모든 정치가·사회과학자·역사학자들은 이를 완전히 무시하든가, 국가주의 편에 서서 부정하든가, 아니면 가장 수치스러운 부분을 연구대상에서 제외하는 신중한 태도를 취하든지 하는 방법 가운데 하나를 선택했다. 심지어 일본의 전쟁범죄를 연구테마로 하기는 부적당하고, 이를 공공연히 말하는 것도 적절하지 않다고 생각하는 학자까지 생겨났다고 한다. 쉘든 해리스는 이 또한 일본 정부가 미국의 고위층과 결탁하여 그런 금지지침을 강행해왔기 때문이라고 지적했다(近藤昭二 譯,《死の工場》18쪽).

추리소설가 모리무라 세이치가 '731부대 마각' 폭로

그러나 '731부대'의 '마각'은 1981년 11월 추리소설가 모리무라 세이치가 고분샤光文社에서 펴낸《악마의 포식》이 베스트셀러가 되면서 널리 알려졌다. 이 단행본은 모리무라가 많은 옛 731부대원들로부터 증언을 듣고 사진 등 관련 자료를 모아 일간《신문아카하타しんぶん赤旗》일요판에 기고했던 연재기사를 한데 묶은 것이다. 앞에서도 설명했듯이 이 책에는 '악마'가 아니고서는 도저히 상상할 수 없는 '731부대'의 가혹행위가 적나라하게 그려져 있다. '731부대'의 생체실험이 있은 지 실로 50여 년 만이다.

물론《악마의 포식》이 나오기 전에도 '731부대'에 관련된 소문과 뉴스는 일본 시중에 심심찮게 나돌았다. 특히 1948년 1월 26일 도쿄 데이코쿠帝國은행에서 은행직원들에게 독극물을 먹여 12명을 죽이고 돈을 빼앗아간 이른바 '테이긴帝銀사건'(1948년 1월 26일 오후 일본 도쿄도 도시마구豊島區에 있던 데이코쿠帝國은행에 후생성 직원을 가장한 중년 남성이 들어와 직원 16명에게 독극물을 먹여 12명을 죽이고 돈을 강탈해간 사건. 중년 남성은 "은행 부근 집에서 집단 설사가 발생했다. 소독을 하기 전에 예방약을 먹어야 한다"고 속이고 은행 직원들에게 독극물을 마시게 했다)은 '731부대'의 존재를 알리는 하나의 신호탄이었다.

일본 수사당국은 독극물을 이용한 대량 살인행위는 전쟁 때 화학무기 개발에 참여했던 731부대원이 아니고는 쉽사리 할 수 없는 범행으로 보고 옛 부대원들에게 초점을 맞춰 수사를 벌였다. 월간잡지 《진상眞相》은 사건을 끈질기게 추적하여 마침내 1950년 4월호에 〈내지內地에 살아있는 세균부대 관동군 731부대를 심판한다〉는 제목으로 '731부대'의 존재와 실태를 보도했다. 일본역사학자 이에나가 사부로는 이 기사가 731부대에 관한 일본 최초의 언급이라고 주장했다.

'테이긴사건' 이후 '731부대'는 일본사회의 관심거리로 떠올랐다. 언론계는 더욱 촉각을 곤두세웠다. 월간잡지 《문예춘추文藝春秋》는 1955년 8월호에 옛 731부대원 아키야마 히로시秋山浩의 체험담을 처음 보도했다. 〈세균전은 준비되어 있었다!〉는 제목으로 실린 체험담은 '731부대'의 생체실험과 패전 당시 '마루타' 학살 모습 등을 구체적으로 담았다. 아키야마는 이를 1956년 《특수부대 731特殊部隊七三一》이라는 책으로 출판했다. TBS(주식회사 도쿄방송)도 1975년 옛 731부대원들의 증언을 다큐멘터리로 만들어 방영했다.

그런 가운데 일본 과학사학자인 츠네이시 게이치가 문부성의

금지조치를 무시하고 1981년 5월 가이메이샤海鳴社에서 《사라진 세균전부대 관동군 제731부대消えた細菌戰部隊 關東軍第731部隊》라는 제목의 연구서를 출판했다. 731부대의 전모를 학문적으로 다룬 전문서는 이 책이 처음이다. 그래도 일반의 관심을 끌기에는 역부족이었다.

그러나 《악마의 포식》은 달랐다. 일본국민이 '731부대'의 존재를 인식하는 전환점이 되었다. 책이 나오자마자 작곡자 이케베 신이치로池辺晋一郎가 이를 바탕으로 '혼성합창조곡組曲'을 작곡했고, 수많은 TV드라마와 영화가 쏟아져 나왔다. 중국도 이 내용을 영화로 만들었다. 이 때문에 모리무라는 한때 일본 우익들의 협박에 시달려야 했다. 책을 낸 고분샤도 한동안 책을 찍어내지 못했다고 한다(家永三郎, 《戰爭責任》 79쪽). 그럼에도 《악마의 포식》을 비롯한 모리무라의 저작물(공저共著 포함 모두 415종)은 1억여 부가 팔려나갔다(フリ-百科事典 ウィキペディアWikipedia).

《악마의 포식》은 말 그대로 '731부대' 연구의 촉매제가 되었다. 이 부대에서 근무했던 대원들의 체험 고백기가 줄을 잇는가 하면 '731부대'의 생체실험 관련 연구서도 봇물처럼 쏟아졌다. 현재 인터넷에서 검색되는 것만도 어림잡아 100종을 넘는다.

덩달아 '731부대'를 주제로 연구하는 학자들도 크게 불었다. 《죽음의 공장》의 저자 쉘든 헤리스에 의하면 세균전의 인체실험 자료를 수집해온 일본 학자는 250여 명에 이른다고 한다. 이들은 모두 헤리스에게 연구에 필요한 자료를 제공해주었다. 이 가운데에는

변호사, 의사 등의 전문가들도 들어 있다(近藤昭二 譯,《死の工場》10쪽).

중국학자도 상당수에 달한다. 아예 일본에 눌러앉아 연구를 계속하는 중국학자도 있다. 미국의 바텔(Battelle)기념연구소도 빼놓을 수 없다. 이 연구소의 벤저민 가렛(Benjamin Garrett) 박사는 화학전 연구의 세계적 권위자의 한 사람으로 손꼽히고 있다. 북미의 많은 단체가 자유롭게 교류하고 있는 제2차 세계대전 아시아 사실유호史實維護연합회(GA)도 '731부대'에 대한 자료를 서로 교환하고 있다. 중국계 미국인이 중심이 된 GA에는 일본·필리핀·한국·싱가포르·인도네시아에서 이민한 사람들이 대거 참여하고 있다고 한다.

전쟁물자 보충 목적 세균연구부대 창설

'731부대' 창설은 한마디로 '싸움에 지고도 이긴' 러일전쟁(1904~1905)에서 경험한 전쟁물자 부족사태를 보완·보충하기 위한 '비상·비밀수단'이이었다. 앞서 밝힌 대로 부대설립은 이시이 시로가 주도했지만, 당시 군부 지도층은 탄환을 대신할 대량 살상무기의 필요성을 절실히 느끼고 있었다. 러일전쟁의 충격이 그만큼 컸기 때문이다. 일본은 2년도 채 안 걸린 러일전쟁에서 11만 5,600여 명(부상 후 사망, 병사 포함)의 병사가 죽고, 15만 3,500여 명이 다치는 인명피해를 입었다. 이에 견주어 러시아는 4만 2,600여 명의 전사자와 14만 6,000여 명의 부상자를 냈다. 전사자로만 보면 일본의 피해는 러시아의 2배로 사실상 일본이 패배한 거나 다름없었다(인터넷 포털 지식검색 종합).

원인은 탄환과 군량미를 비롯한 전쟁 물자가 크게 부족한 까닭이었다. 특히 러시아군 36만 명과 일본군 24만 명이 중국 펑톈奉天에서 겨룬 이른바 '펑톈 회전會戰(1905. 3. 1~ 10)'의 경우 일본군은 탄환이 부족하여 인해전술로 맞서는 바람에 인명피해가 더욱 컸다. 일본군은 이 전투에서 33만 발의 탄환을 사용했다. 비록 러일전쟁으로부터 10년 뒤의 일이지만 이를 제1차 세계대전(1914~1918)의 전황과 비교하면 속된 말로 '새 발의 피'에 불과하다. 실제로 독일군은 유럽 서부전선의 베르덩(Verdun)전투(1916년 2월 11일부터 12월 18일까지 프랑스 베르덩Verdun에서 프랑스와 독일군이 벌인 전투. 프랑스군 30만 2,000여 명, 독일군 33만 600여 명의 사상자를 냈다. 탱크와 독가스가 처음 등장한 전투이기도 하다)에서 프랑스군에게 2,000만 발의 총탄을 발사했다. 펑톈의 60배를 웃도는 양이다. 이어 프랑스 솜(Somme)에서 영국·프랑스 연합군과 독일군이 격돌激突한 제1차 솜 전투(1916. 7. 1~ 11. 18)에서는 프랑스군이 사용한 탄환만도 펑톈의 100배를 넘는 3,400만발에 이르렀다(김석근 옮김《미완의 파시즘》109, 112쪽).

일본은 제1차 세계대전이 일어나자 전쟁 2년째인 1915년 육군성에 세계대전 연구를 전담하는 '임시군사조사위원회'를 설치하고 동향을 주도면밀하게 관찰했다. 뿐만 아니라 8개 반 25명의 군 고위 장교들을 유럽 각 전장戰場에 특파하여 전쟁 당사국의 전략·전술 등을 직접 눈으로 보고 확인, 보고서를 내도록 했다. 이때 참모본부는 이와는 별도로 83권짜리《구주전歐洲戰 총서》를 발행하기도 했다.

일본 군부지도층은 여기서 현대전의 추세가 물량전이라는 점,

기습공격하면 적보다 적은 병력으로도 이길 수 있다는 실례, 탄환 대신 독가스를 사용하면 전비를 아낄 수 있다는 사실 등 실로 많은 군사지식을 터득했다. 그 가운데서도 독일군 13만여 명이 러시아군 50만여 대군을 '기습공격'으로 섬멸한 타넨베르크 전투(1914. 8. 26~31)는 일본군의 전술교본이 되었다. 제2차 세계대전 때 일본이 중국(1937. 7. 7)과 미국(1941. 12. 7)을 선전포고도 없이 기습공격한 예는 그 좋은 본보기이다('기습공격'은 야비한 일본군의 주특기로 청일전쟁1894~95과 러일전쟁도 선전포고 없이 시작했다).

만주를 대륙침략의 발판으로 삼고자 기습 침략(1931. 9. 18)하여 일본괴뢰 '만주국'을 세우고, 하얼빈의 베이인허背陰河와 핑팡平房 등지에 '세균무기 공장'을 세워 인간 생체실험을 멋대로 행한 것 또한 제1차 세계대전 연구에서 도출한 전략·전술과 무관하지 않다. 실제로 당시 일본군 간부들은 페스트균을 옮기는 벼룩 1마리가 전차 1대 병력과 맞먹을 정도로 가치가 큰 강력한 무기가 될 수 있다고 판단했다(http://kuronekokoneko.fc2web.com/review.html 731部隊についての考察).

그러나 일본은 만주국 건국으로부터 14년 뒤 결국 원자탄 피폭으로 비참한 최후를 맞이했다. 그렇게 보면 일본에게는 만주국 건립이 곧 비극의 시작이었던 셈이다.

생체해부실험은 '상아탑'에서도 있었다

일본의 인간 생체실험은 군부뿐만 아니라 대학에서도 자행되었다. 구체적으로 이름을 밝히면 규슈九州대학 의학부가 대표적이다. 이 대학 주임외과부장이었던 이시야마 후쿠지로石山福二郎 교수 팀이 1945년 5월 17일부터 6월 2일까지 4회에 걸쳐 미군 포로 8명의 몸을 살아있는 채로 풀어헤친 '생체해부실험'은 가히 엽기적이었다. 그것도 수술실이 아니라 시체해부 때나 사용하는 해부학교실의 해부대에서 이루어졌다. 마취주사를 놓았다지만 포로들의 저항을 줄이기 위한 것일 뿐 고통을 덜어주거나 생명의 안전을 위한 조치는 아니었다.

해부의사들이 얼마나 잔인했는지는 수술내용이 잘 말해준다. 생체해부 팀은 먼저 미군 병사의 양쪽 폐를 떼어내어 조직 구조와 상태를 면밀히 살폈다. 심장을 잘라내어 그 멈춘 모습을 관찰하고, 뇌와 간장을 비롯한 주요 장기를 도려내어 낱낱이 검사한 다음 표본을 만들었다. 또 희석된 바닷물을 혈관 속에 주입하여 반응을 측정하고, 대동맥을 잘라 피를 나오게 한 다음 얼마나 흘리면 사망에 이르는지 출혈량을 확인하기도 했다. 해부대에 강제로 몸을 맡긴 포로들은 모두 수술 도중 또는 수술을 마친 후 곧바로 숨을 거뒀다.

이는 새로운 결핵치료법을 찾아내고, 출혈이 심한 전투부상자들에게 보충할 사람 피가 아닌 대용代用혈액을 개발하며, 인간의 생존에 관한 탐구와 새 수술방법을 창안하는데 목적이 있었다고 한다(이에나가 사부로,《戰爭責任》, 가미사카 후유코,《生體解剖 九州大學醫學部事件》, 도노 도시오東野利夫,《汚名一九大生體解剖事件の眞相》등을 바탕으로 요약).

이처럼 처참한 최후를 맞은 미군들은 일본 패망을 3개월 남짓 앞둔 1945년 5월 5일 오전 마빈 S. 왓킨즈(Marvin S. Watkins) 중위가 조종간을 잡은 B29폭격기를 타고 남태평양의 마리아나(Mariana) 기지를 떠나 규슈 공격에 나섰다. 그리고 계획대로 후쿠오카福岡현 구루메久留米시에 있는 다치아라이太刀洗 비행장을 폭격하는 데에 성공했다. 그러나 작전을 마치고 기지로 돌아가던 길 구마모토熊本현과 오이타大分현 접경지역 상공에서 열아홉 살 된 학도병이 모는 전투기에 피격되고 말았다.

B29폭격기에는 당초 기장을 포함 11명이 타고 있었다. 이들은 모두 낙하산을 타고 겨우 지상에 닿았다. 하지만 내리자마자 엽총과 죽창 등을 든 마을 경방단警防団과 맞닥뜨려야 했다. 경방단의 살기등등한 분위기에 놀란 탑승원 가운데 1명은 자결하고 또 1명은 경방단이 쏜 총에 맞아 죽었다. 나머지 9명은 도주하다 붙들려 후쿠오카시에 있던 일본군 서부사령부로 옮겨졌다.

서부사령부는 즉시 포로들의 처분방법을 도쿄 작전참모본부에 물었다. 돌아온 해답은 "도쿄포로수용소도 만원이다. 정보 가치가 있는 기장만 도쿄로 보내고 나머지는 군사령부에서 알아서 처리하라"는 내용이었다. 이에 따라 서부사령부는 마빈 S. 왓킨즈만 도쿄로 보내고, 나머지 8명은 재판 없이 그대로 총살형에 처하기로 결정했다.

이 사실을 안 고모리 타쿠小森卓는 이시야마 후쿠지로 주임외과부장과 함께 이들 포로 8명을 그냥 죽이지 말고 생체해부실험을 하면 좋겠다고 서부사령부에 건의했다. 규슈대학을 졸업한 고모리는 군의軍醫사관후보생으로 이 병원에서 훈련을 받던 중이었다. 서부사령부는 이 제안을 곧바로 받아들여 이들의 신병을 대학측에 넘겼다. 포로들은 대학병원에 수용되자 건강검진을 받는 줄 알고 '땡큐(Thank You)!'를 연발했다고 한다.

포로들은 히라코 고이치平光吳一 교수의 해부학실습실에서 5월 17일 2명, 22일 2명, 25일 1명, 6월 2일 3명 순으로 붙잡힌 지 한 달도 안 되어 모두 형장이 아닌 '해부실의 이슬'로 사라졌다(http://www.ahni.co.jp/kitazawa/sei/kantougen0601.htm). 총살 대신 고통이 더 심한 생체해부로 앙갚음을 당한 셈이다.

한동안 극비에 붙여졌던 이 사건은 그로부터 2개월 후 일본이 패망하면서 세상에 드러나기 시작했다. 일본이 무조건 항복한 후 얼마 되지 않아 규슈대학 의학부장과 병원장, 이시야마 본인 등에게 사건을 규탄하는 투서가 날아들었다. 연합군총사령부(GHQ)에도 진정서가 접수되었다. GHQ전범수사반은 그렇지 않아도 이 B29전투기의 실종원인을 규명하는데 혈안이었다. 생체해부에 관여했던 관련자들은 사건을 숨기느라 진땀을 뺐다. 서부사령부 관계자는 이들 포로들을 히로시마廣島수용소로 이송했는데 그곳에서 미군의 원폭투하로 사망했다고 GHQ에 거짓보고서까지 제출했다.

하지만 은폐조작도 오래 가지는 못했다. 그 이듬해 7월 13일 GHQ전범수사요원이 차를 몰고 규슈대학에 갑자기 들이닥쳐 이시야마를 비롯한 관련자들을 전범용의자로 체포했다. 그때 함께 검거된 용의자는 모두 15명이나 되었다. 이시야마는 도쿄 GHQ로 끌려가 호된 심문을 받았다.

그러나 그는 수술을 행한 것은 포로들의 생명을 구하기 위한 일일 뿐 생체실험은 아니었다며 범행을 완강히 부인했다. 그리고 그로부터 5일 후 그는 "모든 일은 군부의 명령에 따라 이루어졌으며 책임은 나에게 있다"는 유서를 남기고 독방에서 스스로 목숨을 끊었다(フリ-百科事典 ウィキペディアWikipedia 〈九州大學生體解剖事件〉).

GHQ는 그 뒤 1년여에 걸쳐 이 사건에 대한 전모를 밝혀내고 규슈대학 관계자 14명과 서부사령부 관계자 11명 등 모두 25명을 요코하마橫浜 군사법정에 넘겼다. 이들에게는, 포로는 전범규정에 따라 일본측 군법회의 판결을 거쳐 처벌해야 함에도 이를 지키지 않았고, 해부실험이 생명의 회복이 지극히 불가능한 수준에서 이루어졌으며, 사망한 포로들을 제대로 매장하지 않았다는 등의 혐의가 적용됐다. 생체해부 의견을 맨 처음 제안했던 고모리는 일본 패망 직전 미군 공습으로 사망하여 피소를 면했다.

요코하마 군사법원은 1948년 8월 27일 이들에 대한 선고공판을 열고 요코야마 이사무橫山勇 당시 중장, 사토 요시나오佐藤吉直 당시 대령 등 군인 2명과 도리스 다로鳥巢太郞 당시 조교수, 히라오 켄이치平尾健一 당시 조교수, 모리요시 요시오森好良雄 강사 등 5명에게 교수형을 확정했다. 나머지 20명 가운데 18명에게도 유죄판결을 내렸다. 생체해부 사건이 최초로 세계사의 한 페이지에 공식적으로 기록되는 순간이었다. 인류역사상 생체해부 사건은 1626년 영국에서 포로들에게 한 예와 일본군의 이시이부대가 중국 하얼빈에서 실시한 사건 등이 있으나 어느 하나도 공식적으로는 기록되지 않았다. 생체해부의 전모가 상세히 역사의 기록으로 남게 된 것은 규슈대학 사건이 유일하다(http://www5.ocn.ne.jp/~benzs550/kaibou.htm).

사형수들은 처벌이 지나치게 가혹하다며 GHQ에 끈질기게 재심을 청구, 결국 1950년 모두 중노동으로 감형되는 혜택을 받았다. 때마침 한국에서 6·25전쟁이 일어나 이에 부심하던 맥아더(Douglas MacArthur) 연합군 사령관이 일본인들로부터 악감정을 사지 않기 위해 은전을 베풀었다고 한다.

전쟁에 독가스도 사용했다

일본군은 전쟁에서 독가스도 무기로 사용했다. 바꿔 말하면 제2차 세계대전에서 인체에 치명적인 세균과 독가스를 동시에 사용한 나라는 일본 말고는 없었다(近藤昭二 譯,《死の工場》15쪽). 사용 지역도 중국은 물론 말레이시아·싱가포르·버마(지금의 미얀마) 등지로 광범위하다. 이러한 일본군의 '독가스 사용 행위' 또한 국내에는 잘 안 알려져 있다.

이에나가 사부로는 일찍이 1968년 이와나미서점岩波書店에서 펴낸《태평양전쟁太平洋戰爭》을 통해 일본군의 대對 중국전 독가스 사용 실태를 자세히 설명하고 있다. 또 일본역사학자 아와야 겐타로粟屋憲太郞는 중일전쟁 중 육군 나라시노학교習志野學校(일본군이 육군의 화학병기에 관한 교육을 목적으로 1933년 지금의 지바千葉현 나라시노習志野시 이즈미쵸泉町에 설립한 육군학교. 일본 패망과 함께 문을 닫았다)가 '극비'로 작성한《지나사변에 있어서 화학전 예증집(支那事變ニ於ケル化學戰例証集)》을 1984년 6

월 워싱턴에 있는 미국국립공문서관(The U.S. National Archives and Records Administration)에서 발견, 언론에 공개하고 일부를 같은 해 8월호《역사학 연구》에 발표했다.《아사히신문朝日新聞》은 이를 받아 1984년 6월 14일자에 특종 보도했다.

《아사히신문》은 이어 요시미 요시아키吉見義明가 찾아낸《무한공략전 간에 있어서 화학전 실시보고 송부의 건武漢攻略間ニ於ケル化學戰實施報告送付ノ件》도 1984년 10월 6일자에 크게 실어 일본군의 독가스 사용 실상을 일반에게 널리 알렸다. 이 공문은 육군 나라시노학교 본보다 앞서 만들어진 최초 문서라고 한다. 요시미는 이와 함께 1985년 12월호《중앙평론中央評論》에〈일본의 독가스전〉이라는 제목의 기사를 신고, 일본군이 말레이시아·싱가포르·버마 등 동남아 각 전선에서도 독가스를 사용한 사실을 폭로했다(家永三郎,《戰爭責任》76~77쪽).

이에 따르면 일본군은 1939년 8월 중국 동북부지방에서 중국인 60여 명에게 처음으로 청산가스 생체실험을 통해 효능을 확인한 다음 독가스 사용을 점차 늘려 나갔다고 한다.

일본군이 독가스를 사용한 증거는 또 있다. 이번에는 기록이 아니라 물증이다. 히로시마廣島縣현 오쿠노시마大久野島에 남아있는 독가스 제조 흔적은 일본군의 독가스 사용을 부정할 수 없는 명백한 증거이다.

오쿠노시마는 히로시마 다케하라竹原시 다다노우미쵸忠海町에서 동쪽으로 3킬로미터쯤 떨어져 있다. 히로시마시에서부터 시작하면 70킬로미터 가량 되는 거리이다. 다다노우미 항에서 여객선과 페리가 수시로 다니므로 쉽게 찾아갈 수 있다. 섬 둘레가 고작 4.3 킬로미터밖에 안 되는 작은 섬이다. 경치가 아름다워 1934년부터 세토나이카이瀬戸內海국립공원으로 지정되었다. 지금은 토끼가 많이 산다하여 '토끼섬'이라 부르기도 한다.

그러나 이 섬은 한때 비밀유지를 이유로 군이 지도에서 지워버려 외지인이 지도로는 찾을 수 없는 곳이었다. 1929년 5월 이곳에 '육군조병창 화공창 다다노우미 병기제조소'가 들어서면서부터다. 일제는 이에 앞서 1897년에 이미 러일전쟁을 내다보고 이곳에 포대를 비롯한 군사시설을 설치하여 요새로 활용하고 있었다.

독가스 생산시설은 섬 서북부의 나가우라長浦와 산켄야三軒屋 지대의 두 개소에 설치되었다. 군은 섬에 발전소를 따로 두고 자가발전을 했으며, 독가스 저장탱크와 재료, 식품 등을 보관하는 창고시설도 만들었다. 생산된 독가스는 일단 직경 2미터, 깊이 5미터 가량의 저장탱크에 보관했다가 각 부대로 나누어주었다. 이 화학무기공장에서는 살충제를 비롯한 민간용품도 함께 만들었다.

독가스 제조에 동원된 인원은 6,900여 명에 이르렀다. 원래부터이 섬에 살던 농민이거나 어민, 근로동원 학생들이 주를 이루었다. 어린 학생들은 "일하다 혹시 실수로 독가스를 마셔도 고통이나 유혈이 따르지 않고 시간이 지나면 곧 좋아진다"는 군 당국의 거짓말에 속아 작업을 도왔다고 한다. 군은 이처럼 소년·소녀들을 속이면서도 작업내용을 절대로 부모들에게는 말하지 말라고 입단속을 철저히 했다.

　일본 패망 때까지 이 화학무기 제조공장에서 생산된 독가스는 모두 6,616톤이었다. 종류는 피부손상, 소화기능 및 조혈造血기능장애 등을 가져오는 마스터가스(Mustard gas), 호흡곤란, 혈액감량 쇼크 등을 일으키는 루이사이트(Lewisite), 코와 눈을 자극하고 구토를 유발하는 디페닐시아노아르신(Diphenylcyanoarsine), 최루가스 등 4가지였다. 그러나 이를 다 쓰지 못하고 패전 당시에는 3,270톤이 남았다고 한다(フリ-百科事典 ウィキペディアWikipedia 大久野島).

　이 공장은 일본 패망과 함께 문을 닫았다. GHQ의 영국연방 오스트레일리아군이 시설을 접수하여 해체작업을 벌였다. 독가스시설 해체반은 쓰다 남은 화학 무기를 대부분 주변 해역에 버리거나 땅에 파묻었다고 한다. 또 화염방사기로 불태우고 방역소독도 실시했다. 그때 독가스탄 폐기작업을 도왔던 화학회사 테이진은 65만여 발의 구토성 가스탄을 섬 안에 묻었다는 기록을 남기고 있다(오마이뉴스 2006년 2월 22일자 현지 르포기사 〈지도에서 지운 독가스섬을 아십니까〉).

　그러나 처리가 완벽하게 이루어지지 않아 후유증이 계속되고 있다. 섬 안 지하 4~5미터 깊이에서는 아직도 고농도 비소가 검출되고 있다. 독가스 제조에 참여한 종업원들이 건강을 위협받은 일도 일제 침략주의로 인한 인과응보이다. 이들한테서 1950년 후두암이 처음 발견된 이후 한동안 아무 까닭 없이 심한 기침과 함께 가래가 나오거나 두통을 호소하는 사람이 줄을 이었다.

　시간이 많이 흘러 그때 일하던 종업원은 대부분 세상을 떠났다.

살아있는 사람도 80세 이상 고령으로 얼마 안 된다. 그러나 이 섬에 살고 있는 주민들 가운데 폐렴, 만성기관지염, 호흡기 계통의 암에 걸리는 환자가 많이 발생하고 있다는데 문제가 심각하다. 히로시마 대학 의학부의 와다和田내과 조사로는 이 섬의 암 발생 빈도가 일본 전국 평균의 15배에 달한다고 한다. 게다가 이들 질병에 대한 적절한 치료방법이 없어 주민들의 걱정은 더욱 크다.

이에 일본 정부는 최근 다케하라시의 다다노우미병원(현 鳴共濟 病院 忠海分院)을 전문 치료병원으로 지정하고 독가스중독증후군 환자를 치료토록 하고 있다. 이 병원에서 지금까지 치료를 받은 독가스중독증후군 환자는 4,500여 명이나 되는 것으로 알려졌다. 병원 측은 이들 환자들은 물론 원주민들의 당시 경험을 채록하고 있다.

일본 정부는 이와 함께 1988년 이 섬에 독가스자료전시관을 세웠다. 오욕의 역사를 잊지 말자는 섬 주민들의 희망에 따른 것이다. 자료관에는 그때 공원들이 쓰던 수첩, 액체가스제조장치, 방독작업복, 독가스탄, 중국에서 사용 모습을 담은 사진 등이 전시되어 있다.

이 자료관에는 일본 전국에서 해마다 6만여 명의 초·중·고교 학생이 수학여행 또는 평화학습 목적으로 방문하고 있다고 한다. 자료관측은 일본의 독가스전 실상을 연구하는 중국인 학자들의 발길도 끊이지 않는다는 자료도 내놓고 있다.

이에나가 사부로는 그의 저서《전쟁책임》에서 "일본군의 독가스 작전은 일본이 1900년 비준한 독가스 사용 금지에 관한 헤이그 선언과 1925년 서명한 독가스 등의 사용 금지에 관한 의정서를 위반한 것이므로 독가스로 중국을 비롯한 전쟁 당사국의 국민을 위해한 행위는 도덕에 그치지 않고 법률상의 책임도 지지 않으면 안된다"고 강조했다(家永三郎,《戰爭責任》77쪽).

생체실험에 관한 국내학계의 연구실태

그러면 '731부대'의 인체실험을 비롯한 일제의 만행에 대한 우리학계의 연구 상황은 어떤가. 한마디로 극히 빈약하다. 우선 731부대 연구서적만 놓고 보면 현재 국립중앙도서관이 소장하고 있는 20종의 731부대 관련 문헌 가운데 순수 한국학자가 펴낸 것은《기억해야 할 일본731부대의 세균전(독립기념관)》,《일본 관동군 731부대를 고발한다(김창권)》,《일본관동군731부대: 생체실험 증거자료집(이평열)》등 3종이 전부이다. 그나마 이들 책은 모두 사진(해설)집이다. 영상물도 다큐멘터리 KBS스페셜, 일요스페셜, 미디어포커스 등이 고작이다.

그 밖에 소설가 정현웅이 1989년 다나출판사에서 낸 소설《마루타》가 있다. '731부대'에 관한 연구보고서도 15건에 불과하다. 해군 정훈부 송소석이 1970년에 쓴 〈제731부대—제2차 대전 세균전 비화〉가 국내 최초이지만 내용은 그리 내놓을 만한 것이 못 된다.

국내 사학전공학자는 역사학회에 등록된 숫자만도 200여 명에 이르고 있다. 현재 사학과를 두고 있는 대학도 53개 교나 된다. 더군다나 서울대를 비롯한 전국 유수 대학은 저마다 일본학연구소를 두고 있다. 이런 현실에 비추어 볼 때 '731부대'에 관한 우리 학계의 연구 실태는 실로 부끄럽기 짝이 없다.

사실을 말하면 중국도 1983년 3월 하얼빈시에 〈하얼빈 일본 세균공장 죄증 전람관哈爾濱日本細菌工場罪證展覽舘〉이 설립되기 전까지는 우리와 별로 다를 바 없었다. 쉘든 해리스가 《죽음의 공장》에서 그 실상을 잘 말해주고 있다(近藤昭二 譯, 《死の工場》 331~333쪽). 해리스는 일본이 패망한 1945년에 중국이 조금만 정신을 차렸더라도 '731부대'의 잔학행위는 세상에 더 빨리 알려졌을 거라고 아쉬워한다.

그에 따르면 장제스蔣介石가 이끄는 국민당 정부는 1945~46년 중국 주요도시에서 전범재판을 열고 500명이 넘는 일본인을 처벌했다. 그러나 무슨 까닭인지 일본군의 세균전 활동에 대해서는 관심을 보이지 않았다. 중국이 1930년대 중반부터 일본의 세균전에 대해 가만두지 않겠다고 경고해 온 점으로 미루어 세균전 포로를 재판할 수 있는 충분한 정보를 얻고 있었음에도 말이다. 중국공산당 지도자 마오쩌둥毛澤東도 수많은 부하를 '죽음의 공장'에서 잃어 '731부대'의 만행을 잘 알고 있었다. 그런 마오 역시 세균전 관련자 처벌에는 뒷짐을 졌다. 그 바람에 기타노 마사지北野政次 제2대 731부대장 같은 거물급 전범(중장)은 상하이上海감옥에서 재판을 기다리던 중 몰래 빠져나와 아무 탈 없이 일본으로 돌아갔다(近藤昭二 譯, 《死の工場》 272쪽). 해리스의 말마따나 정말 어처구니없는 '사건'이었다. 이때 기타노와 함께 탈출한 생체실험 관련자

기타노 마사지

들도 상당수에 이른다. 기타노는 건조乾燥혈장血漿 전문가였다. 그는 일본으로 돌아가 녹십자회사를 설립하고, 한국전쟁 때 수혈용 혈액을 만들어 미군에게 팔기도 했다.

학계가 풀어야 할 과제

'731부대'의 '악마적 작태'는 한동안 우리의 기억 속에서 사라지는 듯했다. 아니 좀 더 솔직히 말하면 전공학자가 아닌 일반 국민은 이 부대 존재 자체를 모르고 있었다고 해야 더 옳은 표현일지 모르겠다. 어느 국무총리 후보자가 국회 인사청문회에서 '731부대'를 '독립군 부대가 아니냐'고 답변한 해프닝만 보아도 우리의 현실을 알기에 부족함이 없다. 차마 웃을 수 없는 이런 일이 1990년대 이전에 일어났다면 이해할 만도 하다. 일본과 미국이 서로 짜고 그동안 731부대의 흔적을 철저히 감춰왔기 때문이다.

그렇다면 일본은 이런 과거사 은폐에 자신감을 가진 것일까. 아니면 이제 한국과 중국쯤은 무시해도 된다고 생각한 것일까. 이미 설명한 바와 같이 아베 신조 전 일본 총리는 2013년 5월 18일 일본 자위대를 순시하면서 '731'이라 쓰인 전투기에 올라앉아 엄지손가락을 치켜 올리며 뭔가 다짐하는 '정치 퍼포먼스'를 벌였다. 이는 과거 식민지시대 일본의 지배를 받은 피지배민족의 가슴에 다시 한 번 비수를 꽂는 '적반하장'이었다. 속된 말로 하면 국제정치 감각을 일탈한 정신이상자의 '몰상식'한 작태였다.

일본이 이처럼 오만해진 데에는 반인륜적 범죄행위 처벌에 대

한 미국의 이중잣대가 한몫했다는 게 일반적인 분석이다. 미국은 제2차 세계대전이 끝난 후 자국의 점령지에서 80만 명 이상의 독일 나치스 당원을 붙잡아 뉘른베르크 전범재판에 넘겼다. 재판결과도 50만여 명이 처벌을 받을 만큼 상상을 초월했다. 그 중에는 23명의 의사와 과학자도 들어있다. 징역형은 보통이고 사형을 받은 전범도 수두룩하다(近藤昭二 譯,《死の工場》16쪽).

사형을 선고받은 의사 5명은 1948년 8월 6일 교수형으로 처형되었다. 특히 의사들 재판은 처벌에 그치지 않았다. 이른바 '뉘른베르크 법전'이라는 의학윤리법전까지 제정했다. 기본적으로 세계 의사들의 불법 의료행위를 규제하는 이 법전에는 인체실험에 관한 규정도 들어있다. 인체실험은 피험자 본인의 동의 없이는 행할 수 없다. 또 사회에 유익한 결과를 가져오고 다른 방법으로는 성공할 수 없다고 판단되는 경우에만 할 수 있도록 했다. 하지만 환자가 사망 또는 장애를 입을 가능성이 있다고 예상될 때는 인체실험을 해서는 안 된다고 못박고 있다. 이런 내용의 '뉘른베르크 법전'은 뉘른베르크 전범재판의 최대 성과로 꼽힌다(近藤昭二 譯,《死の工場》16~17쪽).

이에 견주어 일본인 전범 재판결과는 어땠을까. 미국을 비롯한 연합국은 일본이 항복하자 일본·중국·필리핀·인도네시아 등 아시아 여러 나라와 오스트레일리아 등지에서 전범재판을 열었다. '도쿄재판(1946~48)'은 그 대표로 꼽힌다. 그러나 여러 전범재판에 넘겨진 일본인 전범은 모두 합해야 5,700여 명에 불과했다. 이 가운데 984명은 사형에 처해지고, 3,419명은 징역형을 받았다. 독일에 비해

서는 놀라울 정도로 관대하다(近藤昭二 譯,《死の工場》16쪽). 왜 그랬을까.

되풀이지만 제2차 세계대전에서 승리한 미국은 일본의 전후戰後문제 처리에 크게 두 가지 실수를 범했다. 하나는 히로히토 일본왕에게 전쟁책임을 묻지 않은 것이고, 다른 하나는 731부대원들을 전범 심판대에 세우지 않은 것이다. 731부대의 인체실험 수는 나치스보다 12대 1로 압도적인 다수였다. 그럼에도 731부대원들을 처벌하지 않았다. 이와 관련, 처벌을 받은 사람은 러시아 참전(1945년 8월 9일)으로 만주에서 붙들려 하바롭스크에서 재판을 받은 12명뿐이다. 일본 패망 당시 731부대원은 모두 3,560명에 달했다(1947년 일본후생성 통계).

미국은 이들에 대한 처벌은커녕 25만 엔을 주고 주요 실험데이터와 노하우를 사들였다. 맥아더 사령관은 이시이 시로를 비롯, 6명을 미국에 파견하여 미국의 세균무기 개발을 돕기도 했다고 한다(近藤昭二 譯,《死の工場》342쪽). 이는 말할 나위도 없이 미소냉전이 낳은 '부산물'이다

다시 한 번 강조하자면 미국은 △일본의 생물전 연구정보는 미국의 연구프로그램에 커다란 가치가 있다. △일본의 생물전 데이터는 전범 소추보다 훨씬 중요하고, 미국의 안전에도 대단히 중요하다. △일본의 생물전 전문가를 전범재판에 넘겨 그 정보를 다른 나라에 흘리는 것은 미국 안보에 득책이 아니다. △일본으로부터 얻은 정보는 정보채널에 보관해야 하고 전범의 증거로 사용해서는 안 된다는 등의 이유를 들어 '731부대'의 인체실험을 불문에 붙이

기로 결정했다.

　결론적으로 '731부대'의 생체실험은 우리 학계에 많은 숙제를 내주고 있다. 가장 먼저 풀어야 할 과제는 생체실험에 희생된 '마루타' 가운데 우리 민족은 얼마나 되는가이다. 중국 '침화일군 제731부대 죄증진열관侵華日軍 第731部隊 罪證陳列館'측 관계자들이 희생자들 가운데 조선인은 적어도 300명은 넘을 것이라 흘리는 것을 보면 상당수에 이를 전망이다. 게다가 이평열 한민족문화교류협의회 회장은 그가 펴낸《일본 관동군 731부대 생체실험 증거자료집》에서 1938년 4월부터 1945년 일본 패망 때까지 중일전쟁에 끌려간 조선인은 36만여 명이며, 이 가운데 16만여 명만 돌아오고 나머지는 행방불명되었다고 하지 않은가. 지금까지 신원이 밝혀진 조선인 '마루타'는 6명에 불과하다.

　또 '731부대'가 최초로 야외실험을 한 유해 생물병원체 실험장소도 밝혀야 할 문제이다. 쉘든 해리스는 731부대 생물무기 연구가들이 인간에 치명적인 병원체를 개발하여 1938년 조선에서 첫 야외실험을 했다고 밝히고 있다(近藤昭二 譯, 15~16쪽).

　이밖에 경성제국대학 의학부 졸업생으로 조선군관구 방역부장이던 모노에 도시오物江敏夫가 1945년 9월 8일 '육군군의학교 방역연구보고(말라리아 감염에 관한 연구)'를 주제로 경성제국대학에서 박사학위를 받은 경위도 규명해야 할 중대 과제이다. 이는 2014년 10월 14일 동북아역사재단에서 열린 국제학술회의에서 니시야마 가츠오西山勝夫 사가滋賀의과대학 명예교수가 주장한 내용이다. 그는 이

자리에서 경성제국대학에서는 일제가 패망한 1945년 9월 이후에도 150명에게 의학박사 학위를 수여했다고 밝히기도 했다.

세균전은 아직도 진행 중이다. '역사를 잊은 민족에게 미래는 없다'는 윈스턴 처칠(Winston Churchill)의 말을 꼭 새겨들을 일이다.

3. 왜 일본은 '일본군 성노예'를 감추려 하나

1) '2015 한일위안부 합의서' 졸속합의 내막

'한일기본조약'이 체결된(1965년) 지 어느새 반세기가 지났다. 돌이켜보면 그때 격렬했던 학생들의 굴욕외교 반대시위는 아직도 눈에 선하다. 5·16군사정권이 '6·3데모'로도 불리는 한일회담 반대시위를 억압한 채 강행한 이 '한일협정'은 외교상 많은 문제와 상처를 남겼다. 그 후유증은 지금도 계속되고 있다.

예를 들면 한일기본조약 제2조 해석을 둘러싸고 한일 외교당국자 및 학자들 사이에 이견을 좁히지 못하고 있는 '이미(already)'라는 낱말에 대한 뜻풀이 논쟁을 그 본보기로 들 수 있다. 주지하다시피 한국과 일본은 기본조약체결 당시 두 나라 언어 차이에 따라 생길지도 모르는 분쟁을 막기 위해 조약문을 한국어·일본어·영어 등 세 가지 말로 작성했다.

기본조약 제2조는 "1910년 8월 22일 및 그 이전에 대한제국과 대일본제국 간에 체결된 모든 조약 및 협정이 이미 무효임을 확인한다"는 내용이다. 영어로는 "It is confirmed that all treaties or agreements concluded between the Empire of Korea and the Empire of Japan on or before August 22, 1910 are already null and void"로 되어있다.

여기서 두 나라 사이에 '이미(already)'라는 단어의 시점時點해석을 놓고 말싸움이 벌어졌다. 즉 한국측은 이 조약 제2조는 식민지화 과정의 여러 조약에 대해 '이미 무효임'을 선언한 조규條規이므로 '이미'의 시점을 '강제합병(병합)조약'을 비롯한 각종 조약의 체결 당시로 해석하는 게 당연하다며 1910년 이전에 맺은 조약은 모두 원천무효임을 주장하고 있다.

이에 견주어 일본은 'already'를, 우리말 '이미'와 뜻이 같은 '모우もう'나 '스데니すでに'라는 말이 있음에도, 굳이 '이제'라는 의미의 '모하야もはや'로 쓰고는 제국시대에 맺은 조약의 무효시점을 1945년 해방 또는 1948년 정부수립 이후(한일기본조약 이후)로 보아야 한다고 우긴다(《한일 역사 문제의 핵심을 어떻게 풀 것인가?》 75~80쪽).

이 논쟁은 아직까지 결론을 내지 못한 채 계속되고 있다. 이 '이미(already)'의 시점이 역사청산과 식민지배에 대한 법적 사죄謝罪 유무를 판단하는데 얼마나 중요한지에 대해서는 여러 역사학자들의 연구결과가 나와 있으므로 여기서는 생략하기로 한다.

한국 외교의 민낯이 드러나다

그럼 한국외교는 이 한일기본조약으로부터 과연 무엇을 배웠을까? 한마디로 우리 '외교실력'은 그런 비싼 대가를 치르고도 그

때나 지금이나 별로 나아진 게 없다는 것이 시중의 공론이다. 2017년 12월 28일 외교부 장관 직속 '한일 일본군 위안부 피해자문제 합의검토 태스크포스(TF)'가 발표한 '위안부 피해자문제 합의 검토 결과 보고서'가 오늘의 한국외교수준을 극명하게 말해주고 있다. 외교당국이 이를 단순히 지난 박근혜 정부의 '무능' 탓만으로 돌리기에는 너무나 무책임한 일이다.

'TF보고서'를 보면 실로 한숨밖에 나오지 않는다. △'성노예'라는 용어 사용 자제 △해외 위안부기림비 건립지원 금지 △정대협(한국정신대문제협의회) 등 위안부피해 지원단체 설득 문제 등을 합의하고도 비공개로 한 일은 말할 나위 없이 큰 잘못이다. 그런 한국측에 불리한 '이면합의'를 발표하지 않은 조처는 국민정서를 감안한 '고육지책苦肉之策'이었다 치자.

그러나 '이번 합의로 위안부 문제가 최종적·불가역적으로 해결되었다'는 결론은 이유야 어떻든 한국외교의 무능을 그대로 드러내는 치욕적인 '사건'이라 말할 수밖에 없다. 그것도 '불가역'이란 말을 한국이 먼저 일본측에 제안했다니 어디 말이나 되는 소리인가. 비록 '사죄의 불가역성'을 강조하고자 꺼냈다가 '사건 해결의 불가역성'으로 되치기 당했다는 해명은 있었지만 말이다.

게다가 '불가역'이란 낱말은 우리에게는 그리 익숙하지 않은 용어이다. 불가역에 대해 일본어 사전은 '변화를 일으킨 물질이 본디의 상태로 돌아갈 수 없는 일'로 정의하고 있다. 예를 들어 계란에 열을 가하면 삶은 계란이 되는데, 식혀도 날계란으로 되지 않는 사실 등을 말할 때 쓴다고 한다.

'최종적'이라는 단어는 물론 일본측이 내세워 관철시켰다. 이러한 '최종적·불가역적으로 해결되었다'는 표현대로라면 우리는 앞으로 '성노예'피해사실에 대해서는 더 이상 일본측에 말 자체를 꺼낼 수 없게 된다. 독일이 아직도 제2차 세계대전의 잘못에 대해 피해당사자 또는 그 유족들에게 매년 사죄·사과를 계속하고 있는 것과 얼마나 대조적인가.

더욱 한심한 일은 외교부가 합의문에 '불가역'이란 말을 넣으면 국민여론이 나빠질 수 있으므로 삭제해 주기를 건의했으나 당시 청와대가 받아들이지 않았다고 한다.

일본 '역사수정주의' 세력이 협상을 주도

'위안부 문제 검토 태스크포스(TF)'에 따르면 2015년 '성노예' 문제 협상은 이병기李丙琪 전 대통령 비서실장과 야치 쇼타로谷內正太郎 일본 국가안전보장국장 사이의 비선라인이 주도한 것으로 드러났다.

하지만 일본측 협상 팀은 모두 자국의 '패전역사 극복' 논리로 무장된 극우보수파로 짜였다는 점에서 '졸속'은 애초부터 예고된 거나 다름없었다. 협상을 총 지휘한 야치 일본 국가안전보장국장만 해도 그렇다. 그는 아베 신조安倍晋三 전 수상의 '역사수정주의'(이 책 제3장 '일본회의'가 보수화 이끌어 참조) 극우 보수화정책을 적극 지지·지원하는 최측근 중 한 사람이다. 아베가 2014년 1월 그를 일본국가안전보장국(미국의 국가안전보장회의NSC를 본떴다 하여 '일본판 NSC'라 한다) 초대 국장에 임명한 사실만 보아도 그의 색깔을 식별하는 데는 부족함이 없다.

또 한 사람, 내각관방 부장관副長官이란 직함으로 협상테이블에 나온 하기우다 코이치萩生田光一란 인물은 야치보다 훨씬 강성强性이다. 일본 보수우파 중에서도 골수극우로 손꼽히는 그는 일본의 과거 잘못된 침략역사를 자기들 입맛대로 고쳐 국익에 유리하도록 미화하는 역사수정주의자의 앞잡이다. 나이도 1963년생으로 젊다. 한때 '일본회의'(이 책 제3장 '일본회의'가 보수화 이끌어 참조)의 국회의원간담회 사무국장을 맡았고, 신도神道정치연맹(이 책 제3장 '일본회의'가 보수화 이끌어 참조) 국회의원간담회 회원이기도 하다.

하기우다는 특히 '성노예' 실존을 인정한 '고노 담화'에 대해 알레르기 반응이다. 그는 2014년 3월 23일 일본후지TV '신보도新報道 2001' 프로그램에 출연, "위안소 설치 및 조선인 위안부 조달사실 등을 내용으로 한 '고노 담화'는 사실과 다르므로 수정되어야 한다"고 주장했다. 그런 노력에 대한 보상일까. 아니면 한일 '성노예' 협상 책략사로 쓰기 위함이었을까. 아베는 2015년 개각 때 그를 일본 내각관방 부장관으로 발탁했다. 이런 사실만 들어도 그동안 국내외 여론을 들끓게 한 '졸속 합의문'에 대한 궁금증은 다소나마 풀리지 않았을까.

하기우다는 2015년 11월 2일 서울에서 한중 정상회담(10월 31일)과 한중일 삼국 정상회담(11월 1일)에 잇따라 열린 한일정상회담에 얼굴을 내밀었다. 이날 한일정상회담은 개최 형식부터 매우 특이했다고 한다. 본격 회담에 앞서 두 나라에서 각각 4명씩이 참석하여 소회의를 열었다.

한국측은 박근혜 전 대통령·윤병세尹炳世 외교부 장관·이병기 대통령 비서실장·김규현金奎顯 외교안보 수석이, 일본측에서는 아베 수상·기시다 후미오岸田文雄 외무상(2021년 일본 수상)·야치 일본 국가안전보장국장 그리고 문제의 하기우다가 각각 자리를 함께 했다. 이들은 이날 1시간가량 회의를 계속하며 '위안부합의문 초안'을 놓고 양국 간 이견을 최종 조율한 것으로 알려졌다.

'성노예'문제 해결을 위한 재협상을 주장하는 와다 하루키和田春樹(1938~, 도쿄대 명예교수) 교수(이하 직함 및 존칭 생략)는《세카이世界》2016년 1월호(232~241쪽)에서 이러한 한일 '성노예'협상 내막을 전하며 "하기우다를 이 자리에 참석시킨 것은 모두에게 연대책임을 지게 하려는 것"이라고 분석했다.

일본 지식인들도 놀란 '졸속 합의문'

이런 비밀협상을 거쳐 작성된 '한일 위안부 문제 합의문'은 2015년 12월 28일 서울에서 윤병세 당시 외교부 장관과 일본 기시다 후미오 외상이 공동 기자회견을 통해 발표했다. 발표내용은 각기 3개 항으로 이루어졌다.

먼저 기시다 전 외상이 나서 "일·한 간 위안부 문제에 대해서는 지금까지 두 나라 국장 협의 등에서 집중적으로 협의를 해왔다. 그 결과에 의거 일본 정부로서 다음을 말씀드린다"면서 발표를 시작했다.

① 위안부 문제는 당시 군의 관여 하에 다수 여성의 명예와 존엄을 심히 손상시킨 문제로, 일본 정부는 책임을 통감하고 있다. 아베 수상은 일본국을 대표하여 새삼, 수많은 고통을 당하게 하여 심신에 상처를 입은 전前위안부 모든 분들에게 진심으로 사과와 반성의 마음을 표한다.

② 일본 정부는 지금까지 이 문제에 진지하게 임해온 경험을 살려 앞으로 일본 정부의 예산으로 모든 위안부 분들의 마음의 상처를 치유하기 위한 조치를 강구하겠다. 구체적으로는 한국정부가 이를 위한 재단을 설립하고, 여기에 일본 정부가 예산으로 자금을 모두 대어 모든 위안부들의 명예와 존엄을 회복하고 마음의 상처를 낫게 하기 위한 사업을 추진하기로 한다.

③ 일본 정부는 이와 같은 사실을 표명함과 함께, <u>이들 조치를 착실히 실시하는 것을 전제로, 이번 발표로 이 문제가 최종적·불가역적으로 해결되었음을 확인한다.</u> 아울러 일본 정부는 한국정부와 함께 앞으로 국제연합 등 국제사회에서 이 문제에 대해 서로 비난·비판을 삼가기로 한다. 또 ②의 사업을 위한 예산 규모는 대략 10억 엔 정도로 한다. <u>이상以上은 일·한 두 정상의 지시를 바탕으로 추진한 협의결과이고, 이로써 일·한 관계가 새 시대로 들어갔음을 확신한다</u>(필자가 보충설명을 위해 밑줄 침).

이어 윤 전 장관도 ① 일본이 조치를 착실히 실시한다는 전제로 위안부 문제가 최종적·불가역적으로 해결될 것임을 확인하고 ②주 한 일본대사관 앞의 소녀상 문제가 적절히 해결되도록 노력하며 ③ 국제사회에서 비난·비판을 자제한다는 요지의 발표문을 낭독했다.

이 합의문은 국내외적으로 큰 충격파를 몰고 왔다. '졸속' 합의에 대한 격앙된 목소리는 국내 언론은 말할 나위 없고, 일본 쪽에서도 만만치 않았다. 일부 보수우익 매체를 제외한 대부분의 일본 언론들은 합의의 졸속·부당성을 지적하며 선린외교를 위한 개선책에 적잖은 지면을 할애했다.

그 가운데서도 '이와나미岩波서점'이 펴내는 월간잡지《세카이》는 단연 돋보였다. '위안부 문제 합의문'이 발표되자마자 이듬해 (2016년) 1월부터 다섯 번에 걸쳐 '성노예제'연구 전문가들을 필진으로 초대하여 이에 대한 문제점을 다각도로 분석·보도했다.

와다 하루키, 요시미 요시아키(吉見義明, 1946~ 일본 주오대中央大 명예교수), 우치다 마사토시(內田雅敏, 1945~ 일본 변호사연합회 헌법위원회 위원) 등이 그 대표적인 논객이다.

이들의 이야기를 들어보면 2015년 협상이 얼마나 졸속으로 이루어졌고, 과연 실행이 가능한지 등을 가늠할 수 있다. 먼저 와다 하루키의 이야기부터 들어보기로 한다.

일본은 벌써부터 합의문을 왜곡하고 있다?

'성노예'문제가 거론될 때마다 《세카이》에 의견을 기고해온 와다 하루키는 2016년 4월호에 〈아베 수상의 사죄는 끝나지 않았다 安倍首相の謝罪は終わっていない〉는 제목의 글을 통해 "이번 일·한 간 위안부합의문은 정상적인 외교 합의문이라 보기 어렵다"고 잘라 말한다.

"외교상 흔히 보는 '공동성명서'를 작성하지 않았고, 발표문도 일본 외무성과 한국 외교부 홈페이지에 각기 싣고 있을 뿐 서로 외교문서로 교환하지 않았다. 게다가 두 나라 정상이 함께 서명한 문서도 없다"는 점 등을 그 이유로 들었다.

그는 "이 때문에 일본 외무성 홈페이지에 실려 있는 위안부합의문은 벌써부터 발표 때와는 다르게 변질되고 있다"고 폭로했다. 예를 들면 당초 일본 외상 발표문 ③항 끝부분(발표문 밑줄 친 부분)의 "이상以上은 일·한 두 정상의 지시를 근거로 추진한 협의결과이고, 이로써 일·한 관계가 새 시대로 들어갔음을 확신한다"는 내용은 삭제됐고, 같은 ③항의 "이들 조치를 착실히 실시하는 것을 전제로~"라는 구절도 "상기上記 ②의 조치를 착실히 실시하는 것을 전제로~"로 고쳐놓았다 한다.

'이들 조치를~'이라는 대목을 '상기 ②의 조치를~'이라 바꾸면, 당초 일본 정부의 책임과 아베 수상의 사죄·반성 등을 규정한 제①항은 전제 조건에서 제외되므로 아베가 사죄와 반성 등을 성실히 이행하지 않아도 무방한 꼴이 된다. 만일 시간이 흐른 뒤 한국이 일본측에 사죄와 반성을 성실히 이행하도록 재촉할 경우 고쳐진 문서를 들고 나와 '우리는 할 일을 다 했다'고 주장하면 할 말이 없게 되는 것은 불을 보듯 뻔하다.

와다는 또 "이번 타결은 미국의 승인 받기를 제1목적으로 하고 있으나 문제의 해결은 일·한 외상의 공동발표에 의해 '최종적·불가역적'으로 이루어질 수 있는 것은 아니다"고 지적하고, "진정한 해결을 위해 지금 당장 필요한 것은 아베가 직접 본인 이름과 육성으로 사죄를 표명하고, 이를 문서로 증명하는 일이다. 부연하면 아베 수상이 사죄했다는 사실이 흐지부지 되지 않도록 서명 날인한 증거 문서를 받아두는 것이 필수이다"라고 구체적인 해결책을 내놓았다(《세카이》 2016년 4월호 176~184쪽).

그는 다만 한 가지 그동안 위안부 존재 자체를 부인해오던 아베가, 비록 외상外相의 입을 빌렸지만 '정부는 책임을 통감하고 있다'고 밝힌 점은 '의미 있는 진전'이라고 평가했다. 아베는 지금까지 '성노예'문제에 대해 단 한 번도 직접 사죄한 적이 없다.

"피해자가 거부하는 합의문은 즉시 철회되어야"

요시미 요시아키의 비판은 그야말로 신랄辛辣하다. 그는 제국주의시대 일본군의 '위안소 설치·운영'자료를 찾아내어 '성노예' 동원 사실을 입증한 역사학자이기도 하다.

요시미는《세카이》2016년 3월호에 〈진정한 해결에 역행하는 일·한 '합의'眞の解決に逆行する日韓'合意'〉라는 글을 실었다. 그는 이 글

에서 "이번 '합의'는 책임소재가 불분명하고, '고노 담화' 수준에도 못 미치는 점 등 상식적으로 이해할 수 없는 문제가 많아 즉각 백지화白紙化하여 고치지 않으면 안 된다"며 철회를 강력히 주장했다.

그는 무엇보다 '일본군 위안부 문제 아시아연대회의(8개국의 피해자와 지원조직으로 구성)'가 2014년 6월 2일 아베 정부에 시인을 촉구한 4개 사항의 사실과 책임을 전혀 받아들이지 않은 점은 도저히 이해할 수 없다고 비난했다.

4개 항은 ①일본 정부와 일본군은 군 시설로 '위안소'를 입안立案·설치하고 관리·통제했다. ②피해여성들은 본인의사에 반反하여 '위안부·성노예'로 '위안소' 등에서 강제 상황에 놓였다. ③성폭력 피해는 식민지와 점령지, 일본 등 여성들의 출신 지역에 따라 다르지만 극심했고, 현재도 피해가 계속되고 있다. ④일본군의 성폭력은 당시 일본 국내법과 국제법을 위반한 중대한 인권침해였다 등으로 명문화되어 있다.

요시미는 특히 "일본 정부는 한국정부에 10억 엔을 내는 것을 끝으로, 그 뒤의 일은 모두 한국이 알아서 할 일이므로 일본측에서는 아무 것도 하지 않아도 되며, 이것으로 모든 것이 끝났다고 생각하는 모양이나 이는 대단히 한심한 이야기이다. 사업이 실시과정에 들어가도 피해자들이 이를 받아들이지 않기 때문에 '합의'의 실현은 불가능하게 된다"고 재협상 이유를 덧붙였다.

그는 끝으로 "일이 난관에 맞닥뜨릴 때는 근본으로 되돌아갈 수밖에 없다"며 '합의'를 철회하고 협상을 다시 시작, 객관적으로

타당한 최종 합의안을 만들어내야 한다고 결론지었다(《세카이》 2016년 3월호 125~131쪽).

"일·한 청구권 협정의 복사판이다"

우치다 마사토시의 이야기는 더욱 흥미롭다. 그는 이번 위안부 합의를 미국이 개입한 1965년 한일청구권협정(한일국교정상화 조약)의 '복사판'으로 해석했다. 우치다는 같은 책 2016년 3월호에 기고한 〈통과점으로서의 일·한 '합의'通過点としての日韓'合意'〉라는 글에서 "이번 합의는 일·한 청구권 협정 때와 마찬가지로 미국의 강권으로 이루어졌다"고 주장했다. 그 결과 이번 합의가 졸속 마무리된 것으로 추론해 볼 수 있다. 우치다의 설명을 요약하면 이렇다.

"미국은 1965년 일·한 청구권 협정(일·한 국교회복 조약)에 개입하여 이를 성사시켰다. 당시 미국은 베트남전쟁 부담으로 수렁에 빠져 우방의 지원을 필요로 하고 있었다. 이에 일·한 두 나라를 끌어들이기 위해 일본과 한국의 국교 회복을 주선한 것이다.

이번 '합의'도 미국의 강한 의지가 작용했음은 분명하다. 오바마 정권은 북한 핵 문제, 중국의 해양진출이라는 '위협'에 대항하고 있는 상황에서 일·한이 역사문제에만 매달려 반목하고 있는 현실은 바람직하지 않다고 판단했다. 이러한 미국의 우려가 원동력이되었다고 말할 수 있다.

덧붙이자면 오바마 정권은 한국에 대해 역사문제만 고집하면 일미한의 공조체제가 무너진다고 비판하고, 일본측에는 전시戰時하의 여성에 대한 성폭력은 심각한 인권침해이므로 문제를 풀어야 한다고 촉구했다. 그 결과 내셔널리스트(Nationalist)이면서 대미종속對米從屬(일본에서는 '米'자로 미국명을 쓴다)이라는 테두리를 벗어날 수 없는 아베 수상으로서는 미국의 강한 의사에 반대할 수 없었다."

그러면서 우치다는 "합의 후에도 일본 안에서는 특히 여당인 자민당 의원들을 중심으로 위안부피해여성들의 명예와 존엄을 짓밟는 망언이 끊이지 않고 있는데 이는 일본의 성실성과 윤리성을 잃어버리는 심각한 사태이다"고 개탄하고, "정부가 이런 망언에 대해 신속한 조치를 취하지 않으면 피해자측의 신뢰를 얻기는 불가능하다"고 경고했다(《세카이》 2016년 3월호 132~137쪽 참조).

이밖에 이나영李娜榮(중앙대 교수)은 기타하라 미노리北原みのり 작가와의 대담을 통해 '전시 성폭력 시스템'(《세카이》 2016년 4월호 166~175쪽)을 고발하고, 하나부사 토시오花房俊雄(관부關釜재판을 지원하는회會 사무국장)는 〈일·한 합의를 생각하다日韓'合意'に思う〉(2016년 5월호 184~189쪽)는 주제로 '위안부피해자들의 명예회복' 방안 등을 설명했다.

이제까지 소개한 '성노예'문제 연구가들의 논지論旨를 종합해 보면 '2015년 위안부합의'는 '성노예'피해 당사자들의 의견을 완전 무시하고, 외교문서의 형식도 제대로 갖추지 않은 채 '졸속·부당'하게 이루어졌음을 알 수 있다. 따라서 재협상을 통해 일본측에 일방적으로 기울어진 이런 부당한 합의를 바로잡아야 한다는 각계의 외침은 너무도 당연하다.

맺는 말

2015년 한일 위안부합의는 기대와는 달리 뒤끝이 심상지 않다. 화해는커녕 오히려 '역사전쟁'으로 확대되는 모양새다.

아베 전 일본 수상은 지난 2018년 1월 강경화康京和 외교부 장관이 박근혜 정권의 '졸속합의'를 비판하며 '10억 엔을 돌려줄 수밖에 없다'고 밝힌데 대해 '지난 합의에서 한 발자국도 물러날 수 없다'고 강력 응수했다. 게다가 일본 여당인 자민당의원, 심지어 일부 각료까지도 '위안부는 사실이 아니라 공창公娼에 불과했다'는 '성노예'피해여성들의 명예와 존엄을 짓밟는 허튼소리를 계속하고 있다.

이처럼 한일관계가 녹록치 않은 상황에서 아베 내각의 외교사령탑인 고노 다로河野太郞(1963~) 외상은 과연 '성노예'문제를 어떻게 풀어갈까?

알려져 있듯이 다로는 '고노 담화'의 주인공인 고노 요헤이(1937~)의 큰아들이다. 고노 집안은 일본정계의 명문으로 알려져 있다. 요헤이만 하더라도 2003년부터 6년 동안 일본 역사상 가장 오랜 기간 중의원의장을 지낸 인물이다. 다로의 증조부曾祖父 고노 지

고노 다로 전 일본 외상

헤이河野治平는 중의원의원을, 조부祖父 고노 이치로河野一郞(1898~1965) 역시 중의원의원과 농림상·건설상·국무상·부총리 등을 역임했고, 종조부從祖父 고노 겐조河野謙三(1901~1983)도 1971년부터 1977년까지 참의원의장직을 맡았다.

다로는 아버지 요헤이가 2002년 4월 C형간염으로 간이식수술을 받을 때 자신의 간 일부를 떼어준 효자이기도 하다. 그렇지만 정치적으로는 부자간의 사상과 신념이 크게 다르다. 요헤이는 지금의 '평화 헌법'을 고쳐서는 안 된다는 신념인데 반해, 다로는 비무장을 규정한 헌법 제9조는 개정되어야 한다는 소신이다. 다로는 몇 해 전 한 잡지에서 그런 아버지의 정치적 자세를 비판해 화제가 되기도 했다.

그래서일까. 역사수정주의자들과 함께 '고노 담화 지우기'에 앞장서고 있는 아베 신조는 2017년 8월 3일 개각 때 고노 다로를 외무상에 기용했다. 우리들 상식으로는 좀처럼 이해할 수 없는 일이다. 아무리 다로의 정치성향이 아베의 뜻에 꼭 맞다 하더라도 아버지가 쌓아올린 정치적 업적을 아들에게 직접 깎아내리도록 맡겼으니 잔인(?)하다고 말할 수밖에 없다.

이럴 때 문득 머리에 떠오르는 한 사람이 있다. 일제 말末에 두 번이나 외무상을 지낸 도고 시게노리東鄕茂德(1882~1950)이다. 그는 정유재란(1598년) 때 왜장 시마즈 요시히로島津義弘에게 끌려가 가고시마鹿兒島에서 도요지 사쓰마야키薩摩燒를 일으킨 조선 도공 박평의朴平意의 후손이다. 어린 도고는 아버지 박수승朴壽勝이 1886년 '도고東鄕'라는 무사 집안에서 성姓씨를 사들여 300여 년 지켜오던 한국 성을 일본식으로 고칠 때까지 '박무덕朴茂德'으로 자라왔다고 한다.

도고는 1908년 도쿄제국대학 독문과를 졸업한 뒤 1912년 외교관 시험에 합격, 이듬해 주중 평톈奉天총영사관 영사관보를 시작으로 외교계에 발을 디뎠다. 이후 주 스위스공사관, 주미 대사관 서기관, 외무성 구미국장, 주 독일대사 등을 거쳐 1941년 10월 도조 히데키東條英機 내각의 외무대신 겸 척무拓務대신으로 발탁되었다.

평소 평화를 사랑했던 그는 그해 12월 미국과의 일전一戰이 임박해오자 전쟁참화를 피하기 위해 평화협상에 나섰으나 일본 군부의 반대로 '비극'을 막지는 못했다. 거기에다 도조 수상과 대동아성大東亞省 설치문제를 놓고 마찰을 빚어 1942년 자리에서 물러났다.

도고는 1945년 일제 패망을 앞두고 다시 스즈키 칸타로鈴木貫太郎 내각의 외상으로 임명되어 미국과 종전終戰협상을 벌였다. 그럼에도 그는 대전이 끝난 뒤, 전쟁을 도발한 도조 내각의 외무상이었다는 사실이 A급 전범으로 인정되어 극동국제군사재판(도쿄재판)에 넘겨졌다. 재판 결과 금고 20년 형을 선고받고 스가모巢鴨 감옥에서 수형생활 중 병으로 1950년 7월 23일 생을 마감했다.

여기에 도고 시게노리의 삶을 적어보는 것은 결코 그의 전력前歷이 돋보여서가 아니다. 조선인 후예인데다 평화주의자였다는 견지見地에서, 그가 '성노예'문제를 어떻게 풀 것인지 아베의 '성노예'대처방식에 투영投影해 보기 위함이다. 아베의 몸에도 '조선의 피'가 섞였다지 않은가(《책과인생》 2014년 2월호 66~71쪽).

어쨌거나 아베는 '고노 담화'의 계승을 선언해놓고도 지킬 생각은 조금도 없는 듯해 보인다. 하지만 세계 여론은 그에게 따갑기만 하

도공의 후예로 두 번이나 외무상을 지낸 도고 시게노리

다. 독일 본 대학에서 한국·일본학연구주임 교수로 일하고 있는 라인하르트 체르너(Reinhard Zollner, 1961~)의 경고는 더욱 준엄하다.

"'고노 담화'는 국제사회에서 일본의 양심을 대표하는 '매니페스토(Manifesto, 선언서)'이자 전후戰後 일본외교의 총괄總括로 이해되고 있다. 그럼에도 아베 정권은 이를 사실상 모두 취소하고, 부정하고, 백지로 돌리려 한다. 이는 일본의 정치가, 나아가 그러한 정치가로 대표되는 일본 국민이 인도주의를 존중하고 신뢰하기에 충분한지를 묻는 문제로 인식되고 있다.

일본은 당장 사실史實을 양심적으로 규명하고, 연구 성과를 솔직하게 인정하며, 문명인에 어울리는 마음과 예의로 피해자를 위로해야 마땅하다. 되풀이지만 사실에 대해 거짓말을 하지 말고, 쓸데없는 변명을 늘어놓지 말며, 상대에게 상처를 주지 말아야 한다. 그것이 곧 땅에 떨어진 일본의 명예와 신뢰를 회복하는 지름길이다."

《세카이》 2015년 2월호 144~149)

아베는 이같은 세계 석학들의 질타와 충고를 귀담아 들어야 할 것이다.

2) '일본군 성노예' 실체가 드러나다

'노력동원부장'의 고백이 계기

일본학자들의 연구를 종합하면 일본에서 '일본군 성노예' 문제가 본격적인 정치·사회문제로 주목을 받기 시작한 것은 1982년 무렵이다. 기폭제는 《아사히신문朝日新聞》이었다. 《아사히신문》은 그해 9월 2일자 오사카大阪본사 판에 문필가文筆家 요시다 세지吉田淸治의 강연내용을 대대적으로 보도했다. 강연의 요점은 "태평양전쟁 때 군령軍令으로 제주도 등지에서 조선인 여성을 '사냥'하여 군위안부로 보냈다"는 충격적인 내용이다.

요시다 세지는 태평양전쟁이 한창이던 1940년대에 시모노세키 노보동원부장下関労報動員部長으로 일했다고 한다. 스스로 자신의 전력을 그렇게 밝힌 그는 1977년 3월 《조선인 위안부와 일본인—전 시모노세키 노보동원 부장의 수기朝鮮人慰安婦と日本人—元下関労報動員部長の手記》(《진부츠오라이샤人物往來社》)라는 책을 펴냈다. 이는 다름 아닌 바로 자신의 '조선출장' 체험담이다.

그런 요시다 세지의 폭로는 가히 폭발적이었다. 그는 오사카강연 이후 일본 언론에 자신의 '전쟁 범죄행위'를 잇달아 고백했다. 우리나라에 건너와 '전쟁범죄와 사죄'를 주제로 강연도 했다. 그럴 때마다 매스컴의 주목을 받았음은 말할 나위도 없다.

요시다 세지는 오사카 강연에 앞서 1983년 7월 〈산이치쇼보三一書房〉에서 《나의 전쟁 범죄—조선인 강제 연행私の戦争犯罪—朝鮮人強制連行》이란 제목으로 두 번째 책을 출간했다. 이 책에는 "나는 1943년 5월 15일 서부군 동원 명령에 따라 5월 17일 시모노세키 항을 출항, 다음날 제주도에 도착하여 병사 10명의 도움으로 205명의 부녀자를 위안부 요원으로 강제 연행했다"는 구체적인 내용도 들어있다. 이 책은 1989년 한국어로도 번역되었다.

요시다 세지는 1983년 11월 충남 천안시에 사비를 들여 '사죄비謝罪碑'를 세운 일로도 화제를 모았다. 게다가 12월 23일 '사죄비' 제막식에 참석차 방한해서는 사할린 잔류 한국인의 유가족들 앞에 엎드려 용서를 빌기도 했다.

《아사히신문》은 1983년 11월 10일자 '사람ひと'난에 '조선인을 강제 연행한 사죄비를 한국에 세운 요시다 세지 씨'라는 제목으로 요시다 세지의 '참회 모습'을 알렸다.

김학순 할머니, '일본군 성노예' 첫 실명보도

요시다 세지의 고백은 말 그대로 경악과 함께 국제적 관심사로 떠올랐다. 여성인권문제 연구가들은 '성노예'피해 생존자들의 증언을 직접 채록하고, 각종 서고書庫에 보관된 자료를 찾는 등 사실규명에 발 벗고 나섰다.

《아사히신문》은 이후에도 새로운 사실을 계속 쏟아내는 요시다 세지를 추적, 기사화했다. 《아사히신문》이 그로부터 1992년 5월까지 보도한 요시다 세지에 관한 기사는 16회나 되었다. 덩달아 언론사 경쟁도 뜨겁게 달아올랐다.

그런 분위기 속에 《아사히신문》은 1991년 8월 11일과 15일 연이어 '성노예'피해자 뉴스를 단독 보도했다. 담당기자는 당시 《아사히신문》 오사카大阪 본사에 근무하던 우에무라 다카시植村隆(1958~)로, 그는 1987년 여름부터 1년동안 서울 연세대학교에서 한국어 공

'일본군 성노예' 피해자인
故 김학순 할머니를 최초 보도
한 우에무라 다카시 전《아사
히 신문》서울특파원

부를 마친 뒤《아사히신문》오사카 본사 발령을 받고 사회부에서 제일 한국인·조선인 문제를 담당하고 있었다. 우에무라는 서울에 살고 있던 익명의 한국인 '위안부'피해자 증언을 8월 11일 오사카 본사판 사회면 머리로 기사화했다. 그가 바로 김학순金學順(1997년 작고) 할머니였다. 김 할머니는 그로부터 4일 뒤인 8월 15일 서울에서 기자회견을 열고 '일본군 성노예' 피해사실을 폭로하며 자신의 실명實名을 밝혔다. 김 할머니 기사는 8월 15일자 한국 각 신문 조간에 크게 보도되었으나《홋카이도北海道신문》(15일 조간에 사회면 머리기사로 보도)을 제외한 일본 신문들은 일절 보도하지 않았다. 우에무라는 김 할머니가 설마 실명을 공개할 줄은 몰랐다고 한다.

우에무라는《아사히신문》서울지국으로부터 팩스로 한국 신문 기사들을 전송받고, 서울에 있는 윤정옥 한국정신대문제협의회 공동대표를 전화로 취재하여 이날 석간에 속보續報를 썼다(우에무라 다카시, 《나는 날조 기자가 아니다》55~59쪽).

'한국의 전 종군 위안부가 자기 이름 밝혀'라는 기사제목이 말해주듯이 김 할머니 기사는 대단한 관심거리였다. 피해자의 이름을 실명으로 보도, '성노예' 존재를 확인한 첫 사례이기도 하다.

이에 따라 '정대협挺對協(한국정신대문제대책협의회)'을 비롯한 한국 사회운동단체는 일본 정부를 상대로 소송을 제기할 길이 열렸다.

또한 김 할머니에 대한 취재경쟁은 더욱 뜨거워져 한일 두 나라 언론매체는 물론이고 미국 미디어들까지 그의 증언을 반복하여 크게 보도했다. 그리고 '성노예'피해자 9명은 1991년 12월 6일 김 할머니이름을 앞세워 공동으로 도쿄지방법원에 손해배상청구소송을 제기하기에 이르렀다(소송은 1,2심을 거쳐 일본 '최고재판소'가 2004년 11월 29일 "현행헌법에서는 정당성과 합리성을 찾을 수 없다"는 이유로 청구를 기각, 종료되었다).

그러나 가토 고이치加藤紘一 당시 일본 관방장관은 '성노예'피해자들이 소장을 접수한 날 "(종군 위안부 등에) 일본 정부가 관여했다는 자료는 찾지 못했다"고 공식 논평했다. 이에 한국정부는 4일 후인 12월 10일 한국주재 일본대사를 불러 "역사적 진상을 규명해주기 바란다"고 요청했다. 이는 우리정부가 일본 정부에 대해 '일본군 성노예' 문제해결을 촉구한 최초의 정식요청이었다(木村幹,《일·한 역사인식 문제란 뭘까日韓歷史認識問題とは何か》147~164쪽).

3) '고노 담화'가 나오기까지

이처럼 타사에 앞서 '성노예'문제를 집중 보도하던《아사히신문》은 1992년 새해 들어 '성노예' 관련기사로 또 한 번 세계를 놀라게 했다. 기사는 '종군 위안부' 동원 사실을 기록한 자료사진과 함께 1월 11일자 아침신문 1면 머리를 장식했다. 기사제목도 〈위안소 경영에 해당하는 군 관여 자료 대 발견〉이라 눈길을 끌었다.

'성노예' 강제동원을 뒷받침하는 일본 정부의 공식문서가 세상에 드러나기는 이것이 처음이다. 이 문서는 앞서 소개한 요시미 요시아키가 일본방위청 방위연구소 도서관에서 찾아낸 것이다. 발견 당시 자료는《육지밀대일기陸支密大日記》에 철해져 있었다고 한다.

《아사히신문》미야자와 방한 앞두고 '위안부' 동원 증거 보도

때마침 미야자와 기이치宮澤喜一 당시 수상은 한국 방문(1월 16~18일)을 5일 앞두고 있었다. 이 뉴스는 당장 한일외교 현안으로 떠올랐다. 뿐만 아니라 세계 여러 나라로부터 큰 반향을 불러왔다. '성노예' 모집·조달 사실이 일본 정부의 공문서로 확인되었기 때문이다.

미야자와는 자민당 내분을 딛고 1991년 11월 가이후 도시키海部俊樹 뒤를 이어 수상 자리에 오른 인물이다. 그는 취임 직후부터 한국을 최초 외유순방 나라로 선택하고, 11월 29일 한국방문일정을 공식 발표했다. 날짜를 따지고 보면 '성노예'피해 할머니들의 제소는 미야자와 수상의 방한 결정 1주일 만에 이루어진 셈이다.

《아사히신문》보도에 당황한 일본 정부는 급히 대책을 협의하여 공표할 수밖에 없게 되었다. 와타나베 미치오渡邊美智雄 당시 외무상과 가토 관방장관은 '종군 위안부' 군 관여 기사가 보도된 1월 11일 밤 부랴부랴 '위안부' 문제에 관한 '군의 관여'를 인정하는 견해를 차례로 발표했다. 그때까지 '위안부는 군과 무관하다'는 일본 정부의 공식견해를 뒤집는 조치였다.

가토 관방장관 '반성과 사죄' 담화로 일단 진화

가토 관방장관은 이에 그치지 않고 이틀 뒤(1월 13일) '반성과 사죄'의 뜻을 담은 담화문을 발표하고, 위안부 모집·조달 문서에 대한 철저한 조사를 지시했다. 담화 내용은 아래와 같다(木村幹, 《일·한 역사 인식 문제란 뭘까日韓歷史認識問題とは何か》 153~155쪽).

1) 한반도 출신의 이른바 종군 위안부 여러분이 체험한 괴로운 고통을 생각하면 가슴이 미어진다.

2) 방위청에서 발견된 구일본군 종군 위안부 관여자료를 인정하고 이를 엄숙히 받아들인다.

3) 관계자들의 증언이나 각종 자료로 보아 구일본군이 종군 위안부 모집과 위안소 경영 등에 관여한 사실은 부정할 수 없다.

4) 일본 정부는 이 기회에 다시 한 번 쓰라린 고통을 당한 종군 위안부 피해자들에게 충심으로 사죄와 반성의 뜻을 전한다. 일본 정부로서는 이러한 잘못을 결코 반복해서는 안 된다고 깊이 반성하고, 평화국가로서 미래를 향한 새로운 일·한 관계를 구축하는데 노력하기로 다짐한다.

5) 일본 정부는 앞으로도 성심성의껏 조사를 계속할 것이다.

이 가토 담화는 결국 나중에 발표된 '고노 담화'의 기본지침이 된 셈이다.

미야자와는 이렇게 급한 불을 끈 뒤 예정대로 한국을 방문, 친선을 다지고 일단 위기를 넘겼다. 그러나 자민당 내분으로 일본 정정은 더욱 불안해졌다. 이에 미야자와는 1992년 12월 개각을 단행했다. 개각 폭도 각료 중 와타나베 미치오 외무상과 다나부 마사미 田名部匡省 농림수산상만 유임될 정도로 전면적이었다. 관방장관은 고노 요헤이河野洋平로 바뀌었다.

하지만 이런 '극약처방'도 별 효과가 없었다. 자민당은 결국 신생당과 신당 사키가케 등으로 분열되고, 1993년 6월 18일 야당이 제출한 내각불신임결의안은 일부 여당의원이 가세하여 가결되고 말았다. 이에 미야자와는 중의원 해산으로 맞섰다.

규정에 따라 중의원 해산 한 달 만인 1993년 7월 18일 총선이 실시되었다. 자민당은 이 총선에서 당 분열전의 의석수보다 많은 의원이 당선되었다. 그럼에도 미야자와는 사회당과 신생당을 중심으로 한 '비非자민그룹'과의 연립경쟁에 실패하여 8월 9일 끝내 총리에서 물러날 수밖에 없었다.

내각의 운명이 걸려있는 이런 긴박한 상황에서도 '종군 위안부' 문제를 해결하기 위한 미야자와정권의 노력은 계속되었다. 미야자와는 불신임안이 가결된 지 11일 만인 6월 29일 외무상을 서울에 파견했다. 이와 함께 조사대상을 모든 관계 부처로 넓혀 '위안부'동원 기록 등 관련 문건에 대한 조사를 계속했다.

그 배경에는 '위안부' 문제를 현 정권에서 타결하기로 양 정부 간 모종의 합의가 있었던 것으로 전해지고 있다(木村幹,《일·한 역사 인식 문제란 뭘까日韓歴史認識問題とは何か》189~190쪽). 때마침 동서냉전 종식으로 인한 국제화해 분위기도 크게 작용한 것으로 해석된다.

쏟아져 나온 동원증거 문서를 바탕으로 '고노 담화' 발표

이윽고 1993년 7월 말 '위안부'동원에 관한 진상조사 결과가 나왔다. 조사를 시작한 지 1년 8개월만이다. 발표에 따르면 각 부처에서 발견된 '위안부' 관련 자료는 방위청 방위연구소 도서관소장 자료가 117점으로 가장 많았고, 다음은 외무성 외교사료관 54점, 국립공문서관 21점, 국립국회도서관 17점, 구 후생성 자료 2점 순이었다. 미국국립공문서관에서도 19점이 나왔다.

자료에서 보듯이 일본 정부가 '종군 위안부' 동원에 관여한 증거는 그야말로 차고 넘친다. 고노 요헤이는 이를 바탕으로 미야자와내각 해산(1993년 8월 9일)을 5일 앞둔 8월 4일 관방장관으로서 마지막 기자회견을 열어 담화문을 발표했다(木村幹,《일·한 역사 인식 문제란 뭘까日韓歷史認識問題とは何か》 192쪽). 이른바 '고노 담화'이다. 전문全文을 우리말로 옮긴다.

이른바 종군 위안부 문제에 대해 정부는 재작년(1991년) 12월부터 조사를 진행해왔으며, 결과가 정리되어 발표하기로 했다.

조사결과 장기간, 광범한 지역에 위안소가 설치되었고, 수많은 위안부가 존재한 것으로 인정되었다. 위안소는 당시 군의 요청으로 설치된 것이며, 위안소 설치·관리 및 위안부 이송은 옛 일본군이 직접 또는 간접적으로 관여했다.

'위안부' 사죄 담화를 발표한
고노 요헤이 전 관방장관

위안부 모집은 군의 요청을 받은 업자가 주로 맡았지만, 그 경우도 본인들의 의사에 반反해 강입 또는 김언甘言에 속아 모집된 사례가 많았으며, 더욱이 관헌官憲 등이 직접 이에 가담한 사실도 밝혀졌다. 또 위안소 생활은 강제상황 아래서 참혹했다.

또한 전쟁터에 이송된 위안부는 한반도 출신이 큰 비중을 차지하고 있었으며, 당시 한반도는 일본통치 아래에 있어서 위안부 모집·이송·관리 등이 본인들의 의사와 관계없이 감언, 강압에 따라 이루어졌다.

결국 이 사건은 당시 군의 관여 아래서 많은 여성의 명예와 존엄에 깊은 상처를 준 문제이다. 정부는 이번 기회에 다시 한 번 출신지를 불문하고 이른바 종군 위안부로서 많은 고통을 겪고 몸과 마음에 치유하기 어려운 상처를 입은 모든 분께 진정으로 사과와 반성의 뜻을 밝힌다. 또한 이런 마음을 일본이 어떻게 제시할 것인가에 대해서는 지식인들의 조언 등을 들으며 앞으로도 진지하게 검토해야 할 것으로 생각한다.

우리는 이와 같은 역사의 진실을 회피하는 일이 없이 역사의 교훈임을 직시하고 싶다. 우리는 앞으로 역사 연구, 역사 교육 등을 통해 이 문제를 오래도록 기억하고, 같은 잘못을 절대 반복하지 않겠다는 굳은 결의를 재차 표명한다.

아울러 이 문제와 관련, 국내에는 소송이 제기돼 있고, 국제적 관심도 크므로 앞으로 정부로서도 민간의 연구를 지원하는 등 문제해결에 적극 힘쓰고자 한다.

담화 발표 이후 많은 일본 역사학자들은 위안부동원 사실을 중·고등학교 역사교과서에 기술하기도 했다.

'고노 담화'는 전후 '국제사회 화해'의 산물

모두가 알고 있듯이 제2차 세계대전 후 세계는 한때 미국과 구소련 중심의 이른바 '동서냉전'으로 몸살을 앓았다. 하지만 1990년대 들어 소련이 붕괴되면서 냉전도 막을 내렸다.

이와 함께 그동안 동결상태로 방치돼온 옛 식민지문제를 해결하려는 '화해바람'이 일었다. 독일의 예는 말할 나위도 없이 과거 잘못에 대한 '사과·사죄'의 모범으로 꼽힌다. 뿐만 아니라 미국의 화해조처도 눈여겨 볼만하다.

미국은 1993년 의회에서 100년 전 하와이 강제점령은 '불법(illegal)행위'였다고 인정하고 사죄결의안을 채택했다. 아울러 제2차 세계대전 기간 동안 재미在美일본인에 대한 차별조치에 대해 사죄와 함께 보상금을 지급했다. 또 흑인노예제와 인디언 차별 역사, 1882년에 실시된 중국인 이민금지법 등에 대해서도 사죄결의안을 만장일치로 통과시켰다.

이탈리아는 종전 후 옛 식민지에 대하여 일본보다 훨씬 성의 있는 보상을 하고도, 2008년 또다시 과거 청산을 제대로 하지 못했음을 반성하고, 1911년부터 1943년까지 식민지로 두었던 리비아에 대해 식민지배 사실을 공식 사과하며 배상금 50억 달러를 투자형식으로 지원했다. 또 강제로 빼앗았던 문화재를 돌려주고 식민배상을 마무리한 뒤 우호조약을 맺었다.

이밖에 영국·프랑스·스페인 등도 반성과 사죄로 옛 식민지민들의 마음을 달랬다. 이러한 화해바람은 2001년 남아프리카의 더반(Durban)에서 '인종주의·인종차별·배외주의 및 관련하는 불관용에 반대하는 세계회의'에서 절정을 이루었다. '고노 담화'도 이러한 과거 제국주의 강대국의 과거사 청산의 흐름 속에 나온 산물이다.

4) 아베 정권의 '성노예' 보도 탄압실상

'성노예' 문제 다시 한일외교 '뜨거운 감자'로

'종군 위안부' 동원 사실은 아베 정권이 감추고 싶어 했던 가장 큰 문제 중의 하나였다.《주간문춘週刊文春》을 비롯한 보수우익 언론이 모두 나서서 그동안 '종군 위안부' 기사를 가장 많이 다룬《아사히신문》과 담당기자를 집중 공격했던 사실만 보아도 그 심중을 알 만 하다.

주지하다시피 '일본군 성노예' 문제는 '고노 담화'에서 일본이 잘못을 인정함으로써 한동안 수그러들었다. 그러나 2012년 12월 아베 신조가 재집권하면서 다시 한일 간 뜨거운 외교문제로 떠올랐다. 아베를 비롯한 보수우익들이 '성노예' 존재자체를 부정하기 때문이다.

그래서인지 '일본군 성노예' 사실을 최초로, 앞장서 보도한《아사히신문》은 소송에 휘말리는 등 우익으로부터 시달림을 받고 있다. 《아사히신문》은 2015년 1월부터 2016년 8월까지 세 그룹 2만 7,000여 명의 보수우익으로부터 '국가명예훼손에 따른 손해배상청구소송'을 당했다. 요시다 세지의 폭로를 아무 확인 없이 그대로 실어 국가명예를 훼손했다는 이유에서이다. 물론 사건은 모두 일본 최고재판소의 기각 판결로 배상의 책임은 면했지만 그 후유증은 만만치 않다.

일본 보수우익 《아사히신문》 상대 손배소 제기

앞서 설명대로 요시다 세지는 자신이 태평양전쟁 때 제주도 등지에서 조선인 여성을 강제 연행하여 일본군 위안부로 보냈다고 폭로함으로써 언론의 각광을 받은 인물이다. 하지만 그는 보수언론이 집요하게 '위안부 사냥' 사실을 뒷받침할 만한 증거를 대라고 추궁하자 10여 년 넘게 버티다가 1996년 5월 《주간신조週刊新潮》 잡지와의 인터뷰를 통해 자신의 증언은 때와 장소를 비롯한 일부가 창작이라는 말을 남긴 뒤 잠적해버렸다고 한다. 요시다는 《주간신조》 확인 결과 2000년 7월 사망한 것으로 밝혀졌다.

이후 아베 재집권을 계기로 《아사히신문》에는 보수우익들의 항의가 빗발쳤다. 이에 견디다 못한 《아사히신문》은 결국 2014년 8월 5, 6일 '위안부 문제를 둘러싼 자사自社 보도검증' 특집기사를 통해 "'여성을 사냥했다'는 등의 요시다 세지 씨의 증언은 사실관계의 잘못이 있고, 사실을 뒷받침할 취재가 불충분하여 이를 취소한다"고 밝혔다. 그리고 이어 "잘못된 기사를 오랫동안 방치한 점에 대해 새삼 사과한다"고 국민에게 용서를 빌었다.

이에 대해 다카하시 데츠야高橋哲哉(1956~ 노교대 교수)는《세카이世界》(2015년 1월호) '전후戰後 70년 특집인터뷰'를 통해 다음과 같이 쓴 소리를 쏟아냈다.

지금《아사히신문》에 대한 비난이 일어나고 있는 것은 아베 정권의 극우적 성격과 무관하지 않다. 정적政敵에 대해 '국적'이라는 말을 사용하여 공격한 것은 개각 전 방위장관이었던 오노데라 이츠노리小野寺伍典이다. 영토문제를 둘러싼 하토야마鳩山 전 수상을 향해 말했던 것인데, 방위장관이 공공연하게 정적을 '국적'이라 말해 아마 전후에 예가 없는 일로 전혀 과거 역사로부터 배우지 못한 언동이다.

《아사히신문》에 대한 비난은 지나친 공격성에 특필해야 하지만 그 공격이 부메랑처럼 되돌아올지도 모른다는 점을 상상해야 할 것이다.

가장 심하게《아사히》를 비난하고 있는《산케이신문産經新聞》사장으로 근무했던 고 시카나이 노부다카鹿內信降는 '위안부' 문제에 대해 일본경제인연합회 회장을 지낸 사쿠라다 다케시櫻田武(1904~1985)와의 대담《이제야 밝힌 전후비사(상)〔いま明かす戰後秘史(上)〕》이라는 책에서 전시를 회상하며 다음과 같이 말하고 있다. 이 책은《산케이신문》이 직접 출판한 것이다.

《이제야 밝히는 전후 비사》가 위안부 강제동원 입증

시카나이 : 군대가 아니면 있을 수 없는 일이지만 전지에 가면 삐—야屋가…….

사쿠라다 : 그래 위안소 개설.

시카나이 : 그렇습니다. 그때에 군대에서 조달하는 여성의 내구度耐久度랄까 소모도, 게다가 어디 여자가 좋은지 나쁜지 그로부터 멍석을 깔고 놀다 나올 때까지 '갖는 시간'이 장교는 몇 분, 하사관은 몇 분, 졸병은 몇 분이라는 것까지 정하지 않으면 안 된다(웃음).

요금에도 등급을 매긴다. 이런 일을 규정하고 있는 것이 '삐—야 설치요강'이라고 말하는데 이것도 경리학교에서 배웠다.

이 증언은 일본군이 '위안소' 설치운영과 관리를 세부적인 데까지 계획적으로 사실을 입증하는 중요한 증거자료이다. 시카나이는 육군 경리학교 경리장교였다. 나카소네 야스히로中曾根康弘 전 수상이 해군 경리장교로서 3,000명의 군인들을 위해 위안소를 만들었다고 자랑스럽게 회상하고 있는 것과 쌍벽을 이룬다. 자민당 정권의 수상이었던 나카소네와 후지산케이 그룹의 총수였던 시카나이가 각각 해군과 육군 경리장교로서 증언하고 있기 때문에 위안소에 대해 경리학교에서 가르치고 군이 주체적으로 '위안소' 설립을 한 것은 명백하다. 위안소제도에 대해 일본군에게 책임이 없다고 주장하려면 그에 앞서 반드시 이 증언을 기사화하여 검증해 주기 바란다(《세카이》 2015년 1월호 158쪽).

"일본 문부상, 《아사히신문》에 편집방침 바꾸라 협박"

게다가 《아사히신문》에 대한 비난소리는 보수 언론뿐만 아니라 아베 수상을 비롯한 정권담당자들로부터도 들린다. 당시 문부과학상인 시모무라 하쿠분下村博文은 《문예춘추文藝春秋》 2014년 11월호 인터뷰 기사에서 "아사히가 일본을 폄훼하고 국익을 훼손해온 죄는 헤아릴 수 없다"고 국가주의적 표현으로 비난하고, "이를 계기로 아사히의 설자리와 편집방침을 과감히 바꾸는 방향으로 키를 잡을 것인가. 어떻게 점령사관을 벗고 자기 개성과 설자리를 시대에 맞게 바꿀 것인가. 여기서 자기 자신을 변화시키지 않으면 국민에게 완전히 버림받고 선택될 수 없게 된다. 다시 말하면 신문부수 감소에 따른 폐간으로 이어질지도 모른다"고 강하게 《아사히신문》에게 전향을 권유했다.

더욱 큰 문제는 《아사히신문》이 오보를 인정함에 따라 '위안부' 문제 자체가 없었던 듯한 인식을 아베 수상을 비롯, 일부 정치가와 미디어가 나타내고 있는 것은 놀랄만한 일이다. 이를 계기로 '위안부' 문제가 '요시다 증언'을 기사화한 《아사히신문》의 보도에 의해 만들어진 것처럼 조잡한 언설을 마구 퍼뜨리고 있는 것 또한 심각한 문제이다. 요시다 증언은 지극히 특수한 것이어서 '고노 담화'의 근거로 채택되지 않았고, 더구나 요시미 요시아키나 하야시 히로후미林博史 교수 등의 연구에도 아무 영향을 주지 않았다.

하나의 부정으로 전체를 부정한 것은 역사수정주의 기본 수법

'일본군 위안부'문제가 여성의 존엄을 침해한 중대한 인권문제임은 변함이 없다. 하나의 부정을 가지고 전체를 부정한 것은 역사수정주의의 기본적 수법이다. 한국 제주도에서 '위안부' 사냥을 했다는 요시다의 증언부정으로부터 중국이나 필리핀·인도네시아·동티모르 등의 전장戰場, 점령지에서 여성들이 강제적으로 '위안부'가 된 사실까지 부정할 수 있는 것은 아니다.

아베 수상 등이 '객관적 사실에 근거한 일본 정부의 입장을 내외에 공표하겠다'는 생각은 일리가 있어 보인다. 그러나 요시다 증언이 허위였기 때문에 '위안부' 문제에 대해 일본 정부의 책임은 없게 되었다는 주장을 '내외에 공표'한다면 국제적으로 웃음거리 밖에 되지 않을 것이다. 많은 자료와 증언, 여러 외국이나 국제기관의 결의와 권고를 무시하고 집권자의 생각만을 펼치는 것은 국제적으로 통용될 리가 없다.

다시 한 번 강조하지만 '요시다 증언'이 부정되었기 때문에 '위안부' 강제연행이 없었다고 할 수는 없고, 더구나 '성적 학대도 부정'될 리 만무하다.

이러한 믿을 수 없을 정도의 조잡한 의론이 분출되고 있는 것은 정치계뿐 만 아니다. 일례로 저명한 작가인 시오노 나나미塩野七生는 《문예춘추》 2014년 10월호에 기고한 글에서 《아사히신문》 특집기사 가운데 네덜란드령이었던 인도네시아에서 네덜란드여성도 '위안부'가 되었다는 기술을 보고, "내 머리의 위험신호가 점멸하기 시작했다"고 말하고 있다. "구미歐美가 이 위안부 문제를 거론하고 나서면 이 점이 문제라고 생각되기 때문이다." 시오노는 계속해서 다음과 같이 말하고 있다.

"우리들 일본인으로서 구미를 적으로 돌리는 것은 현명한 방법은 아니다. 네덜란드여성도 위안부였다는 이야기가 널리 퍼진다면 일본으로서는 대단히 큰 문제가 된다. 그러기 전에 손을 쓸 필요가 있다."

네덜란드 정부가 피해상황을 조사한 보고서는 1994년에 나왔고, 제1차 아베 정권 하에서 '위안부' 문제가 국제적으로 주목된 2007년에는 미국과 캐나다와 함께 네덜란드 하원에서도 일본 정부에 '위안부' 문제의 책임을 인정하여 피해자에게 사죄하고 금전보상을 하도록 만장일치로 결의를 채택한 바 있다. 다소 품을 팔면 이런 경위를 곧바로 확인할 수 있지만 시오노 씨는 이를 알지 못했던 모양이다. 그렇더라도 아시아여성과 구미여성으로 구별하여 이처럼 노골적인 태도를 바꾸어도 좋은지 의문이다《세카이》 2015년 1월호 154~157쪽).

'성노예' 사실 보도한 기자 '테러'

탄압은 신문에 그치지 않았다. 우에무라 다카시 전《아사히신문》외신부 차장이 당한 '압력'은 실로 가공할 만하다. 아니 민주주의 사회에서는 도저히 상상할 수 없는 엄청난 '테러'이다.

앞에서 설명한 바와 같이 우에무라는 1991년 8월 15일 김학순 할머니를 '일본군 위안부'피해 실명증언자 제1호로 보도한 주인공이다. 아마도 그게 꼬투리인 듯하다. 우에무라는《아사히신문》하코다테函館 지국장이던 2013년 11월 고베神戶 쇼인松蔭여자학원 대학

전임교수(미디어 분야) 공모에 합격했으나 그만둘 수밖에 없었다.《주간문춘週刊文春》이 2014년 2월 6일호에 〈'위안부' 날조 아사히신문 기자가 미혼여성이 다니는 여자대학 교수로〉라는 제목으로 "우에무라는 날조하여 위안부 기사를 썼다. 국가 명예를 훼손한 사람을 교원으로 채용할 수 있느냐"고 학교측을 협박했기 때문이다. 우에무라는 이에《주간문춘》이 만들어낸 거짓말이라고 대학측에 해명했으나 학교측이 압력에 견디지 못해 결국 손을 들어야만 했다고 한다.

우에무라는 이에 앞서 2012년부터 삿포로 혹세이北星학원 대학 비상근 강사로 강단에 서고 있었다. 그런데《주간문춘》은 그 대학에도 "우에무라를 사퇴시키지 않으면 학생들에게 위해를 가하겠다"는 내용의 협박장을 수 없이 보내 사퇴를 종용했다. 거기에 더하여 우에무라 가족사진까지도 실명으로 인터넷에 올려 "자살할 때까지 추적하겠다"는 최악의 혐오발언도 서슴지 않았다고 한다.

우에무라는《세카이》2015년 2월호(58~66쪽)에 자신이 당한 억울한 사정을 자세히 전하며, "사실에 부합한 진실 보도를, 그것도 23년 전에 쓴 기사를 생트집 잡아 개인을 해코지하는 일은 파시즘시대에나 가능한 일이다"며 분통을 터뜨렸다. 그는 물론 아베 정권과 보수우익이 문제 삼는 요시다에 관한 기사를 쓴 담당자도 아니다.

우에무라는 현재 170여 명의 일본 변호사들의 지원을 받아 자신의 명예를 훼손한 니시오카 츠토무西岡力(일본기독교대학 교수)와《주간문춘》등 보수우익을 상대로 도쿄지방법원과 삿포로지방법원에서 명예훼손 소송을 벌이는 중이다. 혹세이학원대학도 보수우익의 협박 공갈에 굽히지 않고 계속 우에무라를 응원하고 있다고 한다. 우에무라는 2016년 3월부터 한국 가톨릭대학교 초빙교수로 한일관계사를 강의하고 있다.

'위안부' 보도 막는다고 여성인권 침해 사실 덮을 수 있나?

다카하시 데츠야는 우에무라 테러에 대해서도 "'위안부' 문제를 보도한 기자 개인에 대한 공격도 상식을 벗어나고 있다. 협박한 사람을 이미 붙잡기도 했는데 협박행위가 계속 발생하고 있는 것은 결코 간과할 수 없는 상황이다. 보통 민주주의 국가라면 언론과 학문에 대한 이같은 협박행위에 대해서는 정권담당자나 저널리즘이 명확한 언어로 비판할 것이다. 그러나 아베 수상은 국회에서 질문을 받을 경우 원칙적인 이야기만 되풀이할 뿐 강력한 단속의지를 보이지 않아 언론에 대한 박해행위를 허용하지 않겠다는 정치 자세가 전혀 느껴지지 않는다. 일부 미디어의 '국적', '매국노' 지칭과 이를 묵인하는 아베 정권의 정치 스탠스가 어우러져 시중에는 정부에 비판을 가하는 자에게는 협박 등의 위법 행위도 허용할 것 같은 분위기가 만들어지고 있다.

그러나 문제는 공격하는 측에게만 있는 것은 아니다. 《아사히신문》과 공격을 받은 대학에게도 있다. 협박에 굽혀 고용을 취소하거나 논조를 바꾸는 것은 다음의 협박을 자초하는 행위이다. 학문의 자유, 표현의 자유, 언론의 자유는 현재 위태로운 상태에 있다. 저항하는 측의 내부 붕괴도 또 파시즘시대의 전형적 현상이다. 이

상황이 진전되면 국제사회에서 일본의 고립은 피할 수 없게 될 것이다. 일본의 '명예'는 아베 수상 등이 이런 역사관을 '내외에 강하게 파력'하면 할수록 떨어지는 것은 물어보나마나이다. 잘못에 대해 비판적이고 반성적인 인식을 갖는 것은 자국의 역사를 단지 영광의 역사이듯이 미화하는 전승국적 역사관에 대해 오히려 정당한 태도이다. 무라야마 담화의 말을 인용하면 '의심할 여지도 없이 역사의 사실'을 함부로 부인하는 것으로 일본의 명예와 신뢰를 회복하려는 것이 얼마나 앞뒤가 뒤바뀌었는지에 대해 깨달아야만 할 것이다"라고 뼈아픈 소리를 그치지 않았다(《세카이》 2015년 1월호, 〈인터뷰—극우화하는 정치〉 157~159쪽).

제3장

일본 보수우익의 역사 인식

1. 독일과 일본의 과거사 청산

아베 전 총리가 '전후戰後70년 총괄 담화'를 발표했으나…

일본인들은 흔히 제2차 세계대전에서 패한 8월 15일을 '종전기념일終戰記念日'이라 일컫는다. 왜 그럴까. 혹시 일본 정부가 스스로 전쟁을 그만둔 듯이 역사를 미화하고 국민들에게 패전 의식을 없애려 만들어낸 것은 아닐까. 상식적이라면 일본은 전쟁을 일으켜 참패했으므로 이날을 '국치일' 또는 '패전일敗戰日'쯤으로 정해 그 책임을 자성自省해야 마땅한 일이다. 그럼에도 일본 정부는 사죄는 커녕 역사용어까지 고쳐가며 과거 잘못을 부정하고 심지어 영토분쟁마저 일으켜 피해당사국과 긴장을 높여가고 있다.

그런 일본이 2015년 8월 15일로 '패전 70주년'을 맞이했다. 당시 아베 총리는 이에 즈음하여 '전후70년 총괄 담화'를 발표했다. 그는 이를 위해 연초부터 일본 '유식자회의有識者會議'를 구성하여 담화문 작성에 머리를 총동원했다고 한다.

그러나 결론부터 말하면 '전후 70년 총괄 담화'에서 독일과 같은 '솔직한 반성과 사죄'는 찾아볼 수 없었다. 미국의 일본연구학자

187명(5월 6일)을 비롯, 5,000여 회원을 거느린 일본의 16개 역사학계 난제(5월 25일), 일본지식인 281명(6월 8일) 등이 각각 잇달아 성명을 내고 "아베 내각은 위안부 문제를 더 이상 왜곡할 게 아니라 강제동원 사실 등을 시인하고 사죄와 함께 해결방안을 명시해야 한다"고 촉구했음에도 말이다.

일본 정부가 과거사 청산 없이 '패전 70년'을 어물쩍 넘기려는 징후는 아베 집권 후 추진해온 우경화右傾化정책과 그의 한국·중국을 비하한 무례한 언행 말고도 여러 곳에서 감지되고 있었다. 특히 2015년 3월 9일 앙겔라 메르켈(Angela Merkel) 독일총리가 도쿄를 방문해 과거 독일의 경험을 들려주는 형식으로 아베 총리에게 '과거사 직시'를 충고했으나 일본 정부가 '위안부' 강제동원 사실을 극구 부인하며 반발한 외교적 실례失禮는 대표적인 예라 할 수 있다.

독일 수준의 솔직한 '반성과 사죄'는 처음부터 기대하지 않아

아베의 총괄 담화는 '일본패전 50주년'(1995년 8월15일)에 행한 '무라야마 담화'("식민지 지배와 침략으로 아시아 제국諸國의 여러분에게 많은 손해와 고통을 줬다. 의심할 여지없는 역사적 사실을 겸허하게 받아들여 통절한 반성의 뜻을 표하며 진심으로 사죄한다"를 주요 내용으로 하고 있다) 수준에도 미치지 못하여 '아시아 화해의 길'은 점점 더 멀어지는 형국이다.

실제로 아베 정권은 지나치게 자의적인 독단주의에 빠져 있다는 게 세계 일본연구학자들의 분석이다. 그 가운데서도 평화를 사랑하는 양식良識 있는 일본학자들은 "무엇보다 극우세력과 이에 동조한 정치인들이 과거 잘못된 침략역사를 반성하자는 의견을 '자학사관自虐史觀'이라 폄훼하고 역사의 객관성을 추구하는 학자들을 '국적國賊'으로 매도하며 배타와 경쟁을 강조하는 닫힌 군국軍國, 민족주의로 치닫고 있는 것이 큰 문제"라고 지적한다.

모두가 알고 있듯이 제2차 세계대전 후 세계질서는 일본과 독일(1945년 5월 8일 항복)의 패전에 따라 이루어졌다. 독일은 과거 나치즘과 단호히 결별하고 지금의 민주주의 법 체제(모든 의견이나 사상은 자유롭게 표현할 수 있지만, 유태인을 혐오하는 발언을 하면 곧바로 체포된다)를 만들어 유럽의 중심 국가로 기반을 다졌다. 일본 또한 전후 도쿄전범재판에 따라 전전戰前의 군부 파시즘체제를 부정하고, 평화헌법으로 국가체제를 바꾸어 일단 국제사회로의 복귀를 인정받았다.

전후를 극복한 독일

하지만 전후 70년 동안 두 나라가 걸어온 길은 사뭇 다르다.

우선 독일 정부는 제2차 세계대전 당시 나치가 저지른 만행에 대한 처절한 자기반성과 과거사 정립을 통해 이스라엘과 프랑스·폴란드 등 주변국들과의 관계 개선에 적극 나서고 있다.

그 가운데서도 1970년 12월 7일 폴란드 바르샤바 게토(Ghetto)의 유대인 희생자 위령비 앞에서 무릎 꿇고 고개 숙인 브란트(Willy Brandt) 당시 독일수상의 행동은 과거사를 반성하는 독일의 가장 '상징적인 사건'으로 기록되고 있다. 브란트는 그해 2월부터 시작된 양국 간 관계정상화조약(바르샤바조약)에 서명하기 위해 폴란드를 방

바르샤바의 빌리 브란트 기념판

문, 그런 '깜짝 사죄'를 연출했다. 그는 이날 비가 내리는 가운데 맨 바닥에 무릎을 꿇어 전 세계 카메라맨들의 플래시 세례를 받았다. 그의 바르샤바 내방을 반대하던 폴란드국민에게 감동을 더했음은 말할 나위도 없고.

이를 지켜본 국제정치외교학자들은 "그의 행동은 정치적 결과를 내다본 작위적作爲的인 면이 없진 않지만 기본적으로 그럴만한 정치적 용기와 신념이 없었다면 좀처럼 실행하기 어려운 일이다"고 평가했다. 더군다나 브란트는 이름난 반反나치 투사로 굳이 그럴 필요가 없었다. 그럼에도 그는 가해국加害國을 대표하는 수상으로서 진정으로 사죄하는 모습이 아니고서는 피해당사자의 응어리를 풀 수 없다는 생각에서 자세를 낮췄다고 한다.

뿐만 아니라 브란트는 영토를 포기하는 데도 앞장섰다. 그가 서명한 바르샤바조약은 "전쟁의 첫 희생자가 폴란드인이며, 전쟁은 유럽 국가들에 엄청난 고통을 안겨주었다"는 나치의 침략전쟁에 대한 사죄를 시작으로, "포츠담 의정서 제4장에 명시된 대로 현행 폴란드 인민공화국의 서쪽 경계선을 국가경계선으로 한다"는 영토 관할 규정 등을 담고 있다. 이는 제2차 세계대전 후 연합국이 폴란드측에 넘긴 오데르-나이세 강 동쪽의 독일 영토를 독일이 포기한다는 뜻이다. 동프로이센을 포함한 이 지역은 독일인들이 수백 년 동안 살아와 근대 독일의 발상지라 할 수 있는 곳이다. 그래서 제2차 세계대전 후 서독으로 쫓겨난 실향민들은 살던 곳을 내줄 수는 없는 일이라며 반대가 극심했다. 그런 상황에서 영토 포기를 명기한 조약문에 서명하기란 정치생명을 걸어야 하는 일이었다.

이와 함께 1984년부터 10년 동안 제6대 독일 대통령을 지낸 바이츠제커(Richard von Weizsäcker)도 브란트에 버금가는, 나치 청산에 앞장선 인물로 손꼽힌다. 바이츠제커는 1985년 5월 8일 '독일패전 40주년'을 맞아 독일 연방의회에서 행한 '광야의 40년'이란 제목의 연설에서 "과거에 눈을 감는 사람은 현재도 볼 수 없다"고 말해 세계를 감동시켰다. 그는 연설을 끝내고 바로 이스라엘을 방문하여 잘못된 과거사에 대해 용서를 빈 일로도 유명하다. 그때 이스라엘의 한 여교사는 "나는 부모한테서 나치 만행의 실상을 듣고 독일인이나 독일어를 싫어해왔는데 오늘 대통령의 말에 감명을 받았다"고 말을 건넸다. 그 말을 들은 바이츠제커는 백 번 듣기보다 한 번 보는 것이 낫다며 그녀를 대통령 전용기에 태워 독일 각지를 돌아다니며 독일인을 만나보도록 했다고 한다.

독일은 이처럼 정치지도자들의 사죄뿐만 아니라 피해보상도 결코 소홀함이 없다. 독일(당시는 서독)은 독일연방국을 수립한 지 3년 만인 1952년 전쟁배상법을 만들어 2003년까지 반세기 동안 피해국에 모두 710억 유로를 배상했다고 한다. 특히 이스라엘에는 1952

년부터 1966년까지 35억 마르크(약 17억 유로)를 보상하고, 한때 재정난을 겪은 그리스에는 650억 유로의 구제금융을 지원했다. 나치가 1941년 4월 27일부터 1944년까지 그리스를 점령하여 민간인을 학살하고 그리스 중앙은행에서 돈을 빼앗는 등 많은 피해를 입혔기 때문이다. 개인에게도 총 5,700만 명에게 역시 35억 마르크를 배상했다. 독일은 통일 뒤로 미루어두었던 국가배상 약속을 지키기 위해 앞으로도 피해국에 100억 유로 이상의 배상금을 추가로 지급할 예정이라고 한다.

독일 통일 후에도 사죄와 배상 계속

독일의 사죄와 배상은 통일 이후에도 계속되고 있다. 1994년부터 5년 동안 제7대 독일대통령을 지낸 로만 헤어초크(Roman Herzog)는 1994년 '바르샤바봉기 50주년' 기념식에 참석하여 "나는 독일인들이 폴란드인에게 행한 잘못에 대해 용서를 빈다"고 연설했다. 헤어초크 뒤를 이은 요하네스 라우(Johannes Rau) 제8대(1999~2004) 대통령도 2000년 2월 이스라엘을 찾아가 "과거 독일인들이 저지른 행위는 물론 나와 내 세대의 잘못에 대해서도 용서해주기를 바란다"면서 "용서와 화해를 통해 우리 아이들과 후손들이 미래에 손잡고 나란히 서는 모습을

베를린의 홀로코스트 메모리얼 광장

보고 싶다"고 역설했다.

독일의 반성과 사죄는 학교교육으로도 이어지고 있다. 독일 학교들은 지금도 아침 수업시간 전 3분간 묵념하는 시간을 갖는다고 한다. 과거 자신들의 조상이 저지른 실수를 대신 반성하고 다시는 그런 역사가 되풀이 되지 않도록 하기 위해서이다. 특히 잘못된 과거사를 역사교과서와 사회교과서 등에 실어 철저히 교육시키며 그 내용을 관계국들에게 공개하고 있다. 아울러 전국 100여 곳에 전쟁포로수용소를 복원하고 유태인 희생자 자료관을 만들어 현장교육자료로 활용하고 있다.

독일은 2005년 5월 베를린 브란덴부르크 문 인근에 '유대인 희생자 홀로코스트 추모비'도 세웠다. 1989년 동서독 통일 후 과거사 청산작업의 하나로 건립된 이 추모비는 부지가 1만 9,000평방미터나 되고, 공사비도 2,760만 유로(약 350억 원)가 들어갔다. 2003년부터 2년여에 걸쳐 공사를 마무리했다.

독일 언론들도 사죄와 화해노력에 적극 동참하고 있다. 독일 방송과 신문들은 특히 2004년 '아우슈비츠수용소해방 60주년'을 맞아 1월부터 나치가 패망한 5월 8일까지 나치시대의 잔학상을 소재로 한 다큐멘터리와 영화 등을 집중적으로 소개했다.

통일기념일 제정에도 피해자 의견 받아들여

독일은 통일기념일을 제정하는 데도 피해자들의 의견을 적극 받아들였다. 이미 알고 있듯이 베를린 장벽은 1989년 11월 9일에 무너졌다. 그날을 통일기념일로 정하는 것은 상식에 속한다. 그러나 이날은 공교롭게도 1938년 유태인 박해가 시작된 날과 겹친다.

소동은 당시 파리주재 독일대사관에 근무하던 에른스트 폼 라트(Ernst vom Rath) 3등서기관이 이날 헤르셀 그륀츠판(Herschel Grynszpan)이란 독일계 유대인 청년에게 살해되면서 비롯됐다. 그때 히틀러와 함께 이 사건을 보고받은 파울 요제프 괴벨스(Paul Joseph Goebbels) 독일 선전장관은 이는 도저히 묵과할 수 없는 일이라며 '모두 함께 유태인을 보복하자'고 독일 국민들에게 호소했다. 이에 독일군과 일반 시민들은 11월 9일 밤 전국적으로 일제히 유태계 상점과 교회당(시너고그)을 습격하여 91명을 살해하고, 상점 815개, 주택 171채, 시너고그 193곳을 불태우는 등 엄청난 피해를 가했다.

역사는 이를 '수정水晶의 밤(크리스탈나흐트Kristallnacht)' 또는 '포그럼(pogrom, 집단학살)의 밤'이라고 기록하고 있다. '수정의 밤'은 이날 밤 광란으로 상점의 쇼윈도가 깨져 마치 반짝이는 수정처럼 사방으로 날아다닌 모습을 형용한 말이라 한다. 즉 이날은 유태인들에게는 이른바 '죽음의 가스수용소(일명 절멸絶滅수용소)'로 이어지는 고난의 시작을 의미하는 날이다.

유태인들은 그런 날 독일인들이 기뻐하는 모습을 지켜보고 있을 수 없다며 이날을 통일기념일로 제정하는 것을 한사코 반대했다. 이에 따라 독일은 동서독 통일작업이 공식적으로 마무리 된 10월 3일을 통일기념일로 정했다. 이는 통일기념일 제정에도 피해자들의 심정을 깊이 헤아렸음을 단적으로 말해주는 가해자의 자성自

省이다.

이처럼 11월 9일은 독일 근현대사에서 유난히 역사적 사건이 많았다. 독일은 1918년 이날 '공화정'을 선언했고, 히틀러가 뮌헨에서 나치당의 깃발을 들고 쿠데타를 일으킨 것도 1923년 그날이다. 다시 말하면 이날은 나치운동 발상의 날인 셈이다. 독일은 1996년 이후 11월 1일을 '나치 희생자를 추도하는 날'로 기념하고 있다.

메르켈 총리는 '베를린 장벽 붕괴 25주년'인 2014년 11월 9일 '베를린 장벽 상설전시기념관' 개막식에 참석하여 '장벽의 붕괴'란 주제 연설을 통해 "베를린 장벽이 무너진 날이 우리에게는 자칫 기쁨으로만 기억될 소지가 있으나 같은 날 일어났던 나치의 부끄러운 역사도 결코 잊어서는 안 될 것"이라고 다시 한 번 반성을 촉구했다.

독일은 이런 노력으로 과거를 청산하고 다시 유럽 중심국가로 우뚝 섰다. 독일이 주도적으로 유럽연합(EU)을 이끌고, 북대서양조약기구(NATO)에 참가하고 있는 사실만 봐도 위상을 가늠하기에 부족함이 없다.

유럽은 미국·영국·프랑스·러시아 등 연합군이 제2차 세계대전에서 나치스독일군을 물리치고 유럽을 해방시킨, 이른바 '디데이'로 널리 알려진 1944년 6월 6일의 노르망디상륙작전을 가장 크게 기념하고 있다. 유럽은 2014년 '노르망디 작전 70주년'을 맞아 영국 엘리자베스 여왕과 미국 오바마 대통령·프랑스·러시아 수뇌 등이 참석한 가운데 성대한 기념식을 갖고 당시의 상륙작전을 재

현해보였다. 이 자리에는 물론 메르켈 총리도 초대되어 과거 적국
수뇌들과 어깨를 나란히 했다.

이처럼 한 세기에 두 번의 세계대전으로 참화慘禍를 겪은 유럽
이 오늘날 전쟁을 다시 생각할 수 없는 하나의 질서를 만들어낸 것
은 말할 필요도 없이 패전국 독일의 부단한 '과거사 부정과 사죄'로
피해 당사국과 화해를 이끌어냈기 때문이다.

일본은 피지배민족 비하 '망언'으로 시작

그렇다면 일본은 어떤가. 일본은 한마디로 한국과 중국을 업신
여기는 '망언'으로 일관하고 있다. 과거 침략에 대한 반성과 사죄에
앞장서야 할 정치지도자들이 역사왜곡을 일삼고 있는 것이다. 일본
정치인들의 망언은 구보다 간이치로久保田貫一郎로 거슬러 올라간다.
그는 1953년 한일회담 일본측 대표로 활동하면서 "일본의 한국 통
치는 플러스 면도 있었다"고 공개 발언함으로써 망언의 봇물을 이
루기 시작했다.

그로부터 지금까지 터무니없는 논리로 우리의 심기를 불편하
게 한 일본정치인은 이루 헤아릴 수 없이 많다.
그 가운데는 내각총리도 들어있다. 이름을 대면
요시다 시게루吉田茂, 기시 노부스케岸信介, 이케
다 하야토池田勇人, 사토 에이사쿠佐藤榮作, 다나카
가쿠에이田中角榮, 스즈키 젠코鈴木善幸, 나카소네
야스히로中曾根康弘, 하시모토 류타로橋本龍太郎,

요시다 시게루

모리 요시로森喜朗, 고이즈미 준이치로小泉純一郎, 아소 다로麻生太郎 등이 대표적이다. 이들이 내뱉은 막말은 실제로 몇 권의 책으로 펴내고도 남을 정도이다. 내용도 '은혜론'에서부터 '영토문제'에 이르기까지 실로 가관이다. 극히 한심한 몇 가지를 요약해 본다.

고이즈미 준이치로

　1946년부터 1954년까지 6번이나 내각총리를 지낸 요시다 시게루는 1949년 당시 맥아더 연합군사령관에게 보낸 〈재일在日 한국인 모국 송환요구서〉에서 "미국의 호의로 일본은 식량을 대량 수입 중이고, 그 일부를 재일 조선인을 부양하는 데 쓰고 있다. 조선인 때문에 지고 있는 대미對美 부채를 다음 세대에 넘기는 일은 불공평하다고 생각한다. 대다수 조선인은 일본 경제부흥에 도움이 되지 않는다. 더욱 나쁜 점은 조선인 가운데 범죄자가 많은 것이다"라고 적고 있다. 어디서 식민지 지배에 대한 죄의식을 느낄 수 있는가. 도의적 책임감마저도 찾아볼 수 없는 기막힌 편견과 차별관이라 아니 할 수 없다.

　1964년부터 1972년까지 3번 내각총리를 역임한 사토 에이사쿠는 1965년 "일·한 합병조약(1910년 강제합방조약을 말함)은 여러 가지 오해를 받고 있는 것 같지만 일·한 양국이 대등한 입장에서 자유의사로 체결되었음은 굳이 말할 필요가 없다"고 강제합방 사실을 부인했다. 그러나 이 망언은 일·한 협정 반대데모 소용돌이 속에 묻히고 말았다.

1972년부터 1974년까지 2번 수상을 지낸 다나카 가쿠에이는 1974년 "일본이 조선에 김양식 방법을 가르쳐주고, 식민지시대 일본이 조선에 실시한 교육제도, 특히 의무교육제도는 지금까지도 지켜가는 훌륭한 사례이다"고 발언, 항의소동의 빌미가 됐다.

나카소네 야스히로는 1982년 일본교과서 개정 때 역사용어를 고쳐 제국주의 잔혹사를 감추는 이른바 '역사교과서 왜곡' 파동을 일으켰고, 모리 요시로는 2000년 4월 내각총리에 취임하면서 "다케시마(독도)는 일본 땅이다"고 주장해 우리 민족의 반발을 샀다.

2008년 9월부터 1년 동안 총리를 지낸 뒤 지금은 아베 내각에서 부총리 급 재무장관으로 경제를 담당하고 있는 아소 다로는 "창씨개명은 한국인이 원한 것이고, 일본은 한글 보급에 공헌했다. 야스쿠니 신사 참배를 문제 삼는 나라는 한국과 중국뿐이다"고 말해 분노를 자아냈다.

"일본이 아니라 백색인종이 아시아를 지배했다" 궤변도

이같은 분별없는 망언은 각료 급 정치인들로 내려갈수록 더욱 심하다.

나카소네 야스히로 내각 때 문부상이었던 후지오 마사유키藤尾正行는 1986년 10월《문예춘추》기고를 통해 "일·한 합병은 형식적으로나 사실적으로도 합의 하에 성립된 것이다. 한국측에도 얼마간의 책임이 있다. 일·한 병합이 없었더라면 청나라나 러시아가 조선반도에 손을 대지 않았다는 보장이 있었을까"라고 주장해 큰 파문을 일으켰다.

1988년 다케시타 노보루竹下登 내각의 국토청 장관으로 임명된 오쿠노 세이스케娛野誠亮는 아시아 침략에 대한 기자들의 질문에 "백색 인종이 아시아를 식민지로 하고 있었다. 누가 침략자인가. 백색인종이다. 왜 일본이 침략 국가이고 군국주의란 말인가"라는 궤변을 늘어놓았다.

1994년 5월 하타 츠토무羽田孜 내각 발족 당시 법무상에 발탁된 나가노 시게토永野茂門는 "대동아전쟁을 침략전쟁이라고 정의하는 것은 틀리다고 생각한다. 일본이 짓밟힐 것 같아 살기 위해 일어난 것이며, 동시에 식민지를 해방시키고 대동아 공영권을 확립한다는 것은 당연한 일이다. 전쟁 목적 그 자체는 당시로서는 기본적으로 허용된 정당한 것이었다"고 《마이니치신문》과의 인터뷰에서 막말을 쏟아냈다.

1994년 8월 무라야마 도미이치村山富市 내각의 환경청 장관에 기용된 사쿠라이 신櫻井新은 신임 기자회견에서 "일본은 처음부터 침략전쟁을 하려고 마음먹고 싸웠던 것은 아니다. 아시아는 일본 덕분에 유럽 식민지 지배로부터 거의 자유로울 수 있었다. 그리고 그 독립 결과 교육도 꽤 보급되고 아시아 전체가 대단한 경제부흥을 이룩하게 된 것이다"라고 말도 되지 않는 허튼소리를 했다.

사쿠라이와 함께 문부상에 임명된 시마무라 요시노부島村宜伸도 "침략전쟁이라는 표현에는 여러 가지 논의가 있을 수 있다. 그렇다고 전후에 태어난 사람이 3분의 2로 전쟁을 전혀 모르는 시대가 되었는데도 여전히 일일이 사죄한다는 것은 결과적으로 무엇을 초래하게 될까. 침략의 다툼이 곧 전쟁이 아닌가"라고 억지 논리를 펴역시 한국과 중국으로부터 거센 항의와 비판을 받았다.

이들 '망언 각료'들은 모두 자리를 내놓거나 파면 당했다. 다만시마무라만은 발언 다음날 "본래 뜻이 잘못 전달된 것"이라고 해명해 각료면직은 피할 수 있었다.

그럼 왜 일본 정치지도층은 이처럼 과거 침략 역사에 대한 반성과 사죄를 거부하고 역사를 부정하는 폭언을 계속하는 것일까.

《아사히신문》 주필을 지낸 와카미야 요시부미若宮啓文는 그가 쓴 《전후보수의 아시아관戰後保守のアジア觀》에서 "이는 무엇보다 전후 일본 처리에 임했던 연합군이 미·소 냉전 하에 점령정책의 원활한 추진을 이유로 히로히토裕仁 텐노를 비롯, 전전 군국주의에 적극 가담한 많은 정치인을 도쿄재판에 회부하지 않은데 있다"고 주장했다. 이와 함께 일본 개국과 근대화를 시작한 메이지시대부터 서구근대화를 본보기로 주창한 후쿠자와 유키치福澤諭吉의 탈아입구脫亞入歐 사상도 정치지도자들에게 크게 영향을 미치고 있다는 설명이다.

특히 후쿠자와가 자신이 깊이 관여했던 갑신정변이 실패로 끝나면서 중국과 담판을 앞두고 쓴 1885년 3월 9일자 〈외교는 수신과 다르다〉는 사설은 일본정치인들에게 큰 교훈이 되고 있는 것으로 분석되고 있다. 이 '외교론'은 "개인은 잘못을 사죄하면 명예를 회복할 수 있지만 국가는 한 번 잘못을 세계에 알려주면 사실여부에 관계없이 오명을 씻기 어렵다. 과오를 수정하려면 나쁜 평판이 나오고 후회하여 사죄하면 죄는 더욱 명백하게 되는 것이다"고 가르치고 있다(정일성, 《일본을 제국주의로 몰고 간 후쿠자와 유키치》 34쪽). 후쿠자와 지론을 읽다보면 일본 정치지도자들이 반성과 사죄를 꺼리는 이유를 알만도 하다.

2. '일본회의'가 일본 보수화 이끌어

잘못된 역사 인식 '역사수정주의'로 변질

일본의 양식 있는 학자들은 이와 같은 전후 일본정치지도자들의 잘못 된 과거사 인식이 1990년대 들어 극우보수 세력의 신자유주의사상으로 이어져 문제가 더욱 심각하다고 입을 모은다. 신자유주의란 원래 1938년 독일학자 알렉산더 뤼스토우(Alexander Rüstow)와 발터 리프만(Walter Lippmann)이 만들어낸 말로 정치 · 경제 분야에서 '자유 경쟁'을 의미하는 사상 개념이었다. 부연하면 시장원리에 따라 자유롭게 국가 간 무역을 하고, 규제 완화와 민영화 등을 통해 현대사회에서 공적 부분의 비율을 낮추어 민간 부분의 역할을 증대시키자는 정치사상이다.

그러나 이 용어는 냉전이 끝난 1990년대 이후 경제로부터 정치 · 역사 · 문학에 이르기까지 여러 분야에 널리 통용되면서 딱히 한마디로 정의할 수 없게 되었다. 일본에서는 심지어 침략전쟁과 식민지지배 역사를 미화 · 긍정하는 '역사수정주의(한 역사적 사건에 대해 기존의 시각을 재해석하는 역사학의 새 시도試圖를 말한다. 역사수정주의자들은 기존 역사학이 많은 부분에서 잘못되어 있으므로 이를 수정할 필요가 있다고 역설한다. 원래는 이미 확립되어 널리 통용되고 있는 제1차 세계대전이나 제2차 세계대전의 기존 역사를 수정해야 한다고 주장하는 논자의 비난으로, 특히 제2차 세계대전 당시 유태인 대학살 사건을 부정하는 연구가에 대한 반어反語로 사용된 데서 유래되었다)'와도 맥을 같이 하고 있다고 한다.

'일본회의'는 일본 최대 우익단체, 각계 저명인사도 가입

신자유주의, 곧 역사수정주의는 '일본회의'가 추구하는 이데올로기이기도 하다. '일본회의'는 극우보수 세력이 1997년 5월 30일 같은 우파성향의 '일본을 지키는 회日本を守る會'와 '일본을 지키는 국민회의日本を守る國民會議'를 통합하여 만든 일본 최대 우익단체이다. 전국 47개 도도부현都道府에 본부를 두고 있고, 241개 시정촌市町村에는 지부가 활동 중이다. 이외에도 일본회의국회간담회, 일본회의지방의원연맹, 일본여성회 등 관련단체를 거느리고 있다. 회원은 2016년 현재 3만 8,000명에 이른다고 한다. 회원 중에는 학계의 저명한 인사·재계와 법조계의 거물도 들어있으며, 국회의원도 2백수십 명이 가담하고 있는 것으로 알려졌다.

'일본회의'는 자주헌법 제정, 내각총리의 야스쿠니 신사 공식 참배, '자학自虐사관' 극복, 교육정상화, 재일 외국인의 지방참정권 부여 반대, 남녀공동 참획參劃 반대, 부부 별성別姓 반대 등을 강령綱領으로 내걸고 있다.

일제의 침략전쟁 도발을 '긍정적 역사'로 평가

역사수정주의자들은 특히 일제의 전쟁 도발을 긍정적 역사로 평가한다. 앞서 아베 신조의 신념을 다시 한 번 되풀이하면 전쟁은 국가의 당연한 권리이고, 제2차 세계대전도 그때 국제정세가 그렇게 만들었으며, 당시 일본군인과 정치가들은 나라를 위해 싸우도록 국민을 지도한 것일 뿐 전범은 아니라는 궤변이다. 따라서 '전범재판'으로 규정한 '도쿄재판'은 미국이 강요한 '자학사관'이므로 바로 잡아야 하고 '전범 희생자들'의 명예도 회복되어야 한다고 강조한다.

이런 역사수정주의자들의 주장은 '전후 정권으로부터 탈피'라는 깃발을 올린 아베 수상의 정치적 신조와도 친화적이다. 그러나 '도쿄재판사관' 또는 '자학사관' 극복론은 결국 도쿄재판을 주도한 미국 비판으로 이어져 미일안보체제의 기반을 흔들게 된다. 또한 '일본회의'가 매년 8월 15일 A급 전범을 합사한 야스쿠니 신사를 참배하는 행위도 미국에 대한 도전이다. 이는 친미지향의 '역사수정주의'가 안고 있는 근본적 모순이다.

신자유주의자들에게 역사는 부정의 대상에 불과

일본사회학자 요시다 유타카吉田裕(1954~ 히토츠바시一橋대학원 교수)는 월간잡지 《세카이》 2015년 신년 특집호를 통해 "신자유주의자들은 역사를 국제화나 경쟁과 효율화 원칙에 따라 재단하는데, 이들의 입장에서 보면 역사는 여러 가지 규제에 의해 얽혀있는 편비

내(물의 범람을 막기 위해 쌓은 둑이 무너지지 않도록 대나무나 갈대 따위를 둘러치는 일)이자 속박일 뿐이다. 즉 과거는 부정의 대상에 불과하고 신자유주의적 개혁을 정당화하기 위한 도구로서만 쓸모가 있다고 생각한다. 따라서 신자유주의적 개혁에는 보수적 역사 인식이 따르게 마련이고, 이런 사고방식이 새로운 사회적 통합의 핵으로 작용하여 '역사·문화·전통'에의 회귀를 불러오게 되는 것"이라고 최근 일본 사회의 보수주의 복고復古현상을 분석했다.

그는 한 예로 '재특회在特會(재일 조선인이 갖고 있는 특권을 없애고 보통 외국인과 똑같이 대우하는 것을 강령으로 설립된 일본 우익단체)'로 상징되는 극단적 배외排外주의 집단이 생겨나고 있는 것도 바로 신자유주의적 개혁에 따라 불안감이 증폭되고 있기 때문이라고 들려준다《세카이》 2015년 1월호, 124~134쪽〈역사에의 상상력이 쇠약한 사회에서 역사를 계속 묻는 의미〉).

제2차 아베 내각은 '신도정치연맹'이 싹쓸이

경악할 만한 일은 또 있다. '일본회의'가 '신도정치연맹 국회의원 간담회'와 연계되어 있다는 사실이다. '신도정치연맹'은 야스쿠니를 모태로 한 신사神社본청의 국회지부격이다. 신사본청은 전후 체제를 전면 부정하고 제국주의시대 메이지헌법 체제처럼 텐노 중심 '국체國體'로 돌아가기를 부르짖는다. 신사본청의 강령에 따라 신도정치연맹 국회의원 간담회도 야스쿠니 신사 국영화·황실중심주의 실현·'자랑스러운 헌법'제정·야스쿠니 자유참배 등을 최종 실현 목표로 내걸고 있다. 그런 점에서 '일본회의'보다 더욱 강성强

性이다.

더욱 놀라운 것은 아베 전 총리가 그런 극우 한쪽쏠림의 신도 정치연맹 국회간담회 회장을 맡았었다는 사실이다. 그뿐만이 아니다. 2014년 10월 제2차 아베 개조내각에서 국가중책을 맡았던 각료 18명 중 16명이 신도정치연맹 회원이고, 국회의원(자민당 중심)도 전체(2014년 10월 현재 일본 국회의원 수는 중의원 475명(지역구 295, 비례대표 180), 참의원 242명(지역구 146, 비례대표 96))의 절반에 가까운 300여 명이 신도정치연맹에 합세하고 있다고 한다(《세카이》 2015년 1월호, 〈인터뷰─극우화하는 정치〉 151쪽).

게다가 아베가 2014년 12월 개각 때 장래 유망 여성정치인으로 내각과 당의 요직에 등용한 다카이치 사나에高市早苗·야마다니 에리코山谷えりこ·이나다 도모미稻田朋美 등 3명도 극우 중의 극우로 소문난 여성들이다.

제2차 아베 내각에 중용된 여성정치인들 극우 중의 극우

이 가운데 다카이치와 이나다는 2014년 신나치단체 대표와 함께 사진을 찍은 사실이 영국《가디언》지 등 해외언론에 보도되어 '일본여론의 도마'에 올랐다.

또 다카이치는 2011년 4월 독일과 일본 교류 150주년을 맞아 국회에서 열린 '독·일 교류증진결의대회' 때 결의문에 포함된 "양국은 1940년 일·독·이 삼국동맹을 맺고 동맹국이 되었다. 그 뒤 각국과 전쟁을 벌여 많은 폐를 끼쳤고 양국도 많은 희생을 치렀다.

그러나 양국은 기적의 경제부흥을 이루었다"라는 내용 중 '많은 폐를 끼쳤다'는 표현을 삭제토록 하는데 앞장서 침략사실을 부정하는 태도를 보였다. 그때 독일은 "독일과 일본은 침략과 정복전쟁을 일으켜 이웃나라 사람들에게 많은 희생을 가져왔다"고 깊이 사죄하고, "제2차 세계대전은 1945년 양국의 무조건 항복과 정치적, 도의적 파국 가운데 종결되었다"고 반성했다.

자민당 '차기 스타'로 중용된 이나다는 아베의 역사수정주의 이데올로기에 적극 동조하고 있는 인물로 중국 난징南京학살 사건을 역사수정주의 관점에서 책으로 펴내 당시 정조회장政調會長에 발탁되었다는 소문이다. 정치계에 발을 들여놓기 전에는 변호사로 일했다.

야마다니는 앞서 소개한 '재특회' 간부와 친밀한 관계를 맺고 있는 것으로 확인됐다. 재특회 관계자들과 함께 찍은 사진이 결정적 증거다. 이들 재특회 관계자들은 교토 조선학교 협박·습격사건에 연루되어 체포된 범법자들이라고 한다.

민족 혐오발언 옹호자가 경찰최고책임자

국제 인종차별 철폐조약에 가입한 일본은 다른 민족을 비하하는 혐오발언이나 혐오주장이 있을 경우 당연히 이를 단속할 의무가 있다. 그럼에도 아베는 인종차별을 거듭해온 배외주의 집단과 교분이 짙은 그녀를 2014년 9월 3일 국가질서유지를 책임지는 경찰최고책임자(2015년 10월 7일까지 재임)로 임명했다. 고양이에게 생선가

게를 맡긴 셈이다. 2015년 상반기 동안 일본우익들이 도쿄 등지에서 '혐한嫌韓(한국을 싫어하고 미워한다는 말)' 피켓을 들고 거리를 누비며 '조선인을 죽여라'라고 마음대로 외치도록 그냥 내버려 둔 것도 그와 무관하지 않다는 게 일본철학자 다카하시 데츠야의 분석이다.

다카하시는《세카이》2015년 신년특집호 인터뷰에서 그런 일본 정계 내막을 샅샅이 설명했다. 그는 이에 대해 "우선 일본에 비유적인 표현이 아니라 진짜 신나치단체가 존재한다는 사실에 놀랐다. '국가사회주의 일본노동당'이라 칭한 이들은 독일의 나치당처럼 우생優生사상을 내걸고, '동아시아의 최우수인 일본민족 피의 순수성을 지키기 위해 다른 민족을 배척, 정화하지 않으면 안 된다'고 주장하고 있다. 다카이치 씨와 이나다 씨가 그런 단체의 대표와 '히노마루日の丸(일장기)'를 배경으로 웃으며 사진을 찍었다니 어디 정상적인 정치지도자로서 있을 법한 일인가"라며 아베 내각의 극우정치 성향을 개탄했다(《세카이》2015년 1월호, 〈인터뷰—극우화하는 정치〉).

3. 일본은 왜 과거 잘못에 대한
사죄·사과에 인색하나

가해자로서의 의식이 희박한 까닭

그럼 왜 전후 70년이 지난 지금도 일본사회에는 식민지지배와
침략전쟁 과정에서 아시아에 행한 가해의식이 희박할까. 일본 사회
학자 요시다 유타카가 《세카이》 2015년 신년호 〈전후70년〉 특집에
서 그 답을 내놨다. 피해당사자인 우리로서는 이해할 수 없는 부분
이 많지만 새겨들을 점도 적지 않아 우리말로 옮겨본다.

탈식민화 과정이 비군사 일환으로 이루어진 게 첫째 이유

그것은 첫째로, 일본에서는, 오누마 야스아키大沼保昭(1946~. 법학자,
도쿄대 명예교수), 미타니 다이이치로三谷太一郎(1936~. 정치·역사학자, 도쿄대
명예교수) 등이 지적했듯이 탈식민지화 과정이 비군사화의 일환으로
이루어졌기 때문이라고 생각된다. 즉 일본은 식민지 국민의 독립운
동으로 처참한 싸움 끝에 식민지를 잃은 것이 아니라 패전에 따른
비군사화 과정에서 이른바 '자동적으로' 식민지를 잃었다. 그 때문
에 독자獨自적으로 식민지주의를 극복하지 않으면 안 되는 과제가

비군사화에 묻혀 잊어졌다고 말할 수 있다.

둘째로, 샌프란시스코 강화조약(1951년 9월 8일) 자체에 커다란 문제가 내포되어 있었다. 우선 샌프란시스코 강화조약이 체결과정에서 동서냉전으로 '관대'하게 처리된 점을 지적할 수 있다. 이 조약은 배상 청구권을 교전 각국에 인정하면서 일본이 도쿄재판의 판결을 받아들이는 것을 확인하고 있을 뿐(제11조) 조약의 어디에도 일본측에 전쟁의 책임이 있다는 사실은 명기하지 않았다. 동시에 미국의 압력으로 배상 청구권도 포기토록 하고 있다. 미국으로서는 일본의 전쟁책임을 명확히 규정하는 것보다 오히려 일본을 서방진영으로 끌어들이기를 중시했기 때문에 전후처리가 지극히 애매하게 되어버렸다. 그 결과 일본국민의 머릿속엔 피해국이나 피해당사자에게 당연히 갚아야 할, 피해보상에 대한 자각이 희박하게 되고 말았다.

'냉전 논리'로 체결된 샌프란시스코 강화조약이 가장 큰 불씨

최근 들어 연구자들은 이 조약에 냉전 논리가 강하게 작용하고 있다는 사실을 공통적으로 지적하고 있다. 예를 들면 하라키 다다케이原貴忠惠가 쓴 《샌프란시스코평화조약의 맹점》(溪水社, 2005)은 오늘날 심각한 대립을 불러일으키고 있는 영토문제만 하더라도 그 원인遠因을 샌프란시스코 강화조약이 '각 나라 영토의 귀속선歸屬先을 명기하지 않고 애매하게 적고 있다'는 점에서 찾고 있다. 일본이 장래 친중 혹은 친소 노선을 취하지 않도록 하고자 영토문제를 둘러싼 불씨를 조약 가운데 묻어 두었다는 해석이다.

나아가 냉전 때문에 오랫동안 전쟁책임과 전후처리문제가 봉해진 관계로 냉전이 끝나고, 일본인이 겨우 과거역사를 마주 대하기 시작할 때는 전쟁의 직접 당사자가 아닌, 전후 세대가 다수파가 된 사실을 지적할 수 있다. 전쟁과 식민지지배를 직접 체험하지 않았음에도 속죄의 주체가 될 수밖에 없는 전후에 낳은 사람들이 아시아 여러 나라로부터 쏟아진 비판에 대해 당혹감이나 반발 감정을 품은 것은 어떤 의미에서는 당연하다고 말할 수 있다. 이런 점도 가해의식을 무디게 하는 토양을 만들었다고 생각된다.

전후세대가 정치일선에 나서면서 역사수정주의로 피해국 반격

셋째로, 일본 정부와 사회가 어떻게든 전쟁책임이나 전후처리 문제를 마주하려 했던 시기(1980~1990년대)가 일본의 대국화 시기와 겹치게 된 점이다. 그때는 일본이 아시아에서 정치적 리더십을 확립하기 위해 정치적 장애를 제거하려는 전략적 맥락에서 전쟁책임과 전후처리 문제에 초점을 맞췄다. 즉 이러한 국제관계상 요인으로 국내 논의가 지극히 불충분했다. 게다가 이 시기는 앞서 설명한 전쟁의 비당사자가 전후 처리의 당사자가 되는 문제가 겹쳤다.

그에 따라 일본 국내에는 아시아 여러 나라로부터 쏟아진 '비난'과 '단죄'의 목소리에 대한 반발과 당혹감을 내공화시킨 사람들이 많이 생겨났다. 그것이 역사수정주의에 의한 반격을 가능하게 했던 것은 아닐까.

'전쟁수인론'이 가해자의식 흐리게 해

넷째로, 일본에는 '전쟁수인론戰爭受忍論', 즉 '전쟁이기 때문에 희생이나 고난을 강제 받아도 어쩔 수 없다'는 사고방식이 널리 일반화되어 있다. 이 '전쟁수인론'은 패전 전부터 이미 싹트기 시작했다. 기요사와 기요시淸澤洌는 유명한 《암흑일기暗黑日記》에서 도쿄대공습 직후인 1945년 4월 16일 다음과 같이 적고 있다.

이들의 공포를 통한 하나의 뚜렷한 사실은 일본인이 미국의 무차별 도시폭격을 원망한다 해도 결코 분함을 없앨 수는 없다. 내가 '미국의 무차별 폭격은 실로 도리에 어긋나 심히 좋지 않다'고 말하면 '전쟁이지 않느냐'고 말하는 것이다. 전쟁이기 때문에 남녀노소를 폭격해도 어쩔 수 없다고 생각하고 있다. '전쟁이라 어쩔 수 없다'는 말을 나는 전차 안에서도 듣고 길거리에서도 들었다. 어제 밤에도 자기 집이 불탔다는 남자 둘이 우리 집에 와서 한두 시간 머물다가 갔는데 '공장이나 상점가 안의 어염집이 불타는 것은 아깝지만 전쟁이기 때문에 어쩔 수 없다'고 이야기했다. 일본인의 전쟁관戰爭觀은 인도적 분노가 일어나지 않도록 되어 있다.

일본인에게 뿌리 깊은 '전쟁수인론'은 어디서부터 왔을까. 앞으로 역사적 검증이 필요하다(《세카이》 2015년 1월호 126~128쪽).

요시다 유타카의 분석은 역사수정주의자들의 '꼼수'를 이해하는데 부족함이 없다. 그렇다고 이는 결코 일본이 과거 잘못된 역사를 합리화하는 평계가 될 수 없음은 말할 나위 없다. 일본 집권층은 이런 이유로 피해자에 대한 사과·사죄를 도외시하는 것은 국제적 고립을 자초하는 지름길임을 깊이 깨달아야 할 것이다.

4. '역사전쟁'

일본이 이른바 '역사교과서 왜곡파동'을 일으킨 지 2012년 6월이면 만 30년이 된다. 하지만 시간이 흐를수록 일본의 과거사 날조 행위는 더욱 드세지는 양상이다. 일본 문부성이 지난 2011년 3월 '독도는 일본 땅'이라고 기술한 역사교과서의 발행을 허용한 결정은 우리의 주권을 무시한 상식 밖의 도전이다. 더군다나 그때는 우리 국민이 역사상 보기 드문 지진피해로 고통을 받는 일본 국민을 돕기 위해 아낌없는 성원을 보내고 있던 참이어서 충격과 분노가 더욱 컸다.

'독도영유 선언'은 일종의 '선전포고'

역사교과서를 통한 일본의 '독도영유 선언'은 무력수단은 아니지만 우리 국권의 의지를 제압하려는 선전포고나 다름없는 행위이므로 일종의 전쟁, 즉 '역사전쟁'이라고 말할 수 있다. 주지하다시피 일본이 한국과 중국을 상대로 역사전쟁을 시작한 것은 자민당이 정권을 잡고 있던 1982년 6월이었다. 자민당은 1980년 6월에 실시된 중·참의원 동시 선거에서 압승을 거둔 여세를 몰아 교육개혁에 나섰다. 명분은 제2차 세계대전 참패 후 일본 사회에 팽배한 패배의식을 일소한다는 데 있었다. 자민당은 일본 국민의 패배의식이 전전戰前 침략역사에 대한 반성위주의 교육에서 비롯되고 있다고 탓하며 역사교과서 내용부터 고치도록 문부성에 압력을 넣었다.

자민당이 역사교과서 내용 고치도록 내각에 압력

문부성은 이에 따라 1981년 6월, 1982학년도부터 적용할 교과서 검정기준을 발표하면서 역사교과서 집필자들에게 과거 아시아 침략에 대해 침략주체를 명기하지 말고, 3·1운동희생자, 관동대지진 당시 재일 조선인 사상자, 조선인 강제연행자 등에 관해서는 일절 구체적인 숫자를 밝혀서는 안 되며, 용어도 일본 국민정서에 적합하도록 고쳐쓸 것 등을 지시했다. 그러면서 종전에 써오던 '침략'을 '진출'로, '3·1독립만세운동'을 '3·1폭동'으로, '탄압'을 '진압'으로, '출병'을 '파견'으로, '수탈'을 '양도'로, '지배'를 '통치'로, '군비'를 '방위력'으로 각각 고치도록 예시했다. 아울러 '제국주의'란 용어는 아예 쓰지 못하도록 했다.

이유는 이들 용어가 일본 제국주의시대 역사의 잘못을 부각하고 좋은 부분을 과소평가하여 일본역사를 깎아내릴 우려가 있다고 분석되었기 때문이라고 한다.

교과서 왜곡 압력은 한국과 중국 멸시하는 신내셔널리즘

그러나 양식 있는 일본학자들은 이 검정이야말로 '부끄러운 과거 잘못을 감추기 위해 손바닥으로 하늘을 가린 격'이라고 서슴없이 말한다. 심지어 사실史實의 본질을 흐려 일제의 잘못된 폭정을 미화하고 한국과 중국을 멸시하는 신新내셔널리즘이라고 설명하는 학자도 있다.

이 사건은 맨 처음 일본《아사히신문》이 1982년 6월 1면 머리기사로 특종 보도함으로써 널리 알려지게 되었다. 일본측 자료에 따르면 물론 그 이전에도 일본 역사교과서의 과거사 기술에는 미화된 내용이 적지 않게 들어 있었다고 한다. 그렇지만 외교문제로 번지기는 이 사건이 처음이었다. 이 파동은 결국 당시 스즈키 젠코鈴木善行 내각의 미야자와 키이치宮澤喜一 관방장관이 이에 대한 사과와 함께 시정을 약속하고, 검정기준에 '근린제국 조항'을 신설함으로써 일단락되었다.

그럼에도 이와 같은 역사왜곡은 1982년 11월 극우 보수파 정치인 나카소네 야스히로中曾根康弘가 내각총리로 등장하면서 더욱 심해지기 시작했다. 그가 이끌던 내각은 1986년도 교과서 검정에서 또다시 사실왜곡이 극심한《신편 일본사》를 합격시켜 외교 분쟁을 일으켰다. 이 교과서는 과거 일본의 침략행위를 노골적으로 부정하고 아시아민족을 멸시한 내용까지 담았다.

한일 역사 공동연구도 화해효과 없어

이에 국내 정계와 학계는 일본 지도층의 과거사 반성 없이는 역사왜곡 재발방지가 어렵다고 보고 대책 마련에 나섰다. 우선 양국 역사학자들은 1990년 8월 '한일(일·한)공동역사교과서 연구회'를 설립하고 역사교과서 기술에 관한 공동연구에 들어갔다. 비록 합의 도출에는 실패했지만 이들은 1992년 10월까지 2년 남짓 동안 서울과 도쿄를 오가며 토론회를 갖고 서로 간 역사해석에 대한 시각차를 좁히고자 힘썼다. 또 1998년 10월에는 당시 김대중 대통령이 도쿄를 방문, 오부치 게이조小淵惠三 일본수상과 '한일파트너십'을 선언하고 21세기 한일관계를 미래지향적으로 이어가자고 다짐하기도 했다.

하지만 이런 노력은 말 그대로 소귀에 경 읽기였다. 일본 문부성은 2001년, 2002학년도부터 교재教材로 사용할 교과서를 검정하면서 한국 역사를 폄훼한《새로운 역사교과서》를 또 합격 판정했다. 이른바 '새 역사교과서를 만드는 모임'이 만든 이 중학생용 역사교과서는 고대사에 임나일본부설을 기술하고, 일제의 조선 식민지배가 한국 근대화에 기여했다는 당치 않은 내용을 덧붙여 침략행위를 미화하는 한편 일본 민족의 우월성을 강조하는데 역점을 두었다. 게다가 '종군 위안부'나 '조선인 강제연행' 사건 등은 아예 역사에 없었던 일처럼 교과내용에서 빼버려 왜곡이 한층 심했다.

'새 역사교과서를 만드는 모임'이 역사왜곡 앞장 서

'새 역사교과서를 만드는 모임'은 이에 그치지 않고 한발 더 나아가 2005년 3월 검정에서 '독도가 국제법상 일본 땅'이라는 내용을 새로 넣어 합격하자 지난 3월에는 아예 '독도가 일본영토'라고 못 박아 문부성의 검정 심의를 통과하기에 이르렀다.

이 극단적인 자국이기주의 단체는 1996년 12월에 결성되었다. 이 모임은 이른바 '자학사관自虐史觀 극복'이라는 구호를 내걸고 과거 군국주의·황국사관에 바탕을 둔 교과서 만들기에 주력하고 있다. 이들은 특히 제국주의시대 일본 역사의 잘못된 부분을 반성하고 이를 객관적으로 표현하는 역사기술을 자학사관이라 비판하며, 이런 양심적인 학자들을 비애국자로 공격한다. 전전 일본의 대륙침략은 당시 유행한 제국주의 조류였을 뿐 일본의 잘못이 아니며 특별히 사과할 필요도 없다는 게 이들의 주장이다.

그래도 한 가지 다행인 것은 이들이 만든 교과서가 아직은 일본 국민의 호응을 얻지 못하고 있다는 점이다. 지난해의 경우 이 교과서를 교재로 채택한 일본 학교는 전체의 1퍼센트를 조금 넘는 정도였다. 그러나 조금씩이나마 매년 채택률이 늘어나고 있는데다 문부성 관리들을 비롯한 일본 보수지도층 정치인과 언론인들이 대거 이 모임을 지원하고 있어 문제를 점점 더 어렵게 만들고 있다.

잘못 사용하고 있는 역사용어부터 바로 고쳐야

그렇다면 우리의 실정은 어떤가. 한일 간 문제가 되고 있는 역사용어 하나 제대로 정리하지 못하고 있는 게 우리네 현실이라면 지나친 비하일까. '병합'이라는 용어만 해도 그렇다. 일본 역사서에 의하면 이 용어는 대한제국 병탄을 앞둔 1909년 4월 당시 일본 외무성 정무국장 구라치 데츠키치倉知鐵吉가 국가 패망과 영토 편입을 의미하면서도 강압적인 어감을 순화할 목적으로 만들어 낸 말이라

저자의 대일항쟁기 뉴스레터 기고

고 한다. 다시 말하면 이 조어造語는 대한제국이 스스로 국권을 내놓아 나라를 합쳤다는 의미로 쓰며, '합방', '합병', '병탄'과는 개념이 다르다는 학자들의 설명이다. 그런데도 우리는 아무 거리낌 없이 이를 그대로 사용하고 있다.

　사실 나는 이처럼 일본이 '역사교과서 왜곡'을 신호로 그들의 과거 침략행위를 부정하는데 자극, 지난 2000년부터 한일근대사 바로보기 작업을 계속하고 있다. 그 결과 지금까지《황국사관의 실체》,《후쿠자와 유키치―탈아론을 어떻게 펼쳤는가》,《이토 히로부미 알려지지 않은 이야기들》,《일본 군국주의의 괴벨스 도쿠토미 소호》,《야나기 무네요시의 두 얼굴》,《인물로 본 일제 조선 지배 40년》 등 모두 여섯 권의 일본 제국주의시대 관련 책을 냈다.

　이 책들은 대부분 국내에서는 좀처럼 대할 수 없는 내용을 담

고 있다. 특히《후쿠자와 유키치—탈아론을 어떻게 펼쳤는가》는 일본 최고액 지폐 만 엔짜리의 얼굴로 일본을 상징하고 있는 '분명본자' 후쿠자와가 실은 '조선 침략이론의 선구자'였음을 국내 처음 밝혀낸 책이다.

이와 함께 '조선 무단통치' 이론가였던 도쿠토미 소호의 극우사상을 해부한《일본 군국주의의 괴벨스 도쿠토미 소호》와 일본 민예운동가로 3·1운동 때 '조선 편에 선 보기 드문 일본지식인'으로 알려진 야나기 무네요시가 조선 침략의 이데올로그였다는 사실을 규명한《야나기 무네요시의 두 얼굴》도 지금껏 국내에는 알려지지 않은 내용으로, 일제시대사 이해와 연구에 없어서는 안 될 귀중한 자료이다. 우리는 제2차 세계대전 후 남북분단과 곧바로 이어진 6·25전쟁, 친일세력의 장기집권, 먹고사는 문제 등으로 그동안 일제강점시대를 청산하지 못한 게 사실이다. 아니 일제의 침략상도 제대로 규명하지 못했다고 표현해야 더 옳을지 모르겠다.

이런 현실에서 대일 항쟁기 강제동원 피해조사 및 국외 강제동원 희생자 등 지원위원회도 이 역사전쟁의 최일선에 서 있다고 말하지 않을 수 없다. 철저한 조사와 함께 피해실상을 구체적이고도 논리적으로 정리하고 세계 공통어로 번역, 전 세계 유수 연구기관과 도서관 등에 배포하여 일제침략의 실상을 알리는 일은 결코 빼놓을 수 없는 중요한 일이다. 일그러진 민족정기가 바로 설 수 있도록 대일 항쟁기 강제동원 피해조사 및 국외 강제동원 희생자 등 지원위원회의 노력을 기대해본다.

제4장

왜 헌법을 고치려 하는가

1. 무기 수출을 위한 전략?

모두가 알고 있듯이 '무기武器'란 전쟁이나 싸움에 사용되는 기구를 통틀어 이르는 말이다. 이 용어는 전쟁이 시작되면서 '병기兵器'라는 말과 함께 널리 쓰여 왔다. 그러나 일본에서는 앞으로 '무기'란 말을 어쩌면, 적어도 공문서상으로는, 대하기 어려울 전망이다. 일본방위성 관계자와 무기제조·판매업자들이 이 용어 사용을 금기禁忌로 여기고 있는 까닭이다.

관련 용어까지 고쳐 무기 수출에 안간힘

나아가 방위성 관계자들은 '방위장비'라는 새로운 말을 만들어 '무기'를 미화美化하고, '무기 수출' 또한 '방위장비 이전'이라는 말로 바꾸어 '무기장사'를 눈가림하고 있다. 방위성 관계자들은 '군비軍備'도 '전력戰力'이 아니라 '실력實力'이라 일컫는다. 이유인즉 그렇게 말을 바꾸면 '죽음을 담보로 돈을 버는 무기상인'이란 비난을 피할 수 있으리라 믿기 때문이란다.

이와나미岩波서점이 발간하는 월간잡지 《세카이世界》는 2016년

6월호에서 〈죽음의 상인국가가 되고 싶은가死の商人國家になりたいか〉라는 제목으로 무려 68쪽(71~140쪽)에 걸쳐 (일본)군수산업에 대한 현실을 특집으로 심층 보도했다. 이에 따르면 일본은 헌법 제9조(일본국민은, 정의와 질서를 기조로 하는 국제평화를 성실히 희구希求하고, 국권의 발동인 전쟁과, 무력에 의한 위협 또는 무력행사는, 국제분쟁을 해결하는 수단으로서는, 영구히 이를 포기한다. 전항의 목적을 달성하기 위해, 육해공군 기타 전력戰力은, 이를 갖지 않는다. 나라의 교전권交戰權은, 이를 인정하지 않는다)에 규정한 바대로 더 이상 '평화국가'라는 이미지를 유지할 수 없게 되었다.

학자들의 연구를 종합해 보면 일본은 지난 2010년까지만 해도 '무기 수출 3원칙'을 내세워 일본 경제를 무기생산과 수출에 의존하지 못하게 제어하는 효과를 거뒀다고 한다. '무기 수출 3원칙'이란 다른 나라가 무력武力을 보유하는데 가담하지 않을 것을 약속한 일본무역 내규이다.

이 원칙은 1962년 3월 공산국가에 대한 무기 수출은 대공산권 수출통제위원회(COCOM, NATO 제국을 중심으로 1949년에 설립되어 일본과 호주도 회원으로 가입했으나 소련 붕괴후 해체되었다)의 규정에 따른다는 일본 통산성 통상국장의 국회 답변으로부터 문제되기 시작했다.

냉전과 한국전쟁으로 재군비 기회 잡아

그해는 1950년에 일어난 한국전쟁이 서방과 공산국가의 대결로 확전되면서 냉전 또한 격화되고 있었다. 이에 미국은 독일과 일본을 미국의 군비전진기지로 끌어들여 미군의 병기제조·수리를 맡김과 동시에 두 나라의 재군비를 추진하게 되었다. 패전 후 모든 군비와 무기산업은 물론 민간항공을 포함한 항공기의 개발·제조·운용마저도 금지 당했던 독일과 일본으로서는 운 좋게도 재기할 수 있는 절호의 기회를 맞이했다.

독일과 일본은 항공기 운용에서부터 무기와 항공기 제조·수리산업을 다시 시작했다. 특히 일본은 당시 최신예 대전초계기 P2V-7과 전투기 F-104J를 면허생산하고, T-1제트연습기, P-2J항공기, 61식 전차 등을 잇달아 개발했다. 기관총을 비롯한 일반 무기도 패전 직후의 공백기를 극복하고 선진국 기술을 따라잡았다. 그 가운데서도 1962년에 완성한 UF-XS는 현재의 대형비행정 US-2의 밑바탕기술로, 세계 첨단을 능가할 정도였다고 한다.

이런 동서냉전 속에 일본은 제1선의 무기제조·수리뿐만 아니라 첨단무기의 개발능력을 갖추게 되었고, 이를 다른 나라에 제공하지 않는다는 것을 국가의 원칙으로 정했다. 물론 일본의 무기 수출 불허 배경에는 미국 기술이 일본을 통해 공산국가로 넘어가는 것을 미리 막고, 일본이 무기대국으로 대두하는 것을 차단하고 싶은 미국의 본뜻이 크게 작용했다. 또 일본국민 대다수가 헌법과 함께 이 원칙을 지지하고, 야당이나 시민운동단체로부터 '무기 수출 3원칙'에 대한 반대론이나 이의가 나오지 않은 것도 한 몫을 했다고 학계는 설명한다.

어쨌거나 '무기 수출 3원칙'은 냉전이 계속되는 가운데 사토 에이사쿠佐藤榮作가 수상이던 1967년 4월 21일 국회에서 "무기 수출은 종전부터 수출무역관리령에 의해 규제되고 있고, 특히 ①공산국가, ②국제연합(UN) 결의에 따라 무기 등의 수출이 금지된 나라, ③국제분쟁의 당사국 또는 그 우려가 있는 나라에 대해서는 무기를 수출해서는 안 된다"고 답변함으로써 틀을 갖추고 제 기능을 발휘하게 되었다(《세카이世界》 2016년 6월호 82~84쪽).

'무기 수출 3원칙'은 그로부터 반세기 가깝게 별 탈 없이 작동해 왔다. 그러나 2011년 12월 27일 '기본 틀'이 무너졌다. 당시 후지무라 오사무藤村修 관방장관이 담화를 통해 "①평화공헌·국제협력에 따른 방위장비품(무기)은 해외이전을 허용한다. ②목적 외 사용·제3국 이전은 엄격한 관리를 전제로 한다. ③안전보장 면에서 협력 관계에 있는 나라와의 공동개발·생산이 일본의 안전보장에 이익이 될 경우 이를 추진한다"는 새 방침을 발표한 것이다. 민주당의 노다 요시히코野田佳彦가 정권을 잡고 있을 때였다.

종래의 3원칙을 크게 일탈逸脫한 내용이 연말에, 그것도 관방장관 담화라는 가벼운 형식으로 발표된 데는 그럴만한 이유가 있었다. 관방장관 담화보다 일주일 앞선 12월 20일 민주당정부는 각료회의에서 F-35전투기를 차기 항공자위대용으로 도입키로 결정했다. 항공자위대로서는 당초 F-22를 선호했으나 미국이 수출을 허용하지 않아 기종을 F-35로 바꿔야만 했다. 하지만 F-35는 국제 공동개발·생산 전투기여서 '무기 수출 3원칙'을 개정하지 않으면 들여올 수 없었다. 즉 살 물건을 먼저 결정해버리는 바람에 그에 부합하도록 부랴부랴 '무기 수출 3원칙'을 손질할 수밖에 없게 된 것이다.

'방위 장비 이전 3원칙' 새로 만들어 무기 수출 장려

그러나 이 원칙마저도 2012년 자민당의 아베 신조가 재집권하면서 역사 속으로 사라졌다. 아베 내각은 2014년 4월 1일 '방위 장비 이전 3원칙'이라는 새로운 무기 수출 원칙을 각의에서 결정, 내외에 선언했다. 공교롭게도 그날은 '만우절'이었다.

'방위 장비 이전 3원칙'은 종전의 '무기 수출 3원칙'과 달리 국산무기를 자유롭게 수출할 수 있도록 장려하는 '국책'이다. 다만 ① 이전(수출) 금지대상을 △일본 정부와 체결한 조약이나 그 밖의 국제의무 위반 △UN안보리 결의 위반 △분쟁 당사국 등으로 한정하고, ②이전 대상(국)에 대한 엄격한 심사와 정보공개 ③목적 외 사용과 제3국 이전에 대해 일본 정부의 사전 동의를 상대국에게 의무화한다는 세 가지 규정을 전제조건으로 하고 있다. 이로써 일본의 무기 수출 금지 원칙은 없어지게 되었다.

이 정책이 발표되던 날 세계 주요 매스컴은 "아베 정권이 아베노믹스를 내걸어도(2012년) 좀처럼 경제가 나아질 기미를 보이지 않자 마침내 무기 수출이라는 비상 카드를 꺼내들었다"고 비판하고, "일본은 더 이상 평화국가가 아니다"고 크게 보도했다.

여론의 비판이 있건 말건 무기 수출을 허용한 아베 정권은 이어 2015년 10월 1일 '방위장비청'을 신설, 본격 업무에 들어갔다. '방위장비청'은 무기 조달과 개발은 말할 나위없고 수출도 관장하고 있다. 일본 정부는 더하여 무기 수출무역보험도 국책으로 검토 중이다. 이는 무기를 수출한 상대국 정부 등이 지불 불능 상태에 이르러도 수출 기업은 이 무기무역보험에 가입해 두면 수출상대로부터 회수할 수 없는 대금을 '일본무역보험(NEXI)'으로부터 보전 받을 수 있게 하는 방안이다.

아울러 '방위장비청'이 이미 해외 인프라투자로 실적을 거둔 국제협력은행(JBIC)을 통하여 발전도상국의 무기 수입업자·은행·외국정부 등에 무기 구입자금을 저리로 융자해 주거나 직접 무기를 사들여 발전도상국에 무상으로 양도하는 방안, 해외에서 무기를 만드는 합병(JV)회사에 출자를 허용하는 방법 등 여러 가지 무기 수출 촉진을 위한 지원제도를 마련 중이라고 한다(《세카이》 2016년 6월호 90~91쪽).

오노즈카 도모지小野塚知二(도쿄대 교수)는 〈무기 수출과 아베노믹스의 파탄〉이라는 제목의 글에서 "'방위장비'란 '무기'를 가리키는 일본의 관청 용어이나, 원칙적으로 수출할 수 없을 때는 '무기'로 통하지만 수출할 수 있게 되면 자위대의 무기처럼 '방위장비'라는 말로 바뀌는 것이 주목된다"고 지적하고, "무엇보다 '무기'를 '방위장비'라는 말로 바꾸면 그 유지도 수출도 허용된다는 발상이 퍽 흥미롭다"고 비판했다(《세카이》 2016년 6월호 86쪽).

요코하마에서 일본 첫 무기 전시회도 열어

아베 정부는 이와 함께 2015년 요코하마시에 있는 퍼시픽요코하마(컨벤션센터)에서 5월 13일부터 15일까지 방위·외무·경제산업성 후원으로 일본 최초의 대형무기 전시회를 개최했다. '마스트 아시아 2015'로 명명된 이 전시회에는 3,300여 명의 각계 인사들이 참석, 대성황을 이루었다. 구미 각국의 해군사령관을 비롯하여 아시안(ASEAN)·중동 등 세계 40개국의 군 간부들이 얼굴을 마주했다. 방산기업으로는 미국 록히드 마틴(Lockheed Martin)사를 비롯하여 세계 120개 사가 참가했다. 일본에서는 미츠비시三菱중공, 엔이씨(NEC), 기와사키川崎중공 등 12개 사가 자리를 함께했다.

전시장 넓이는 3천여 평방미터. 벚꽃 무늬가 전시장을 장식한 일본 전시대에는 해상자위대의 최신형 '소류' 잠수함을 1미터 크기로 줄인 모형잠수함, 저팬 마린 유나이티드가 개발한 호위함 '이즈모'와 수륙양용차 모형 등이 전시되어 눈길을 끌었다. 일본 방위기업 담당자와 자위관들은 행사 기간 내내 현장에 나와 제복차림의 해외군인들에게 팸플릿을 나눠주며 영어로 질의에 응답했다. 그리고 현장견학을 희망한 해외참가자들에게는 행사장에서 40킬로미터쯤 떨어진 요코스카横須賀 해군기지까지 안내하여 항구에 정박된 '이즈모'함을 공개하기도 했다.

모리모토 사토시森本敏 당시 방위상은 전시회 마지막 날 회견에서 "새 방위정책이 발표되던 작년 4월만 해도 많은 기업들은 무기상인으로 낙인찍히는 리스크를 짊어지고 싶지 않다는 신중한 반응이었으나, 일부이지만 성공이야기가 보도되어 이 분야에 비즈니스 찬스가 열렸다는 사실을 알아차리기 시작했다"며 "일본 기업이 방위장비 이전사업에 보다 적극적으로 참여해 달라"고 호소했다.

일본 무기 전시회는 1차 전시 때의 약속대로 2017년 제2회로 이어졌다. 하지만 장소는 지바千葉縣현 마쿠하리幕張메시지로 바뀌었다. 6월 12일부터 14일까지 사흘 동안 계속된 제2회 무기 전시회에는 일본의 14개 사를 포함, 세계 18개국 125개사가 전시품을 내놓아 저마다 기술력을 자랑했다. 관람객도 4,200여 명에 이르렀다.

정부의 적극적인 장려 영향일까. 일본의 무기 수출은 날개를 단 모양새다. 수출 품목도 패트리엇 미사일(PAC-2)의 타격목표를 제어하는 시카 자이로라는 부품으로부터 미사일용 반도체, TC-90항공연습기, P-1초계기, US-2항공기, C-2수송기에 이르기까지 실로 다양하다.

무기연구와 생산을 병행하는 일반기업도 늘어나는 추세란다. 그 중에서도 미츠비시중공업과 가와사키중공업이 선두그룹을 이루고 있다. 둘 다 잠수함이 주력 상품이다. 두 회사는 모두 고베神戸에 제조거점을 두고 있다. 이들은 거의 매년 1척씩 교대로 잠수함을 생산하고 있다고 한다(《세카이》 2016년 6월호 109쪽).

일본의 군사비 연 454억 달러로 세계 8위

그럼 세계 각국의 군사비 규모는 얼마나 될까.

스웨덴의 싱크탱크 '스톡홀름국제평화연구소(Stockholm International Peace Research Institute, SIPRI)'에 의하면 2017년도 세계 군사비는 1조 7,386억 달러에 이르렀다. 1991년의 6,790억 달러에 견주면 2.5배가 늘어난 액수이다.

군사비가 가장 많은 나라는 미국으로 6,098억 달러이고, 2위는

2,282억 달러의 중국이었다. 그 다음은 사우디아라비아 694억 달러, 러시아 663억 달러, 인도 639억 달러, 프랑스 578억 달러, 영국 472억 달러, 독일 443억 달러 순이었다. 일본과 한국은 각각 454억 달러와 392억 달러로 8위와 10위였다. 국가별 군사비 비중은 미국이 35.3퍼센트, 중국 13.1퍼센트로 전체의 48.4퍼센트를 차지했다. 사우디아라비아는 4.0퍼센트, 러시아 3.8퍼센트, 인도 3.7퍼센트, 프랑스 3.3퍼센트, 영국 2.7퍼센트, 일본 2.6퍼센트, 독일 2.5퍼센트, 한국 2.3퍼센트 등으로 나타났다(http://www.garbagenews.net/archives/2258794.html).

무기 수요는 중동지역에서 급증하고 있다. 이슬람 과격파 조직 이슬람국(IS)에 의한 분쟁과 시리아전쟁 등 끝이 보이지 않는, 일상화된 전쟁이 주 원인으로 꼽힌다. 이 지역의 무기 수입은 2005~2009년 동안에 비해 2010~2015년 기간 평균 61퍼센트의 증가율을 보였다.

SIPRI에 의하면 중동에서 가장 많은 무기를 수입하고 있는 나라는 아랍에미리트연방(UAE)이다. UAE는 2001년부터 무기수입대국으로 부상, 같은 기간 35퍼센트의 증가율을 보였다. 특히 카타르는 279퍼센트나 폭증했다. 카타르는 자체 무기공장을 확대하면서 여러 길로 무기를 수입하고 있다. 미국으로부터 전투용 헬리콥터 24대, 조기경보기 3대, 방공시스템 9개 등을 구입하고, 프랑스로부터는 전투기 24대를 사들였다. 뿐만 아니라 독일에서도 전차 52대를 구매했다. 이라크도 2014년과 2015년 미국에서 전투기 18대, 러시아에서 전투헬리콥터 21대를 들여오는 등 83퍼센트나 늘렸다.

일본 기업의 군수軍需 의존율 평균 4퍼센트

일본방위성의 무기조달 시장은 2조 엔 안팎이라고 한다. 이는 전 공업생산력 250조 엔의 0.8퍼센트 수준이다. 일본국내 대기업의 군수 의존율을 보면 가와사키川崎중공업이 14퍼센트로 가장 높고, 제일 규모가 큰 미츠비시三菱중공업은 11.4퍼센트로 2위이다. 일본 기업 중 군수품이 전체 매출의 1할을 넘는 업체는 이 두 개 회사로 알려졌다.

이 밖에 히타치조선日立造船은 9.6퍼센트, 일본전자계산기 8.5퍼센트, 코마츠 8.4퍼센트, IHI 6.7퍼센트, 미츠비시전기 4.1퍼센트, 도시바東芝 1.1퍼센트, NEC 1.1퍼센트 등으로 조사되었다. 일본 기업의 군수의존도(2012년 6월 현재)는 평균 4퍼센트 정도란다《세카이》 2016년 6월호 92쪽).

방위청 간부는 "방위장비 이전을 추진함으로써 방위장비의 보수나 정비 등을 포함, 수출 상대국의 군인과 교류를 깊게 할 수 있고, 일본의 안전보장이 강화되며, 전쟁 억지력을 높이는 효과를 가져 올 수 있다"고 장담한다.

반면 오노즈카 도모지는 "성장전략이라는 점에서 무기 수출이 최적 해법이 아닐 뿐만 아니라 이러한 여러 가지 점에서 마이너스 효과에도 생각이 미치면 일본이 무기를 수출할 수 있는 '보통의 나라'가 된다는 것은 '바보'의 선택이라고 말할 수밖에 없다"고 꼬집었다《세카이》 2016년 6월호 79~89).

이쯤 되면 일본이 왜 헌법 개정을 서두르는지 알만 하지 않을까. 굳이 그 답을 말한다면 물론 '자국방위'가 주요 구실일 테지만 국제도의상 지금의 이른바 '평화헌법'을 그대로 놔둔 채 드러내놓고 '인명살상을 목적으로 한 무기장사'를 할 수는 없기 때문이 아니겠는가.

'방위장비 이전 3원칙'엔 개헌의지도 담겨

일본의 헌법 개정은 국회의원 3분의2(중·참의원 각각 3분의2)의 찬성과 국민 과반수 이상의 찬성으로 이루어지게 된다. 자민당 정권은 2018년 현재 연립여당 공명당을 합쳐 중·참의원에서 각각 3분의 2 이상의 의석을 확보하고 있어 국회통과는 그리 어렵지 않은 상황이다. 다만 국민 생각이 문제이다. 여론 조사결과 아직은 반대쪽이 다소 많은 것으로 나타나 자민당 '헌법 개정 추진본부'도 신중하게 접근해 왔다. 그러나 2018년 9월 20일 실시된 일본자민당 총재선거에서 3선에 성공한 아베는 극우강경파를 헌법개정위원으로 임명, 현행 '평화헌법'을 버리고 군대를 갖는 '무장국가'로 헌법을 고치는 작업을 밀어붙이고 있어 일본열도에 긴장감이 감돌고 있다.

아무튼 분쟁지에서 사람들의 목숨을 빼앗고 있는 것은 대개의 경우 다른 선진국 등으로부터 수출된 무기이다. 무기의 존재 그 자체가 분쟁의 원인이 되고 있는 경우도 적지 않다. 일본은 결국 무기수출을 자유화함으로써 '국제 평화를 성실히 희구하는' 나라임을 포기하고 전쟁의 상기商機를 잡는 '죽음의 상인 국가'에의 길을 택했음은 자명하다.

일본 정부는 "일본제(메이드 인 재팬)가 평화국가, 평화산업의 대명사로 존재하려면 이제라도 무기 수출 장려방침을 철회해야 한다"는 양식 있는 학자들의 경고를 귀담아 들어야 할 것이다(이 기사는《세카이》2016년 6월호 무기관련 특집을 우리말로 옮겨 다시 작성했음을 밝혀둔다).

2. 핵연료 재처리공장이 가동되면…

일본 대규모 '플루토늄 재처리공장' 건설

플루토늄(plutonium, Pu)은 우라늄235와 함께 핵폭탄의 주 원료이다. 우라늄235보다 핵분열성이 높아 핵무기를 필요로 하는 분쟁 국가나 핵 테러리스트들의 유혹을 받고 있는 방사성물질이기도 하다. 플루토늄의 위력이 얼마나 대단한가는 이미 1945년 8월 9일 일본 나가사키長崎에 투하된 원자폭탄 '팻 맨(Fat man)'이 여실히 말해주고 있다(제1장 '일제는 왜 전쟁에서 패했나' 참조).

플루토늄은 원자력발전소에서 농축우라늄연료를 다 태우고 난 이른바 '사용후핵연료'에 우라늄, '죽음의 재(핵분열 생성물)' 등과 함께 존재한다. 하지만 그 속에 섞여있는 플루토늄 양은 1퍼센트에 불과하다. 플루토늄은 원전原電의 연료燃料로도 쓰인다.

세계유일의 피폭국인 일본은 아이러니하게도 '플루토늄 재활용'을 원자력발전의 기본정책으로 삼고 있다. 이에 따라 아오모리青森현 롯카쇼무라六ヶ所村 일대 390만 평방미터에 플루토늄에너지 활용을 위한 '핵연료사이클기지'를 건설 중이다. 1993년부터 공사를

시작했으므로 2018년 현재 25년째이다.

일본은 당초 2009년 12월까지 시운전을 마무리하고 본격 가동에 들어갈 계획이었으나 공사장 내 사고, 고속증식로 개발지연, 세계 여론의 반대 등에 부딪쳐 준공시기를 24회나 미룬 채 오늘에 이르고 있다. 이처럼 공사가 장기간 늦어짐에 따라 당초 7,600억 엔으로 계상된 공사비는 2011년 2월 2조 1,930억 엔으로 크게 늘어났고, 2017년 7월에 이르러서는 2조 9,500억 엔(한화 약 29조 5,000억 원)으로 4배나 증가했다.

롯카쇼무라는 일본 혼슈本州의 가장 북쪽, 아오모리의 시모기타下北반도에 자리하고 있다. 지도상 오른쪽으로 태평양과 접해 있고, 남쪽으로 약 30킬로미터 떨어진 곳에는 미사와三澤시가 이웃한다. '롯카쇼 핵연료사이클기지'에는 '재처리공장'을 주축으로 '우라늄 농축공장', '저준위방사성폐기물매몰센터', '고준위방사성폐기물저장관리센터' 등 4개의 핵시설이 콤비나트(kombinat, 공장결합)를 이루고 있다(http://www.cnic.jp/knowledgeldx/rokkasho).

고농축 우라늄 · 핵폐기물 시설 · '사용후핵연료' 재처리공장 등 모두 갖춰

'우라늄 농축공장'은 말 그대로 천연 우라늄을 농축하는 시설이다. 천연 우라늄은 99.3퍼센트의 핵분열이 어려운 우라늄238과 0.7퍼센트의 핵분열을 일으키기 쉬운 우라늄235로 이루어져 있다. 천연 우라늄 가운데 핵분열이 쉬운 우라늄235의 농도를 4~5퍼센트 정도 높여(고농축 우라늄) 원자로에 함께 넣으면 우라늄238도 핵분열을 일으키게 된다. 바꿔 말하면 천연 우라늄을 발전연료로 만들어내는 곳이다.

'저준위低準位방사성폐기물매몰센터'는 원자력발전소 운전에 따라 발생하는, 방사성이 비교적 낮은 저준위폐기물(황색 드럼통 등)을 땅속에 묻는 최종처분시설이고, '고준위高準位방사성폐기물저장관리센터'는 프랑스나 영국에 위탁, 처리하여 발생한 폐기물(약 7,100톤)을 일시적으로 저장하는 곳이다. 현재는 프랑스에서 일본에 반환된 고준위유리고화체固化体를 보관하고 있다.

'재처리공장'은 이 '핵연료사이클기지'의 핵심시설이다. 연간 800톤의 '사용후핵연료'를 화학 처리하여 약 8톤의 플루토늄을 분리할 계획이다. 이를 위해 3,000톤의 '사용후핵연료'를 보관할 수 있는 저장시설도 갖추고 있다. 따라서 현재 일본에서 가동 중인 50기의 원전에서 나온 '사용후핵연료' 폐기물은 모두 '재처리공장'에 모이게 된다.

'재처리공장'은 방사능을 원료로 한 거대한 화학플랜트여서 핵분열성 물질이 예기치 못한 원인에 의해 제어불능 상태가 되는 임계사고臨界事故·방사능 누출·피폭사고·화재·폭발사고 등 위험이 상존한다. 그래서 핵연료재처리기술의 '첨단'으로 평가받는 프랑스의 선진기술을 지원받고 있다. '재처리공장'에는 지금도 수십 명의 프랑스기술진이 상주하며 작업을 돕고 있다.

일본은 이보다 앞서 발전용원자로의 초기연료로 '분리 완료 플루토늄'을 쓰기로 계획하고 1969년부터 2001년까지 프랑스와 영국에 '사용후핵연료'를 재처리해주도록 의뢰했다. 이와 함께 1971년 6월 이바라기茨城縣현 도카이무라東海村에 있는 동해연구개발센터 핵연료사이클공학연구소에 '사용후핵연료' 재처리공장을 설립, 기술습득에 나섰다. 그리고 6년 만인 1977년 11월 플루토늄을 추출하는데 성공했다. 일본은 냉전이 한창이던 그해 9월 미국과 협상을 벌여 핵재처리 승인을 받았다고 한다. 동해연구개발센터 핵연료사이클공학연구소의 처리능력은 연간 210톤이다. '롯카쇼 재처리공장'은 도카이무라東海村 시설을 대체하기 위해 세운 것으로 알려졌다(《세카이》 2016년 1월호 224쪽).

나가사키형 원자탄 6만 발 분량의 플루토늄이 지구 위협

주지하다시피 미국을 비롯한 영국·프랑스·러시아 등 세계 강국은 냉전이 시작되면서 핵폭탄원료 확보와 에너지활용을 위한 플루토늄 재처리에 혈안이 되었다. 그 결과 현재 전 세계에는 500여 톤의 분리 완료 플루토늄이 사용처를 찾지 못하고 위험에 노출되고 있다(《세카이》 2016년 1월호 222쪽).

이 가운데 250여 톤은 핵폭탄에서 분리된, 냉전이 가져다준 달갑지 않은 유산이고, 나머지 250여 톤은 세계 각국의 원자력발전소가 발전을 마치고 버린 '사용후핵연료'를 다시 화학 처리하여 분리한 것이다. 핵무기용 플루토늄은 미국과 러시아가 전체의 95퍼센트를 소유하고 있다. 미국과 러시아는 1989년 냉전종언 이후 핵무기 보유량을 크게 줄였는데, 거기서 많은 '잉여 플루토늄'이 생겨났다.

미국은 1994년 핵탄두수를 25만여 발에서 반으로 줄였고, 핵폭탄 제조용 플루토늄도 절반으로 감축, 38톤을 갖고 있다고 발표했다. 그러나 원전의 '민생용' 플루토늄이 늘어나 미국의 실제 남아도는 플루토늄은 50톤을 넘는다.

플루토늄은 군사부문에만 난제難題가 따르는 게 아니다. 민생용 플루토늄도 얼마든지 핵폭탄용으로 돌려쓰기가 가능하기 때문이다. 민생용 플루토늄은 주로 영국·프랑스·러시아·일본 등 4개국이 보유하고 있다.

일본은 나가사키형 핵폭탄 6,200여 발 분의 플루토늄 보유

일본의 경우 2014년 말 단계에서 47.8톤의 분리 완료 플루토늄을 갖고 있는 것으로 조사되었다. 이 가운데 10.8톤은 일본국내에 보관중이고, 20.7톤은 영국에, 16.3톤은 프랑스에 각각 맡겨놓고 있다. 일본 원자력위원회사무국이 2015년 7월 21일 공개한 자료에 의하면 영국은 2018년 '열중성자로 산화물연료 재처리공장(Thermal Oxide Reprocessing Plant)'의 운전을 종료할 때까지 1톤을 더 '계상할 예정'이어서 일본의 플루토늄 보유량은 실질적으로 50톤에 가까울 전망이다(《세카이》 2016년 1월호 225쪽).

'국제원자력기구(IAEA)'는 원자폭탄 한 발을 만드는데 필요한 플루토늄 양을 8킬로그램 정도로 어림한다. 이를 기준하면 일본이 갖고 있는 분리 완료 플루토늄은 나가사키형 핵폭탄 6,200여 발을 만들 수 있는 양이다.

1960년대부터 플루토늄원자로 개발에 나섰으나 성공 미흡

역사가 말해주듯이 플루토늄 분리사업이 대규모로 시작된 것은 1960년대의 일이다. 당시는 연쇄반응을 일으키는 우라늄235를 원료로 한 경수로발전이 대세를 이루었다. 따라서 천연 우라늄에 0.7퍼센트밖에 들어 있지 않은 우라늄235 값은 만만치 않았다. 게다가 이를 경쟁적으로 쓰다보면 곧 바닥을 들어낼 것으로 예측되었다.

그래서 공업선진국은 우라늄238도 원자로에서 중성자를 흡수하면 연쇄반응을 일으키는 플루토늄으로 바뀌는 성질을 갖고 있다는 사실에 착안, '플루토늄 증식로'개발에 나선 것이다. 우라늄에 중성자를 가하면 플루토늄이 된다는 사실은 미국의 글랜 시보그(Glenn T. Seaborg 핵화학자) 연구팀이 1940년 원자폭탄을 개발하면서 처음 발견했다. '증식로'는 소비하는 이상으로 많은 핵분열성 물질을 만들어내는 원자로를 말한다. 즉 풍부한 우라늄238을 원자로에서 연소시켜 동력으로 쓰면서 노심爐心(핵연료 다발)에서 생기는 중성자를 이용하여 플루토늄을 만들고 이를 재처리하여 핵연료로 다시 쓰는 발상이다.

그러나 과학자들의 연구결과를 보면 플루토늄을 증식시키려면 경수로에서 보다 많은 중성자를 만들어내는 연쇄반응이 필요하다. 연쇄반응은 고속중성자로 가능하나, 중성자는 경수로 냉각수 속의 가벼운 수소 원자핵에 수회 충돌하면 속도가 떨어져 버린다. 이 느린중성자는 경수로에서 에너지를 생산하는 점에서는 효과적이지만, 플루토늄의 핵분열에서 발생하는 2차 중성자의 수는 고속중성자 정도로 많지 않다. 때문에 다른 냉각재를 생각하게 되었다. 이윽고 찾아낸 것은 용융(액체) 나트륨이었다. 하지만 액체나트륨은 공기나 물을 접촉하게 되면 타게 된다. 그런 까닭에 증식로의 유지와 연료교환을 어렵게 한다. 따라서 거의 모든 원형증식로는 비용이 비싼데다 위험성이 높아 실효성이 떨어지는 것으로 증명되었다(《세카이》 2016년 1월호 223쪽).

게다가 세계의 원자력 발전 용량은 1990년에 견주어 별로 변동이 없고, 다른 원료에 비해 저렴한 우라늄도 예상보다 훨씬 많은 양이 발견되었다. 따라서 우라늄 값은 예상과는 달리 오르지 않았고, 1990년대쯤 상업화될 것으로 기대되던 원형증식로도 성공을 거두지 못했다.

일본 고속증식로계획 중지되면 플루토늄 재처리 정당성 잃어

실제로 1989년 이후 건설된, 분리 완료 플루토늄을 연료로 쓰는 고속증식로는 기껏 3기基에 지나지 않는다. 일본 후쿠이福井현 츠루가敦賀의 '몬쥬もんじゅ(발전량 28만 킬로와트)', 인도의 원형고속증식로(50만 킬로와트), 러시아의 BN-800(88만 킬로와트) 등이다.

그나마 '몬쥬'는 일본 정부가 2016년 12월 21일 폐로廢爐를 결정하고 말았다. 몬쥬는 일본 정부(원자력연구개발기구)가 발전에 사용한 이상의 핵연료를 생산하는 '꿈의 원자로' 실현을 위해 1985년부터 1조 엔의 거액을 들여 만든 연구용 원자로로 1995년 8월 29일 운전

몬쥬 플루토늄 고속증식로
사고가 빈번하여 결국 2016년 12월 문을 닫았다.

을 시작했다. 그러나 발전을 시작한 지 3개월 9일 만인 그해 12월 8일 액체나트륨 누설 화재가 발생하는 등 사고가 잇달아 최후를 맞이했다. 인도의 원형고속증식로도 2019년으로 시운전이 연기되었다. 현재(2018년 8월) 발전을 하고 있는 곳은 2016년 11월부터 가동을 시작한 BN-800뿐인 것으로 알려지고 있다.

이처럼 고속증식로의 상업화 부진으로 프랑스와 일본·영국은 민생용 잉여 플루토늄의 다른 처분방법을 찾아내는 것이 필요하게 되었다. 일본은 일단 프랑스처럼 경수로의 혼합산화물 핵연료(MOX mixed oxide fuel, 이산화우라늄UO2과 이산화플루토늄PuO2의 혼합물을 성형 가공하여 고속증식로 등에 사용하는 연료)로 사용하기로 했다.

그러나 이 MOX계획마저도 진전을 보이지 못하고 있다. 원전을 끼고 있는 여러 지방자치단체가 MOX연료 반입을 반대하고 있기 때문이다. 실제로 1999년까지 프랑스에서 MOX연료로 만들어진 일본 플루토늄은 20톤 이상이지만 2.5톤만 2011년 3월 동해대지진 피해를 입은 후쿠시마福島원전 4기基에 들어가고 나머지는 사용되지 않았다. 그런데 공교롭게도 MOX연료를 넣은 4기 중 한 기의 핵연료다발(노심)이 지진 때 녹아내렸다(www.asahi.com/special/nuclear.../August2013).

어쨌거나 일본의 고속증식로 계획이 중단되면 플루토늄 재처리정책은 완전히 정당성을 잃게 된다. 플루토늄을 발전용원자로의 초기연료로 장착, 전량을 원자로 연료로 소모할 것을 전제조건으로 정책을 입안했기 때문이다.

세계 각국의 포기권유에도 플루토늄재처리 고집

이미 설명했듯이 미국과 일본은 각각 50여 톤에 이르는 잉여 플루토늄을 안고 그 처분에 골머리를 앓고 있다. 그러나 두 나라는 처리방법에 커다란 차이를 보이고 있다.

미국은 앞으로 군사용이든 민생용이든 플루토늄을 분리하지 않을 방침이다. 미국은 '사용후핵연료'를 일단 오래된 차례로 공랭식空冷式의 건식乾式 저장통에 옮겨 재처리 비용과 위험을 줄인 다음 방사능 차단용 특수유리로 고화固化시켜 지하 5킬로미터 아래에 묻는다는 계획이다. 이는 미국정부 에너지·국가안전보장관계 전문가 14명이 2015년 9월 8일 건의서를 통해 '사용후핵연료' 폐기물을 MOX연료로 재처리하는 방식을 중지하고 직접 처분하는 방법으로 바꾸도록 에너지 성 장관에게 요청함에 따른 조치이다.

그렇지만 일본은 미국의 방침에 아랑곳하지 않고 오히려 플루토늄 재활용에 더욱 집착하는 모습이다. 일본 정부가 '몬쥬'폐로 발표 다음날(2016. 12. 22) 또다시 '고속증식로'개발계획을 발표한데서도 의지를 읽을 수 있다.

또 '재처리공장' 운영자인 일본원연原燃은 2015년 11월 16일 공장 준공시기를 2018년 상반기로 연기한다고 발표했다. 이유인즉 후쿠시마원전 폭발로 원자력 규제위원회의 규제기준이 강화되어 새 기준에 따른 긴급 시 대책소와 저수조를 만들 필요가 생겼기 때문이란다.

그런 가운데 '재처리공장'의 허점은 계속 드러나고 있다. 2017년 10월 11일 비상용발전기가 들어있는 건물에 빗물이 새는 장애가 발생했음에도 이를 찾아내지 못하고 점검일지에 '이상 없음'이라 기재한 것은 한 예에 불과하다. 허위기재 사실을 접한 원자력규제위원회는 즉각 이는 보안규정에 위배된다며 시설가동의 전제조건인 안전심사를 정지하기로 결정했다.

이를 취재한 일본방송(NHK)은 2017년 12월 28일 "아오모리 핵연료 재처리공장에서는 건물에 빗물이 유입되는 등 안전관리상 문제가 잇달아 발생, 원자력규제위원회가 본격 운전의 전제조건인 안전심사를 중단하고 있다. 이런 상황을 맞은 일본원연은 '2018년 상반기'로 하고 있던 준공 목표를 3년 정도 연기하는 방향으로 조율하고 있는 것이 관계자에의 취재로 밝혀졌다"는 내용의 뉴스를 내

보냈다.

노벨평화상 수상자들 재처리공장 가동 극구 반대

이와 같은 '재처리공장'의 운전지연으로 일본의 플루토늄은 계속 불어나고 있다. 재처리 시운전에서 분리된 플루토늄만도 3.6톤이나 된다.

일본의 '플루토늄 재처리정책'에 부정적인 미국의 핵물리학자 프랭크 히펠(Frank N. von Hippel, 프린스턴대학 교수) 박사는 설령 '재처리공장'이 가동된다 하더라도 문제가 전혀 없는 것은 아니라고 말한다. 즉 '재처리공장'에서 플루토늄 분리속도에 맞춰 MOX제조공장이 순조롭게 돌아가지 않거나(영국의 경우가 그렇다), 만들어진 MOX연료를 때맞춰 소비할 수 있을 만큼의 경수로가 가동되지 않으면(후쿠시마 사고 전 10년 간 프랑스로부터 수송된 MOX연료의 경우가 그렇다) 분리 완료 플루토늄은 계속 쌓이게 마련이라는 설명이다.

히펠은 일본이 실증實證된 MOX연료제조공장도 구체적인 MOX연료 사용 계획도 없이 재처리를 계속하려는 데 문제가 심각하다고 지적한다. 덧붙여 구체적인 MOX연료 사용 계획 없이 재처리를 추진하는 것은 '잉여 플루토늄'을 축적하지 않겠다는 호언을 뒤집는 일이어서 일본 정부의 신뢰성에 큰 의문을 낳는다. 일본은 1991년 국제원자력기구(IAEA)에 보낸 공문서에서 "필요 이상의 플루토늄, 즉 '잉여 플루토늄'을 갖지 않는다는 원칙을 지키겠다"고 국제공약으로 약속했다(《세카이》 2016년 1월호 226쪽).

이런 무리한 일본의 플루토늄 재처리정책에 대해 우려를 표명하는 난체도 석지 않다. 특히 노벨평화상 수상 단체 '과학과 국제문제에 관한 퍼그워시 회의(Pugwash Conferences, 1957년 7월 7일 캐나다 노바 스코셔Nova Scotia주 퍼그워시에 있는 철도왕 사이러스 스티븐 이튼 별장에서 10개국 22명의 과학자들이 모여 제1회 회의가 열렸다. 회의에서는 모든 핵무기는 '절대악'이라 규정했다)'는 2015년 11월 1~5일 일본 나가사키에서 연차총회를 마친 뒤 6일 아베 수상에게 '플루토늄 분리를 무기한 정지'하도록 요청한 서한을 보냈다. 요청서에 서명한 과학자는 모두 31명이었다.

이들은 이에 앞서 11월 5일 나가사키 현지사와 시장에게도 "플루토늄폭탄으로 큰 재앙을 당한 나가사키의 정치지도자로서, 플루토늄을 분리하는 유일의 비핵무기국인 일본이 이런 위험한 작업을 계속하도록 내버려둘 수는 없는 일이다"라며 "하루속히 중단하도록 아베 수상에게 환기시켜주기 바란다"는 내용의 서한을 보냈다. 서한에는 일본의 재처리문제가 세계적인 우려를 불러오는 핵무기문제라는 점을 적시하고 있다.

플루토늄은 '자원'인가 '재앙'인가

프랑스와 일본은 분리 완료 플루토늄을 '자원'으로 여기고 폐기처분에 '처분'이라는 말도 쓰지 않는다고 한다. 그러나 프랭크 히펠 박사의 논지를 요약하면 플루토늄은 분명 '지구의 재앙'이다. 히펠은 플루토늄 재처리는 경제적으로도 전연 의미를 갖지 못한다고 단언하고 있다. 비싼 비용도 문제지만 연료로서도 마이너스 가치밖에 없다는 생각이다.

실제로 원자력위위원회의 원자력발전·핵연료 사이클 기술검토 소위원회가 발간한 자료집《핵연료 사이클 비용 시산試算》(2011년 11월)에 의하면 재처리를 포함한 MOX연료제조 비용은 농축우라늄 연료에 비해 10배나 더 든다. 더군다나 전 세계 천연 우라늄 매장량은 590만 톤(세계핵협회 추정)으로 앞으로 90년은 더 쓰고도 남으리라는 추산이다. 히펠은 그럼에도 일본이 플루토늄 재처리를 고집하는 까닭을 알 수 없다며 반론을 이어가고 있다.

히펠은 미국이 분리 완료 플루토늄 증가를 줄이기 위해 일본을 설득하는 데 실패한데 대해 아쉬움을 드러냈다. 그는 오바마(Barack H. Obama) 전 미국 대통령과 아베 신조 일본 수상이 2014년 네덜란드 헤이그에서 열린 제3회 '핵안전 정상회의'(Nuclear Security Summit, 버락 오바마 전 미국 대통령이 재임당시 핵물질 확산을 막고자 제안한 국제회의. 2010년 4월 12~13일 미국 워싱턴DC에서 세계 47개국 수뇌가 참석한 가운데 제1회가 열린데 이어, 2012년 3월 26~27일 서울에서 제2회, 2014년 3월 24~25일 네덜란드 헤이그에서 제3회, 그리고 2016년 3월 31~4월 1일 미국 워싱턴 DC에서 제4회 회의가 열렸다. 오바마 대통령 임기가 끝남에 따라 종료되었다)에서 "플루토늄 최소화의 시급성을 인정하고 잉여 플루토늄을 하루속히 폐기하자"는 미일 공동성명을 이끌어냈음에도 일본측이 이를 이행하지 않아 빈말에 그쳤다고 꼬집었다.

일본은 플루토늄 재처리를 하고 있는 유일한 비핵무기국이다. 핵무기를 필요로 하는 집단은 플루토늄을 손에 넣기 위해 일본을 흉내 내어 '민생용'재처리라고 위장할 수도 있다. 실제로 인도는 1960년대 말부터 1970년대 초반까지 '민생용'이라 속이고 플루토늄 재처리의 길을 걸어 성공했다. 우리나라를 비롯한 수개 국이 같은 계획을 세웠다가 미국의 정치적 압력으로 포기한 일은 모두가 아는 사실이다.

미일공동성명이 지적한 대로 분리 완료 플루토늄이 테러리스트의 손에 넘어가기라도 하는 날이면 정말 큰 문제이다. 세계 각국이 플루토늄 재처리를 염려하고 강력히 반대하는 것도 핵테러 예방이 전부라고 해도 부풀린 말이 아니다.

히펠은 "세계 안전보장상의 긴급과제는 플루토늄 비밀 유출에 따른 핵 확산과 핵 테러를 막는 일이다. 만일 일본이 이러한 엄중한 현실에서 세계 여론을 무시하고 계속 재처리를 강행한다면 핵무기를 필요로 하는 국가들이 재처리 권리를 주장하더라도 국제원자력기구로서는 할 말을 잃게 된다"고 강조하고, "일본이 '재처리공장' 가동을 중단하는 것도 세계 평화를 돕는 길임을 깨달아야 할 것"이라고 쓴소리를 아끼지 않았다(《세카이》 2016년 1월호 219~229쪽 종합).

끝으로 일본은 지금까지 설명한 바와 같이 이미 첨단무기와 핵 기술면에서 '군사대국'을 이룩한 셈이다. 자민당 정권은 이에 그치지 않고 국가 체제를 '싸울 수 있는 보통국가'로 바꾸기 위해 헌법 개정을 서두르고 있다. 국제정세가 또 한바탕 요동칠 전망이다.

제5장

집필 저서에 대한 언론계 서평

머리글에서 설명한 바와 같이 나는 2000년부터 2012년 사이 일본에 관한 책 7권을 펴냈다. 거의 2년마다 1권꼴이다.

국내 언론은 책이 나올 때마다 서평을 실어줬다. 그것도 출판면에 머리기사 또는 화제의 책으로 소개된 것이 대부분이다.

모두 다 책 내용을 알기 쉽게 요약한 것이어서 서평만 읽어도 일본 근대사를 아는 데 도움이 되리라 믿는다. 그런 마음으로 저서에 대한 모든 서평을 이곳에 모았다.

일본을 이해하는 데 좋은 길잡이가 되었으면 한다. 서평을 쓴 필자(기자)들에게는 시간상 서평을 재록再錄하는 취지를 일일이 알리지 못했다. 이 점 널리 헤아려 주시기 바란다.

1.《황국사관의 실체
일본 군국주의는 되살아나는가》

《황국사관의 실체》는 퇴직 후 가장 먼저 선보인 '일본 바로알기'이자 일본에 대한 비판서이다. '텐노주의' 역사관을 해부했다. '황국사관이란 무엇인가', '상징 텐노제天皇制', '야스쿠니 신사靖國神社', '도쿄재판', '일본 언론의 황실보도 실상', '교과서 검정 파동' 등을 담았다.

책이 나올 당시(2000년 2월, 지식산업사) 우리 사회는 이른바 'IMF사태'로 큰 혼란상태였다. 그런 와중에 다행히 '언론인 고용지원센터'에서 지원금(800만 원)을 받아 책을 낼 수 있었다.

《조선일보》와《문화일보》는 아래와 같이 신간을 소개했다.

☞ 〈日 군국주의 길 걷고 있나〉

《황국사관의 실체》는 전 서울신문 기자인 저자(정일성 씨)가 일본 게이오대학 연수시절 보고 느낀 일본의 실체가 집필 동기가 됐다. 그는 정월 초하루 일본 왕이 기거하는 '황거皇居'에 운집한 군중을 보면서, 또 '히노마루' 일장기를 꽂고 거리를 누비는 검은색 장갑차를 목격하면서 "일본은 과연 황국사관이란 나침반에 따라 신군국주의의 길을 걷기 시작한 것일까"라고 자문한다.

저자는 도처에서 일본 군국주의의 부활을 본다. 일본 총리의 야스쿠니 신사 참배, 일본 왕실에 대해 최고의 존칭을 아끼지 않는 일본 언론, 일본 관리들의 잇단 망언 등.

저자는 21세기 문턱에서 오늘의 일본을 더 정확히 인식하고 나아가 우리의 좌표를 정립하려고 책을 썼다고 밝히고 있다. 일본이 가고 있는 길과, 비뚤어진 '야마토' 정신을 이해하는데 도움이 됐으면 한다고 덧붙인다. 《조선일보》 2000년 2월 29일

☞ 〈日 지식인 의식의 밑바탕 밀착 조명〉

일본의 군사대국화 가능성이 거론돼온 것은 어제 오늘의 일이 아니다. 일본이 내건 21세기 기본 목표 역시 '군사력을 겸비한 초강대국 건설론'으로 요약된다. 주변국의 절박한 우려에도 아랑곳하지 않는 일본의 이같은 발걸음의 토대는 과연 어디인가.

신간 《황국사관의 실체》는 그 답을 일본인의 정신적 뿌리에서 찾고 있다. 그것은 바로 일본 지식인과 지배층의 의식구조를 지배

하는 '황국사관'이다. 일본 역사의 뿌리를 '국체國體와 국체의 정수精髓'에 두고 이의 발전과정을 검증해간다는 역사관이다. 여기서 국체란 텐노天皇통치를 의미하며, 국체의 정수는 '모든 일본국민이 한마음으로 텐노의 뜻을 받들고 충성과 효도의 미덕을 발휘하는 것'이다.

황국사관이란 어떤 역사적 배경 속에서 무슨 목적으로 형성됐기에 면면히 내려오며 일본사회를 떠받치고 있는 것일까. 일간지 기자출신인 저자가 일본 게이오慶應대 객원연구원 시절 본격화했던 일본 역사 연구의 중간 결산물로 내놓은 작품이다. 황국사관의 실체를 고스란히 담아 1937년 문부성이 발간한《국체본의》의 내용에서부터, 매년 8월만 되면 야스쿠니靖國신사를 참배하고 망언을 되풀이하는 보수우익 인사들, 왕실과 관련된 보도에는 깍듯한 존경어를 사용하는 일본 언론의 태도에 이르기까지 일본 지식인의 의식적 근저를 차근차근 설명해 이해를 돕고 있다.《문화일보》2000년 3월 22일

☞〈꼼꼼히 짚어본 일본 천황주의 역사관〉

잊을만 하면 불쑥불쑥 터져 나오는 일본열도의 '망언'이나 군국주의 옹호 발언 등이 천황주의자들의 황국사관에 뿌리를 대고 있다는 사실은 논의 자체가 새삼스럽지 않다. 그러나 정작 일본 내 천황주의 역사관의 정체를 이해하고 있는 한국인은 얼마나 될까. 전직 언론인 정일성 씨의 눈에는 오래전부터 그 점이 걸렸다.

'일본 군국주의 되살아나는가'라는 부제가 붙은《황국사관의

실체》는 그래서 나온 책이다. 일본 총리의 야스쿠니 신사 참배, 오늘날에도 왕실에 극존칭을 아끼지 않는 일본 언론. 일본 게이오대 객원연구원으로 메이지유신을 연구하면서부터 지은이는 현지에서 보고 느낀 일본의 실체를 글로 묶어보고 싶었다. 그는 그곳에서 일본 군국주의의 부활을 봤다.

지은이에 따르면, 지금까지 일본사회의 한 흐름을 이끌고 있는 황국사관은 미국이 제2차 세계대전 후 일본의 전범 처리를 위해 개최한 이른바 '도쿄재판'에서 천황을 처단하지 않고 살려둔 데서 몸집이 불었다. 황국사관이 일본 신군국주의의 길을 열어주는 나침반일 수도 있다고 끊임없이 자문하면서 황국사관의 실체, 패전 후 황국사관, 황국사관과 교과서 검정 문제 등을 꼼꼼히 짚고 있다.《뉴스 피플》2000년 3월 17일(제410호)

2.《후쿠자와 유키치
탈아론脫亞論을 어떻게 펼쳤는가》

국내에서 가장 처음 우리말로 쓴 후쿠자와 유키치福澤諭吉 평전이다. 2001년 4월 10일 〈지식산업사〉에서 나온 이 책은 학계와 출판계에 '회오리바람'을 일으켰다. 심지어 어느 대형서점은 책을 팔다가 남더라도 반품하지 않는다는 조건의 '매절買切'을 했다고 한다.

후쿠자와는 일본 유신維新정권 혼란기에 이른바 '탈아론脫亞論'을 주창, 일본을 제국주의로 오도誤導한 '침략주의 이론가'였다.《지지신보時事新報》를 창간하고 게이오기주쿠慶應義塾대학을 설립하여 일본 국민을 문명文明세계로 이끈 언론인·교육자·사상가이자 일본인의 '국민교사'이기도 하다.

그럼에도 국내에는 그의 긍정적인 면만 알려졌을 뿐 우리에게 끼친 적폐는 가려져 있었다. 그가 김옥균을 비롯한 개화파를 부추겨 갑신정변을 일으키게 한 장본인이라는 사실은 이 책이 나온 뒤부터 알려지기 시작했다. 국내 언론이 이 책을 대대적으로 보도한 까닭도 그런 후쿠자와의 부정적인 면을 해부한 데 있다고 자부해 본다.

2006년 12월 17일부터 26일까지 이 책을 읽었다는 한 독자는 "상세하게 읽어보길 바란다. 중요한 개념이 마구 쏟아진다"고 인터넷에 띄워놓았다.

이 책은 관훈클럽 신영연구기금의 지원으로 출판되었다. 각 매체의 '신간화제'를 게재 날짜순으로 옮긴다. 한 가지 사실을 놓고도 기자들의 시각이 어떻게 다른지 이해하는데도 도움이 될 것이다.

☞ 〈1만 엔 권 지폐紙幣 주인공의 두 얼굴〉

19세기 일본 근대화시기에 등장한 탈아입구脫亞入歐(아시아를 벗어나 구미를 본받는다)론은 일본 군국주의의 이론적 발판이자, 역사 교과서 왜곡을 주도하고 있는 일본 우익의 이념적 원류다.

그 주창자가 후쿠자와 유키치福澤諭吉(1835~1901)로 일본 지폐 1만 엔 권의 주인공이며 국내에도 잘 알려져 있다. 하지만 그에 관한 본격적 연구서가 국내에는 없었다. 이것이 일본 연구에 관한 우리 학계의 현주소다.

언론인 출신의 정일성 씨가 쓴 《후쿠자와 유키치》(지식산업사 발행)는 그에 관한 첫 연구서로 탈아입구론을 비판적으로 파헤치고 있다. '일본에 복을 주기 위해 하늘이 내린 위인'이라는 춘원 이광수의 극찬처럼 후쿠자와는 일본 근대화에 크게 공헌한 대표적 계몽사상가로 김옥균·박영효·유길준·최남선·이광수 등 국내 개화파 지식인에게 지대한 영향을 미쳤다.

그러나 계몽사상가의 다른 얼굴은 섬뜩한 것이었다. 조선의 개혁이 일본 독립을 유지하는 것이라는 논리를 내세운 조선정략론朝鮮政略論이었다. 저자는 후쿠자와의 조선정략론이 조선에 대한 침략 야욕이었으며 탈아입구론은 아시아 침략의 논리와 다를 바 없었다고 매섭게 비판하고 있다.《한국일보》2001년 4월 13일 / 송용창 기자

☞ 〈'탈아입구론脫亞入歐論' 주창 후쿠자와 평전〉

'명치유신의 사상적 지도자' '국민국가론의 창시자'. 후쿠자와 유키치에게 쏟아진 찬사는 화려하다. 춘원 이광수까지 "일본에 복을 주기 위해 하늘이 내린 위인"이란 극찬을 안겼을 정도다. 하지만 베일을 한꺼풀 벗겨보면 후쿠자와는 군국·제국주의 침략이론가였다고 저자는 주장한다.

일본은 아시아를 벗어나 구미 여러 나라 속에 들어가야 한다는 '탈아입구론'을 내세워 아시아 침략의 단초를 제공했다는 것이다.

'정한론'보다 한 발짝 나아간 '조선정략론'을 주창하고, 조선의 개혁이 일본의 독립을 유지하는 길이라며 조선의 국정 개혁을 추진할 '조선국무감독관'제를 제안하기도 했다.

이런 논리는 그가 창간한 신문《지지신보》를 통해 전달됐다. 저자는 구한말·일제시대는 물론 요즘 지식인들까지 후쿠자와를 동

양에서 제일가는 사상가로 떠받들고, 흠모하는 것이야말로 아이러니라고 지적한다. 《조선일보》 2001년 4월 14일

☞ 〈日本 최고 우익 이론가의 朝鮮 망언〉

일본의 역사교과서 왜곡 파동 문제로 시끌벅적한 요즘 일본 보수 우익의 이론적 뿌리는 '일본의 볼테르'로 불리는 후쿠자와 유키치福澤諭吉(1835~1901)에 있다는 주장을 담은 책이 나왔다.

신간 《후쿠자와 유키치》는 19세기 일본의 근대화를 이끈 계몽사상가이자 게이오대학慶應義塾을 설립한 교육자, 그리고 《지지신보時事新報》를 창간한 저널리스트였던 후쿠자와 본인을 다룬 평전이다.

하지만 저자가 초점을 둔 후쿠자와는 갑신정변의 막후 연출자, 청일전쟁을 적극 선동한 주전론자主戰論者, 그리고 명성황후 시해사건에 대해 세계적 비난 여론을 앞장서서 무마한 인물이다.

처음에는 일본 스스로를 위해 조선의 개화가 필요하다는 정도의 뜻을 가졌으나 갑신정변이 실패하자 크게 충격을 받아 "조선은 '요마악귀의 지옥국', 즉 야만 이하의 나라"라고 혹평하며 일제의 조선 침략을 적극 옹호하는 쪽으로 돌아섰다는 것이다.

특히 '아시아를 벗어나 구미 여러 나라 속에 들어가야 한다'는 탈아입구론脫亞入歐論이 '조선이든 중국이든 독립할 수 있는 상태가 아니기 때문에 구미화한 일본은 다른 열강과 같이 마음 놓고 아시아를 접수할 수밖에 없다'는 제국주의 이데올로기로 변형된 과정을 후쿠자와가 지지신보에 실은 사설들과 자서전, 그리고 국내외 학자

들의 연구서 40여 권을 인용해 조목조목 따지고 있다.

언론인 출신의 일본통이긴 하지만 저자가 전공학자는 아닌 만큼 후쿠자와의 사상에 대한 거시적·사상적 통찰에는 논란의 여지가 있다. 하지만 자신의 주장에 관한 한 실제 사료에 근거해 대중적 언어로 핵심을 명쾌히 전달하고 있다는 것이 이 책의 장점이다.《중앙일보》2001년 4월 14일 / 김정수 기자

☞〈日 군국주의—교과서왜곡의 근거 후쿠자와 탈아론 정체는?〉

1만 엔짜리 일본 최고액 지폐의 얼굴로 부활하여 일본을 상징하고 있는 후쿠자와 유키치福澤諭吉(1835~1901). 그는 일본의 근대화를 이끈 '국민의 교사'로 떠받들어지는 인물로 개화기와 일제 식민지 시절 한국 지식인들에게도 많은 영향을 미쳤다.

그러나 후쿠자와는 '탈아입구론脫亞入歐論'이라는 이론으로 일본을 제국주의 미로로 오도한 씻을 수 없는 과오를 저지른 인물이다. 틈날 때마다 아시아 침략을 정당화하는 망언을 서슴지 않고, 교과서 왜곡까지 뻔뻔하게 자행하는 일본인들 논리의 근저에 후쿠자와 사상이 똬리를 틀고 있다.

하지만 아직 한국에서는 후쿠자와 사상에 대한 체계적인 연구도 미흡하고 막연히 조선의 개화에 긍정적인 역할을 한 사상가로만 인식돼 있는 실정이다.《후쿠자와 유키치, 탈아론脫亞論을 어떻게 펼쳤는가》(정일성 지음·지식산업사)는 최근 군국주의 논리로 회귀하는 양상을 보이는 일본의 오늘을 분석하고 우리의 대응방안을 찾

는 데 유용한 책이다.

　하급 무사의 아들로 태어나 입지전적인 인물이 된 후쿠자와는 조선 말기 개화파들을 부추겨 갑신정변을 일으키게 한 인물이다. 갑신정변을 통해 친일세력을 확실하게 구축하려 했던 후쿠자와는 갑신정변이 실패하자 일본은 아시아를 벗어나 구미 여러 나라 속으로 들어가야 한다는 '탈아입구론'을 제창한다. 조선이든 중국이든 독립할 수 있는 상태가 아니기 때문에 이미 구미화歐美化한 일본이 다른 열강과 마음 놓고 아시아를 접할 수밖에 없다는 것이다.

　이 탈아론은 "중국과 조선을 멸시·비하하고 일본 정부에는 근대화의 방향을 제시하며, 결과적으로 문명화를 달성한 일본이 아시아를 분할 점거해야 한다"는 아시아 침략으로 결론을 맺고 있다.

　후쿠자와 사상은 조선왕조 말기와 식민지시대 우리나라 지식인들에게 많은 영향을 미쳐 조선의 개화에 도움을 준 순기능도 있었지만, 조선 멸시와 비하로 조선인들에게 열등감을 갖게 하는 등 역기능 또한 컸다.

　특히 일제의 한국 병탄 이후에는 "조선이 일본의 식민지가 되는 편이 조선인을 위해 오히려 행복한 일"이라는 패배의식을 심는 데 그의 주장이 결정적 역할을 했다. 후쿠자와에 푹 빠졌던 이광수는 "그는 일본에 복을 주기 위해 하늘이 내린 위인"이라고 극찬하기도 했다. 3·1운동이 일어난 지 2년 뒤에 이광수는 '민족개조론'을 통해 "독립운동 따위로는 절대로 독립을 쟁취할 수 없고 민족성 개조만이 뜻을 이룰 수 있다"고 주장했다.

《황국사관의 실체》를 집필하기도 했던 지은이 정일성(59) 씨는 "일본이 탈아론을 극복하지 못한다면 설령 경제대국의 목표는 이룩했다 하더라도 절대로 정치대국은 될 수 없다"며 "그들이 아무리 황국사관으로 정신을 무장하고 군사력을 증강한다 해도 섬 안에 폐쇄된 정치소국일 뿐"이라고 강조한다. 《세계일보》2001년 4월 16일 / 조용호 기자

☞ 〈일 우익 뿌리는 '탈아론'〉

현대 일본 극우사상의 뿌리는 일본 근대화의 영웅으로 꼽히는 개화사상가 후쿠자와 유키치(1835~1901)의 탈아입구론으로 거슬러 올라간다.

탈아론은 근대일본이 미개한 아시아에서 벗어나 서구문명 세계로 들어가기 위해서는 중국, 조선을 삼켜야 한다는 제국주의 이론이다. 그 싹은 1875년 나온 그의 저서 〈문명론의 개략〉에 처음 보이는데, 1885년 스스로 창간한 《지지신보》 사설 등을 통해 본격적으로 나오기 시작한다. "입술-이빨 관계인 중국·조선의 개명을 기다릴 시간이 없으니 서양과 진퇴를 같이하여 접수해야 한다"는 그의 주장에는 차별적 국가관이 역력히 배어있다.

후쿠자와는 일본에서 가장 먼저 미국, 유럽을 시찰한 개화파로서 원래 맹렬한 민권사상가였던 인물이다. 저서 《학문의 권유》에서 "하늘은 사람위에 사람 만들지 않고 사람 아래 사람 만들지 않았다"고 썼던 그가 왜 갑자기 침략주의자로 돌변했을까. 이 의문을 캐

는 과정이야말로 일본우익사상의 기회주의적 속성을 밝히는 근거라고 할 수 있다.

후쿠자와 등 근대 일본 지식인들은 근본적으로 부국강병이란 국가적 명제에 취약했다. 수십 개 번들 사이에 피비린내 나는 권력투쟁 전통을 지닌 일본에서 서구세력의 도래는 막대한 두려움을 안겼고, 거꾸로 천황 아래 국가적 통합을 이끄는 견인차가 된다.

후쿠자와 또한 이런 맥락에서 문명을 인문학적 사유가 아닌 생존논리로 받아들였다. "만국공법은 포 한 대보다 못하다"거나 "나라의 독립이 곧 문명"이란 그의 말이 이를 입증한다. '자유', '권리'라는 단어까지 창안했던 그의 민권사상은 부국강병의 명분을 계속 맴돌았고 종국엔 침략논리로 탈바꿈했다. 후쿠자와가 다른 정객들의 조선정벌론(정한론)을 반대한 이유도 "서양제국보다 국력이 처지는 형편에서 훗날을 기약해야 한다"는 것이 진짜 배경이었다.

이후 일본의 국력이 신장하고 조선에서 갑신정변이 실패하자 그는 조선과 청나라를 '악한 친구'로 규정하고 조선정략론과 청·일 전쟁 개전론에 앞장서는 이데올로그로 변신한다. 많은 일본사가들이 탈아론을 일본패망의 사상적 요인으로 비판한 것도 이런 배경 때문이다.

한편, 국내 전문가들은 탈아론이 갑신정변 등 조선 침략과 밀접한 연관 아래 진행됐고 이광수 등 식민지 지식인들이 추종자였던 사실에 주목하고 있기도 하다. 후쿠자와 유키치 평전을 최근 출간한 전직 언론인 정일성 씨는 "후쿠자와의 사상은 일본 극우뿐 아니라 우리 지식인들의 근대인식도 왜곡시킨 만큼 우리 근대성의 회복 측면에서도 극복할 과제"라고 지적했다. 《한겨레신문》 2001년 4월 17일 / 노형석 기자

☞ 〈일 군국주의 망령 해부한다〉

일본의 역사교과서 왜곡에 이어 자위대를 한국에 파병하겠다는 망언까지 나오는 등 일본에 군국주의의 망령이 되살아나고 있다. 잊을 만하면 되살아나는 망령의 뿌리는 무엇일까.

언론인 출신인 정일성은 '일본은 아시아를 벗어나 구미 여러 나라 속에 들어가야 한다'는 탈아입구론脫亞入歐論을 주창한 후쿠자와 유키치에서 그 원류를 찾는다. 국내에는 일본의 근대화를 이끈 계몽사상가로 주로 알려졌지만 일본군국·제국주의의 침략이론가로서 역할이 더 컸던 두 얼굴의 사나이라는 것.

저자는 《후쿠자와 유키치》(지식산업사)에서 탈아론의 발상 배경과 논리, 한국, 특히 개화파에 미친 영향, 갑신정변·청일전쟁·명성황후 암살사건 등에 대한 시각 등 조선과 중국을 멸시한 그의 제국주의 사상의 전모를 다각도로 조명한다.

후쿠자와는 자신이 설립한 《지지신보》 1885년 3월 16일자 사설에서 탈아론을 처음 발표했다. '서양과 진퇴를 같이 하여 중국·조선을 접수해야 한다. 접수 방법도 인접 국가라는 이유만으로 사정을 헤아려 줄 수 없으며 반드시 서양인이 접하는 풍에 따라 처분해야 할 뿐이다.'

조선과 중국은 독립을 위해 일본과 함께 문명개화를 통해 구미 문명 세력에 대항해야 한다는 지론을 펴오던 그가 강경론으로 돌아선 전환점은 그가 무기 등을 지원했던 개화파의 갑신정변이 3일 천하로 실패하면서부터이다.

이후 그는 《지지신보》 사설을 통해 청일전쟁과 조선 침략을 부추기는 등 독설을 내뿜었고, 그의 제안은 대부분 정책에 반영됐다.

이런 그가 많은 조선 지식인들의 흠모의 대상이 됐던 것은 역설적이다. 갑신정변의 주역 김옥균과 유길준 등이 그의 보살핌을 받았고, 소설가이자 언론인이었던 이광수는 "일본에 복을 주기 위해 하늘이 내린 위인"이라는 찬사를 보냈다.

그는 오사카 하급무사 집안에서 태어나 일찍 미국과 유럽을 여행한 덕택에 서양문명에 눈을 떴으나 비뚤어진 시각으로 인류에 피를 줬다. 그가 세상을 떠난 지 100년이 지났으나 일본 열도에서는 아직도 탈아론이 지배, 제국주의 논리를 현대판으로 각색한 일본 정치인들의 구시대적 망언이 끊이지 않고 있다.

《산케이신문》은 《지지신보》를 흡수해 극우노선을 굽히지 않고 있다. 일본은 지난 82년 역사교과서 왜곡 파동이 난 뒤에도 얼렁뚱땅 무마한 뒤 불과 얼마 뒤인 84년 일본 최고액권인 1만 엔 권 화폐의 인물을 성덕태자에서 후쿠자와 유키치로 바꿨다. 문화인이라는 미명 아래 극우인사를 내세워 국가이론을 정립하려 했던 것이다. 이같은 일본에 우리는 어떻게 대응했고, 100년 전과 지금은 얼마나 달라졌는지 곱씹어볼 일이다. 《서울신문》 2001년 4월 18일 / 김주혁 기자

☞ 〈손에 잡히는 책《후쿠자와 유키치》〉

일본 내 우익세력들의 등장과 역사교과서 왜곡 파동으로 한일 관계가 극도로 악화되고 있는 가운데 '일본 근대화의 아버지'로 추앙받고 있는 후쿠자와 유키치의 두 얼굴을 재조명한 인물평전이다.

후쿠자와는 일본의 최고액 권인 1만 엔짜리 지폐에 초상이 그려져 있는 인물. 메이지유신 이후 관계 진출 권유를 거절하고 언론과 대학을 세워 오직 일본정신의 근대화를 위한 계몽사상가로 활동해 일본인들이 존경을 보내고 있다. 그런 후쿠자와에 대해 요즘 일본에서조차 양심 있는 인사들에 의해 그의 '탈아脫亞(아시아를 벗어남)'이론이 일본을 군국·제국주의와 전쟁으로 몰아넣었고 원폭 피해를 당하게 만들었다고 비판이 대두되고 있는 상황이다.

전직 언론인인 저자 정일성 씨는 "일본에서조차 비판이 대두되고 있는 그가 우리에게는 구한말 '갑신정변'을 배후에서 지원해 조선근대화에도 관심을 가진 일본의 위대한 사상가, 김옥균·유길준 등의 스승으로만 인식돼 있는 점이 안타까워 이 작업을 시작했다"고 밝힌다.

후쿠자와에 대한 흠모와 열정으로 '조선의 후쿠자와'를 자처한 춘원 이광수 역시 후쿠자와와 마찬가지로 조선의 계몽사상가로, 언론인으로, 대문장가로 활동하면서 특히 우리 민족의 열등성을 강조한 '민족개조론'을 쓰기까지 했는데 여기에 후쿠자와의 영향이 그대로 나타난다고 저자는 분석한다.

책은 지금의 일본의 우경화가 이들 우익세력들의 주도로 후쿠자와를 1984년 1만 엔 권 지폐의 얼굴로 선정할 때부터 시작됐음을 지적한다. 저자는 이러한 일본의 우익 지배층의 비뚤어진 시각을 고발하기 위해 지난 1년간 일본에 체류하며 그의 수많은 저작을 일일이 분석하여 조선정략론 등 그의 사상 등을 종합적으로 분석, 비판하고 있다. 《국민일보》 2001년 4월 18일 / 김현덕 기자

☞ 〈일본 제국주의 뿌리 파헤친다〉

후쿠자와 유키치福澤諭吉는 누구인가. 우리나라 근대사를 깊이 이해하고 있는 사람이라면 그를 모르는 사람은 없을 것이다. 그를 한마디로 평가한다면 소용돌이치던 19세기 말 제국주의·식민주의 시대에 일본을 이끌었던 계몽사상가이며 일본 근대화에 크게 공헌한 선각자라 할 수 있다.

서구민주주의 사상의 소개자, 국민국가론의 창시자, 민권론자, 국권론자, 자유주의 경제학자 등으로 그에게 내려진 평가만 보아도 그가 일본에서 차지하는 비중은 쉽게 알 수 있다. 특히 그는 오늘날 1만 엔짜리 일본 최고액 지폐의 얼굴로 부활해 일본을 상징하고 있기도 하다.

그러나 후쿠자와는 우리에게는 잊을 수 없는, 잊어서도 안 되는 인물이다. 이른바 '탈아론脫亞論'을 주창하여 일제 군국주의 침략에 이론적 발판을 제공했기 때문이다. 일제 군국주의가 아시아침략의 행동대였다면 그는 이를 뒷받침하는 침략이론가였던 셈이다.

저자는 바로 이 점을 강조한다. "후쿠자와는 일제 군부보다 앞

장서 청나라와 일본 사이의 전쟁 도발을 충동하고, 조선에 나와있던 일본인 보호를 구실로 조선에 주둔군 파병의 필요성을 소리 높이 외쳤다. 또 일본국회개원에 따른 정치 불안을 해소하기 위해 조선정략론朝鮮政略論을 주장했다."

이 책은 탈아론이란, 후쿠자와와 조선, 후쿠자와의 생애 등 4개 장으로 되어있으며 중간중간에 관련사진을 곁들여 이해에 도움이 되도록 했다.

후쿠자와가 죽은 지 100년이 지났는데도 일본열도는 아직도 탈아론이 지배하고 있다. 제국주의의 논리를 현대판으로 각색한 일본 정치인들의 구시대적 망언은 시대가 바뀌어도 끊임없이 계속되고 있다. 저자는 "이것은 아시아의 비극이자 일본의 비극"이라고 설명한다.

오늘의 우리 상황을 구한말에 비유하는 사람이 적지 않다. 국민들 특히 지도층이 자성하지 않으면 역사는 되풀이될 수밖에 없다고 뜻있는 인사들은 경고한다. 더욱이 일본 정치인들이 과거 아시아 침략을 정당화하는 망언을 되풀이하고 역사교과서 왜곡까지 서슴지 않는 현실 속에서 이 책은 일본 제국주의의 뿌리를 정리한 기본서로 큰 의미를 갖는다.

저자는 "후쿠자와를 통해 19세기 말 20세기 초 격동기 우리의 처지를 이해하고 나아가 우리를 침략했던 상대들의 논리와 그 전개를 확인함으로써 잘못된 역사를 바로잡아 새 시대 새 좌표를 마련하는데 도움이 되고자 한다"고 책을 쓴 동기를 말한다.

1942년 전남 고흥에서 태어나 고려대를 나온 저자는 69년 서울신문사 기자로 입사해 생활특집부 차장과 뉴스피플부 부장 등을 역임했다. 또 일본 게이오대 방문연구원으로 메이지유신을 연구한 일본문제 전문가로《황국사관의 실체》를 작년에 출간하기도 했다.

《뉴스피플》 2001년 4월 18일(제465호) / 최종찬 기자

☞ 〈日 사상가 후쿠자와의 삶〉

일본을 군국주의로 이끌었던 계몽사상가인 후쿠자와 유키치의 사상과 삶을 사실적으로 파헤친 책. 1만 엔짜리 일본 최고액 화폐에 등장할 정도로 일본역사상 중요한 인물로 기억되고 있는 그의 이면을 분석한다.

후쿠자와 유키치의 사상은 '탈아입구론'으로 요약된다. 일본은 아시아를 벗어나 유럽으로 들어가야 한다는 이 이론은 일본이 제국주의 전쟁에 나선 명분을 제공해줬다.

이 책은 후쿠자와의 그릇된 대외인식과, 동양의 근본사상인 유교를 적으로 인식한 전통관 등을 자세하게 분석한다. 또 갑신정변과 김옥균의 암살, 동학혁명의 진압, 민비암살 등 조선개화기의 역사적인 사건들에 영향을 미친 그의 탈아론을 파헤친다.

후반부에서는 기괴한 사상가인 후쿠자와의 성장배경과 그의 이론이 일본 정부의 정책으로 채택되어 역사의 과오를 저지르기까지 과정이 상세하게 서술되어 있다.

일본 정부의 대변자이자 정책 디자이너로서 김옥균, 박영효, 서

광범, 이동인, 유길준, 서재필, 윤치호, 최남선, 이광수 등 쟁쟁한 구한말 한국 지식인들의 존경을 한 몸에 받기도 했던 그의 면모와 과오를 한눈에 읽을 수 있는 의미 있는 책이다. 《매일경제》 2001년 4월 21일

☞ 〈일본인, 잘못된 역사 인식의 기원〉

일본 역사교과서 왜곡 파동이 일고 있는 마당에 일본인들의 잘못된 역사 인식의 근원인 '탈아입구론(아시아를 지배하고 서구를 본받아야 한다)'의 주창자 후쿠자와 유키치 평전이 국내 최초로 나왔다.

후쿠자와는 19세기 일본의 근대화를 이끈 계몽사상가로 조선왕조 말 한·일 관계에 큰 영향을 미친 저널리스트 겸 교육자였다. 오늘날 1만 엔짜리 일본 최고액 지폐의 얼굴로 부활해 일본을 상징하고 있다.

지난해《황국사관의 실체》라는 저서를 낸 저자 정일성 씨가 펴낸《후쿠자와 유키치》(지식산업사)는 후쿠자와의 탈아론 배경과 논리, 일본 정계에 미친 탈아론의 영향, 조선개혁파와의 교류배경, 김옥균 암살, 청일전쟁, 명성황후 암살 사건 등에 대한 그의 시각을 깊이 있게 분석해 조선과 중국을 멸시한 제국주의 사상의 전모를 밝히고 있다.

후쿠자와는 일제 정부보다 앞장서 청일전쟁 도발을 충동하고 조선에 주둔군 파병의 필요성을 외쳤다. 또 조선정략론을 주창해 조선의 개혁이 곧 일본의 독립을 유지하는 길이라는 논리를 내세워 조선총독부의 전신인 조선국무감독관을 제안하기도 했다. 그럼

에도 그는 지금까지 우리에게 일본이 낳은 위대한 사상가로만 인식되고 있다.

특히 교과서 왜곡을 추진하고 있는 일본 우익 지배층이 대부분 후쿠자와의 조선·중국 멸시 이론으로 정신무장하고 있다. 언론인 출신의 저자는 일본 학계의 연구 성과를 아우르면서 후쿠자와의 저작을 일일이 제시해 그의 논리를 뒤집고 있어 긴장감마저 느끼게 서술하고 있다.《스포츠서울》2001년 4월 21일

☞ 〈후쿠자와의 오만한 탈아론〉

19세기 일본의 근대화를 이끈 계몽사상가이자, 탈아론脫亞論을 주장해 20세기 전후의 아시아 역사를 피로 물들게 한 후쿠자와 유키치에 대한 국내 최초의 평전이다.

일본의 역사교과서 왜곡 문제가 심각한 사회적 파장을 일으키고 있는 요즘 일본 우익의 그릇된 역사의식의 근간이 무엇인지를 분석하고 있다.

탈아론은 탈아입구론脫亞入歐論의 준말로 일본은 아시아를 벗어나脫亞 구미 열강 속에 들어가야 한다入歐는 이론이다. 즉 일본은 서구열강과 동등하기 때문에 독립할 능력이 없는 조선, 중국과 같은 아시아 국가들을 지배해야 한다는 논리다.

저자는 탈아론 연구를 통해 후쿠자와 유키치가 일본에서 위대한 사상가로 추앙 받는 까닭을 살펴보고 우리의 대응책을 모색했다.《동아일보》2001년 4월 28일 / 김수경 기자

일본의 역사왜곡 교과서로 동북아 전체가 몸살을 앓고 있다. 우리나라를 비롯한 중국과 동남아 국가 등 피해국은 물론, 가해국인 일본 내부의 반대 목소리도 높다.

교과서에서 문제가 되고 있는 부분은 일본이 대외 침략의 정당성을 주장한 대목이다. 당시 아시아를 지배하고 유럽을 배워야 한다는 논리에 입각한 일본 제국주의의 침략행위는 역사적인 당위였다는 항변이다.

우리 입장에서는 터무니없는 억지에 지나지 않는 이 논리가 어떻게 지금까지 일본에서는 생명력을 갖고 있을까. 일본인들의 잘못된 역사 인식의 근원엔 탈아입구론脫亞入歐論, 즉 아시아에서 유럽으로 관심을 넓혀야 한다는 이론이 있다.

이 책은 그 이론의 주창자 후쿠자와 유키치의 삶과 사상을 파헤친 평전이다. 우리나라와 중국 침략을 부추겨 일본으로 하여금 씻지 못할 죄악을 짓게 하고, 조국인 일본에 마저 원자폭탄 피폭이라는 재앙을 가져다 준 침략의 화신. 그에 대한 올바른 이해는 브레이크 없는 일본의 우경화를 저지할 수 있는 확실한 힘이 될 것이다. "적을 알고 나를 알면 백전백승이니까." 《서울경제》 2001년 5월 3일

☞ 〈일본 교과서 왜곡 뿌리〉

일본의 역사교과서 왜곡 사건이 뜨거운 요즈음 머리맡에 놓인 책 한 권. 정일성의 《후쿠자와 유키치》. '탈아론脫亞論을 어떻게 펼쳤

는가'란 부제가 붙어 있다. 그동안 후쿠자와 유키치福澤諭吉에 관한 것 또 그와 떼어놓을 수 없는 김옥균에 관한 것은 논문으로나 책으로나 이것저것 적잖게 읽어온 터이다.

그런데 오늘 이 시점에서 새삼스럽게 눈에 들어오는 것은 웬일일까? 요즈음 유행하는 말을 빌리자면 왜, 오늘, 후쿠자와 유키치인가? 답은 자명하다. 후쿠자와 유키치야 말로 일본의 조선 침략을 이끈 '침략이론가'였기 때문이다.

오늘의 일본교과서 왜곡 파동의 원류遠流에 그의 이름을 내세우지 않을 수 없기 때문이다. 지은이가 이 책의 머리말을 비롯한 곳곳에서 지적한 것처럼 우리는 후쿠자와의 두 가지 얼굴에 주목해야 한다.

그는 일본의 근대화를 이끈 계몽사상가로, 역사의 거목으로 평가되고 있다. '국민국가론의 창시자', '민권론자', '국권론자', '자유주의 경제학자', '절대주의 사상가', '국민의 교사' 등의 낱말들이 후쿠자와의 머리 위에 붙여졌다. 오죽했으면 춘원 이광수가 후쿠자와를 가리켜 '일본에 복을 주기 위해 하늘이 내린 위인'이라 했을까. 그 '하늘이 내린 위인'이 일본 아닌 우리에겐 '좋은 사람'일 수 없었다.

이 책은 일본의 발전에 그렇게 크게 공헌한 후쿠자와의 다른 한쪽에 카메라를 들이대고 있다. 후쿠자와의 이른바 '탈아론입구론脫亞入歐論'은 바로 조선을 침략하기 위한 무기였다. 이 '탈아론'은 거창한 논문 또는 두툼한 책으로 발표된 것이 아니다. 후쿠자와 자신이 창간한(1882년 3월 1일)《지지신보時事新報》의 1885년 3월16일치 사설을 통해 '탈아론'은 발표되었다.

'…지금의 중국·조선은 일본에 조금도 도움이 되지 않는다. 뿐만 아니라 서양 문명인의 눈에는 세 나라가 지리적으로 가까이 있어 동일하게 보고 중국과 조선을 평가하는 데도 일본과 같이 한다. 중국과 조선 정부가 전제專制정치를 행하고 법률에 따르지 않으면 일본 또한 무법국가가 아닌가 하고 의심하여 중국과 조선의 인사人事, 과학을 모르니까 일본도 음양오행의 나라라고 생각한다.

중국인의 비굴함과 수치를 모르므로 일본인의 의협심도 함께 매도당하고, 조선의 형벌이 참혹하면 일본인도 무정하다고 단정해 버린다. (중략) 그 영향이 간접적으로 우리들의 외교에 장애가 되는 일이 적지 않다. 일본의 일대 불행이라고 말 할 수밖에 없다. 그렇다고 오늘의 꿈을 펴기 위해 이웃 나라의 개명開明을 기다려 함께 아시아를 일으킬 시간이 없다. 오히려 그 대열에서 벗어나 서양과 진퇴를 같이 하여 중국·조선을 접수해야 한다. 접수 방법도 인접국가라는 이유만으로 사정을 헤아려 줄 수 없으며 반드시 서양인이 접하는 풍에 따라 처분해야 할 뿐이다.

나쁜 친구를 친하게 하는 자는 함께 악명을 피할 수 없다. 우리가 마음으로부터 아시아 동방의 나쁜 친구를 사양하는 이유도 이 때문이다.'

지루한 줄 알면서도 결론 부분. 전체의 약 3분의 1을 그대로 옮긴 것은 후쿠자와의 정체를 쉽게 알리기 위해서이다. 후쿠자와에 대한 예비지식이 전혀 없는 젊은이가 이를 읽고 어떤 반응을 보일까. 믿기지 않는다고 할까. 조작이라고 할까. 아니면 벌어진 입을 다물지 못할까. 두 주먹을 불끈 쥐고 일어날까.

지은이가 서술했듯이 이는 '탈아론'이 아니라 '아시아 침략론'이다. 재미있는 것은, 아니, 주목해야 할 일은 이 '탈아론'이 담긴 문제의 사설이 1884년 12월 4일 김옥균을 비롯한 개화파가 일으킨 갑신정변이 실패로 끝난 지 꼭 100일 만에 씌어졌다는 것이다. 후쿠자와는 그 자신이 배후에서 조종한 조선의 쿠데타가 실패하자 그는 아예 조선을 강점強占하는 쪽으로 기울어졌고, '아시아 침략론'을 내놓은 것이다.

세상에 뿌리 없는 것은 없다. 그냥 하늘에서 떨어지는 것은 아니다. 일본이 왜 역사교과서를 왜곡하는가. 그 수정을 권하는 우정 어린 충고를 못들은 채 우경화右傾化의 길로만 치닫고 있는가. 그 뿌리는 멀리 116년 전의 '탈아론'으로 거슬러 올라간다. 2000자가 좀 넘는, 그 한 편의 사설이 일본으로 하여금 역사를 거역하고 이웃을 죽이게 했다. 그리고 오늘의 일본을 저렇게 만들고야 말았다.

역사 속의 후쿠자와 유키치를 오늘 다시 조명해 보는 것은 그래서 뜻이 깊다 하겠다. 후쿠자와 유키치 자신도 저널리스트였지만 이 책의 지은이 또한 저널리스트로서 일본에서 메이지유신을 연구한 경력을 갖고 있다. 그래서 저널리스틱한 시각과 필치로 후쿠자와와 그의 시대, 그리고 그의 조선과의 관계를 잘 정리했는지 모른다. 《책과인생》 2001년 8월호, 요즘 읽는 책 / 신우식 전 서울신문사 사장, 대한언론인회 회장

☞ 〈일본을 이야기 하면서 후쿠자와를 모르면 간첩이다〉

일본을 안다고 하면서도 '후쿠자와 유키치'를 모르는 사람이 있다. 특히 학생 가운데 이런 사람이 많은데 창피한 줄 알아야 한다. 마치 대한민국을 이야기하면서 세종대왕, 이순신 장군을 모른다고 하는 것과 같다.

후쿠자와 유키치는 메이지유신 이후 문명개화와 탈아론을 주장한 대표적인 개화론자이며, 현재 일본의 최고액 화폐의 도안에 들어있는 인물이기도 하다. 우리나라의 갑신정변의 주역 김옥균과도 서로 의견을 주고받은 인물이다.

이 책의 부제는 '탈아론을 어떻게 펼쳤는가'이다. 그만큼 탈아론은 당시 일본에서 질풍과도 같은 방향을 불러온 거대한 이데올로기적인 위치를 가진 것이었고, 그것을 이끈 주역이 바로 후쿠자와 유키치를 비롯한 게이오의숙에서 공부한 지식인들이었다.

상세하게 읽어보길 바란다. 중요한 개념이 마구 쏟아진다. 이 책을 2006년 12월 17일부터 동년 동월 26일까지 읽었다. **블로그 알라딘**

2010년 12월 19일 / 작성자 카이져쓰제

3.《이토 히로부미 알려지지 않은 이야기들》

저자가 출간한 서적 가운데 가장 인기를 모은 책이다. 2002년 8월 20일 출판된 지 2년 만에 3쇄를 찍었다. 이 책은 2002년 10월 23일 제35회 문화관광부 추천도서로 뽑히기도 했다.

이토 히로부미는 '아시아침략의 원흉'으로 우리의 '공적公敵' 제1호이다. 이 책은 지금까지 잘 알려져 있지 않은 그의 행적과 죄상 밝히기에 역점을 두었다. 이야기 가운데 '이토를 죽인 암살범이 따로 있다'는 주장과 '고메이孝明왕을 죽이고 부하를 메이지텐노明治天皇로 삼았다'는 설은 실로 충격적이다.

《조선일보》와《서울신문》은 57주년 광복절에 맞춰 출간된 이 책을 각각 문화면 머리기사로 소개했다. 그 밖의 언론사들도 출판 소식란에 책이름을 올렸다.

☞ 〈조선 침략의 원흉 베일 벗기다〉

조선 침략의 원흉 이토 히로부미(伊藤博文(1841~1909). 우리에게 잘 알려진 이름이지만 정작 그의 실체는 아직도 많은 부분이 베일에 싸여 있다. 구한말 한국통감으로 국정을 농단했다는 사실, 안중근 의사에게 사살당했다는 정도가 고작일지 모른다. 그것은 무엇보다 국내 학계가 그에 관한 연구를 본격적으로 하지 않은 데에 그 원인이 있다.

한국통감으로서 3년 6개월 동안 사실상 한국을 통치한 인물이라는 점만으로도 이토는 연구대상이 되기에 충분하다. 하지만 강단사학자들은 이토 연구를 빈칸으로 남겨두었는데 한 재야사학자가 이를 메워 관심을 모은다. 언론인 출신인 정일성(61) 씨가 주인공. 그가 최근 내놓은《이토 히로부미》(지식산업사 펴냄)는 한국인 시각에서 한국말로 쓴 첫 이토 히로부미 평전이란 점에서 각별한 의미를 지닌다. 더욱이 국치일(8월 29일)을 앞둔 시점이어서 한·일 양국의 근현대사를 다시 한 번 되돌아보는 계기가 될 것으로 보인다.

저자는 이미《황국사관의 실체》《후쿠자와 유키치—탈아론을 어떻게 펼쳤는가》등의 저작을 통해 일본 제국주의와 일본 근대화의 본질을 파헤친 전문가.《이토 히로부미》에서는 이토라는 역사인물을 집중 조명, 한민족을 탄압한 그의 죄상을 낱낱이 고발한다. 그동안 거의 알려지지 않은 일화도 곁들여 읽는 재미를 더해준다.

이토가 우리 민족에게 저지른 죄악은 이루 헤아릴 수 없다. 안중근 의사가 재판과정에서 그를 사살한 이유로 내세운 죄목만도 열다섯 가지. 저자는 그중에서도 가장 죄질이 나쁜 것으로 '민족성 왜곡'을 꼽는다. 그는 한민족지도층을 위협하고 금품으로 매수하거나 스파이를 양성하는 등의 방법으로 민족 이간을 노렸다. 저자는 일제의 압제에서 벗어난 지 반세기가 넘도록 민족분열과 친일문제 등을 청산하지 못한 것은 이토의 한민족 분열공작에 그 뿌리가 있다고 분석한다.

이토는 우리 민족에게는 '공적公敵 1호'이지만 일본 쪽에서 보면 근대화의 기틀을 마련한 대표적인 정치가이다. 마흔네 살에 초대 내각 총리에 올라 메이지정부의 실권을 장악했다. 추밀원 의장 자리도 그가 테이프를 끊었다. 총리를 네 번이나 지내면서 헌법을 제정하고 국회를 개설했다.

성공의 비결은 무엇일까. 하급무사 가문인 이토가 정치적으로 승승장구할 수 있었던 것은 그가 메이지유신의 중심세력인 조슈번長州藩 출신이란 점과 무관하지 않다. 실제로 메이지 정부는 조슈와 사쓰마薩摩의 정부라 해도 지나치지 않을 만큼 이곳 출신들이 정부와 군의 요직을 독점했다. 조슈번 출신들과 조선의 악연은 한일합병까지 이어진다.

일본의 식민사학자들은 이토의 정치적 성공은, 유연하고 신중하며 새로운 것을 좋아하는 성격의 '팔방미인주의자'이기 때문에 가능했다고 말한다. 그러나 저자는 '평범한 일로는 공을 세울 수 없다'는 소신을 지닌 이토야말로 호전적이고 계산적인 인물의 전형, 기방妓房유희가 유일한 취미인 인면수심의 호색한으로 규정한다.

독자가 관심을 가질 만한 대목은 명성황후 시해(1895년 10월8일). 그로부터 100여 년이 지난 지금도 국제여론을 호도하기 위한 일본의 노력은 변함이 없다. 전후 일본은 조작된 기록과 황국사관에 젖은 역사학자들을 동원해 명성황후 시해를 조선공사 미우라 고로三浦梧樓의 소행이라고 강변해 왔다. 그러나 당시 상황을 조금만 되짚어 보면 이토 정권이 총체적으로 관여했음을 금세 짐작할 수 있다.

이토가 비서관을 통해 거액의 돈을 주고《뉴욕 헤럴드》기자를 매수, 유리한 기사를 주문한 사건은 그 한 단서다. 저자는 명성황후 시해사건을, "청일전쟁으로 국내 정치위기를 넘긴 이토 정권이 조선경영의 걸림돌을 제거하려고 꾸민 살인극"이라 결론짓는다.

이 책은 두 가지 민감한 주제를 다룬다. '이토가 막부의 정신적 기둥이던 고메이孝明왕을 죽이고 부하를 메이지 텐노明治天皇(명치천황)로 삼았다'는 설과 '이토 히로부미를 죽인 암살범이 따로 있다'는 주장이 그것. 일본학계는 고메이왕의 갑작스러운 죽음을 당시 발표대로 '병사病死'로 받아들이지만 이를 그대로 인정하기엔 풀어야 할 의혹이 너무 많다. 이에 대해 저자는 "메이지 왕에 관한 수수께끼는 일본 궁내성이 기록을 완전 공개해야 풀릴 것"이라고 전망한다.

안중근이 진짜 범인이 아닐 수도 있다는 의혹은 이토의 수행원인 무로다 요시아야室田義文귀족원 의원의 발언으로 부풀려졌다. 망명 한국인 단독으로는 결코 대 정치가의 암살을 실행할 수 없다는게 그의 생각이다. 그러면 무로다의 '범인 복수설'의 진의는 무얼까. 저자는 일본 역사학계의 이같은 논란 역시 자국중심의 황국사관에서 비롯된 것이라고 밝힌다.

한국인에게는 '악'의 상징, 그러나 일본에서는 '국제사회에 발을 내디딘 흥륭興隆일본, 그 자체'로 칭송되는 이토 히로부미. 이 엄청난 인식의 괴리 앞에 우리는 당혹감을 느끼고, 일본인의 역사적 심성을 의심하지 않을 수 없다. 저자가 일관되게 추구해온 일본 근대화 바로보기 작업은 이러한 일본의 '역사왜곡 벽'을 시정해보기 위한 몸부림에 다름 아니다. 《서울신문》2002년 8월 23일 / 김종면 기자

☞ 〈조선을 식민 통치한 日 주역들의 '검은 속내'〉

8월 22일은 이른바 '국치일國恥日'이다. 일본이 한국을 강제 병합한 것이 92년 전이다. 조선을 식민지로 만들고, 30여 년간 통치한 일본의 핵심 세력들은 어떤 의도와 목표를 가지고 조선을 지배했을까.

언론인 출신 정일성 씨가 쓴 《이토 히로부미》(지식산업사)와 정재정 서울시립대 교수가 번역한 《식민통치의 허상과 실상》(혜인)은 일본의 식민통치를 기획 · 추진한 이토 히로부미와 일제 후반 조선 총독을 보좌한 정무총감 3명을 통해, 조선을 움직여나간 일본인들의 속내를 엿볼 수 있게 한다.

평전으로 나온 《이토 히로부미》는 두 얼굴의 이토를 보여준다. 이토는 일본인에겐 서구 열강의 침략을 막고 부국강병을 이룩한 메이지유신기의 공신이지만, 우리에게 초대 통감(1905년 12월~1909년 6월)으로 한국에 들어와 강제 병합의 길을 닦은 원흉이다.

안중근 의사의 하얼빈 저격으로 시작하는 이 책은 목적이 뚜렷하다. '을사조약과 한일신협약을 강제로 맺은 죄, 독립을 요구하는 무고한 한국인들을 마구 죽인 죄, 정권을 강제로 빼앗아 통감정치 체제로 바꾼 죄…' 등 안 의사가 사살 이유로 내세운 이토의 죄상을 입증하는 데 있다고 머리말에서 밝히고 있는 대로다.

초대 통감으로 부임한 이토의 일성. "일본은 될 수 있는 대로 한국이 독립하기를 바라왔다. 그렇지만 한국은 끝내 독립할 능력이 없었다. 때문에 일본은 일·청, 일·러의 2대 전쟁을 시작했다. 그 결과 일본은 마침내 한국을 보호국으로 만들었다. 이는 일본의 지위 상 어쩔 수 없는 조치이다."

대신들과의 협의회 때마다 그는 '지방관리 가운데는 농민을 수탈하거나 부정을 저지르는 자가 많다' '한국인에게는 문물제도와 기술을 개혁하려는 의지가 없다' '특히 한국인은 행정능력이 없다'는 발언으로 조선의 민족성을 폄하했다. 그것은 바로 일제 통치를 합리화하는 것이기도 했다. 《조선일보》 2002년 8월 24일

☞ 〈한국인이 해부하는 이토 히로부미의 삶〉

일본의 조선 침략 선봉. 이토의 일생을 우리 시각에서 해부해 그의 죄상을 밝힌 책.

그는 조선통감을 지냈고 안중근 의사에 의해 만주 하얼빈 역에서 사살됐다는 몇 가지 단편적 사실 외에는 우리에게 잘 알려져 있지 않다. 반면 일본에선 1984년까지 1천 엔 지폐에 그의 얼굴이 실

릴 정도로 근대화의 주역으로 높이 평가되고 있다.

언론인 출신의 저자는 한·일 양국의 자료를 동원해 이토가 한민족에 끼친 패악을 적시하는 한편 출생부터 출세까지 비화를 소개했다. 그 중 암살테러 경력을 가진 유일한 일본 총리며 메이지 일왕日王의 부친 살해에 관여했다는 대목이 눈길을 끈다.

또 이토의 살해범이 따로 있다는 일본 내의 논란도 담았다. 참고문헌 목록과 연보年譜는 있지만 적절한 주석과 찾아보기가 빠진 점이 관련 분야 연구서로선 아쉬운 점. 《중앙일보》 2002년 8월 31일

☞ 〈"이토, 혼음 즐긴 변태"〉

오늘은 한·일 병탄 조약문이 발표된 지 92년이 되는 치욕적인 날이다. 그 치욕의 한 가운데에 '공적 1호'라 할 수 있는 이토 히로부미가 있다.

언론인 출신의 정일성 씨가 평전 형식으로 펴낸 《이토 히로부미》(지식산업사)는 일본의 우경화에 따른 해프닝의 본질을 헤아리게 한다.

"우리는 그동안 '안중근 의사의 총탄에 쓰러진 이토' 정도로 알면 되는 양 그를 본격 조명해보지 않았다는 생각이 들어요. 그래서 안중근 의사가 지적한 이토의 죄상 입증에 역점을 두면서 알려지지 않았던 여자관계까지 추적했습니다." 이토 히로부미의 여자관계, 최고 권력자와 그를 둘러싼 여자들 얘기를 흥미진진하게 파헤친 이 책 속으로 들어가 보자.

이토 히로부미는 하룻밤이라도 젊은 여자와 놀지 않고는 견딜 수 없는 탕아였다. 이토는 여자들과 성희를 말고는 별다른 취미가 없었다. 특히 여러 여성과 함께 어울리는 혼음을 좋아했다. 그가 집으로 초대하는 여성은 술집기생이 대부분이었다. 기녀들 가운데서도 주로 10대와 20대 초반의 '영계'들만 골라 즐겼다.

게다가 남성을 기쁘게 할 수 있는 기교를 지닌 여성들은 특별 우대를 받았다. 그 중 방중술이 뛰어난 '옥나비'라는 기생을 특별히 사랑했다. 이 기생은 관계하고 나면 오줌을 싸는 버릇이 있었지만 이토는 게의치 않고 시간을 재어 그에게 소변을 보게 할 정도였다. 이토가 상대한 여성은 전국에 걸쳐 있었다. 그의 술상에서 시중을 드는 기생은 어김없이 수청을 들었다.

그가 40대 중반 첫 번째 총리를 지낼 때 만난 열네 살 난 기생은 집으로 데려가 부인 밑에 있게 했다. 그러나 이토는 이 기생을 제쳐두고 새로운 기녀들과 질탕한 놀이를 계속했다.

이토는 한국에 부임하자마자 배정자를 양녀로 소개받아 방중술을 가르쳤다. 일설에 따르면 이토는 배정자가 시키는 대로 잘하자 모든 남성을 노예로 만들 만한 천하의 명기라고 칭찬했다고 한다.

'취해서는 미인과 베개를 같이해 살을 섞고 깨어서는 천하의 권력을 잡는다'는 것이 이토의 생활철학이었다고 저자는 결론을 내린다. 《스포츠서울》 2002년 8월 29일 / 이점석 기자

4.《일본 군국주의의 괴벨스 도쿠토미 소호》

일본 극우보수의 사상적 아버지
인 도쿠토미 소호德富蘇峰(1863~1957)를
세밀히 조명한 책이다. 그는 한일강
제합병 당시 조선 언론을 통폐합하
고, 조선을 힘으로 다스려야 한다고
주장한 A급 전범이다. 춘원 이광수를
꼬드겨 친일親日로 이끌기도 했다.

특히 이 책에는 국내에는 없는
'조선통치요의朝鮮統治の要義'의 원문
이 실려(제2쇄 이후) 있다. 따라서 일제의 한국병탄사 연구에 없어서
는 안 될 귀중한 자료이다.

'조선통치 요의'는 당시《경성일보京城日報》감독이던 도쿠토미
가 조선총독부 직원들에게 조선민족 지배요령을 일깨우고자《경
성일보》에 10회에 걸쳐 기고한 글이다. 그러나 당시 신문이 없어
져 필자만 전해져 왔을 뿐 구체적인 내용은 알 수 없었다. 이 책이

2005년 8월 출판됨(지식산업사)으로써 조선총독부 '악정惡政'의 기본
지침이 드러났다. 부끄럽게도 조국광복 60년 만이다.

한국언론재단의 지원으로 출판된 이 책 역시 언론계와 학계의
평판은 뜨거웠다.

국사편찬위원장을 지낸 이태진李泰鎭 서울대 명예교수는 2014
년 1월 27일 동북아역사재단에서 열린 한일지식인 공동성명 기념
제3차 학술회의에서 《일본 군국주의 괴벨스 도쿠토미 소호》는 도
쿠토미 소호를 서명에 올린 국내 유일의 저술이다"고 극찬했다.

☞ 〈"이광수 친일변절 뒤에 도쿠토미 있었다"〉

'전후 총결산'을 내세웠던 나카소네 야스히로 전 일본 총리는
헌법 개정을 통한 일본 재무장을 줄기차게 추구해왔으며, 여전히
현실정치에서 큰 힘을 발휘하고 있는 원로정치인이다. 좀체 본심을
드러내진 않으나 일본 보수우익세력의 훈도 노릇도 하고 있는 그
가 쓴 〈일본의 총리학〉에는 다음과 같은 구절이 있다.

나는 1950년 무렵 도쿠토미 선생한테서 정치활동에 대단히 큰 영향
을 받았다. 선생의 탁월한 역사관과 사물의 본질을 꿰뚫는 통찰력에 탄복
했다. 당시 일본이 취해야 할 국가전략에 대해 '중국대륙에 손을 댈 때는
신중하지 않으면 안 된다. 도요토미 히데요시, 대동아전쟁 모두 실패의
역사다. 잘못을 되풀이하지 않으려면 일본은 당분간 아메리카(미국)와 손
잡아야 한다. 다만 아메리카는 지혜가 없으므로 일본이 여러모로 가르쳐

줄 필요가 있다'고 말해주어 큰 참고가 됐다.

　'론-야스'로 대표되는 돈독한 대미관계 속에 '일본열도 불침항모'론을 부르짖었던 나카소네가 큰 영향을 받았다며 '선생'으로 호칭하는 도쿠토미 소호(1863-1957)는 근대 일본제국주의 팽창정책의 열렬한 신봉자이며 중요한 이론가요 선전가였다.

　도쿠토미가 임진왜란(문록·경장의 역)과 대동아전쟁을 실패한 역사라고 한 것은 침략전쟁 자체에 대한 반성과는 전혀 무관한, 다 잡은 조선과 중국을 실책으로 그만 놓치고 말았다는 통한에 찬 얘기이며, '잘못을 되풀이하지 않으려면'이라는 말은 다시 일어나 재도전할 때는 실수를 되풀이하지 말라는 경고와 같은 것이다.

　일본 국민작가로 추앙받는 시바 료타로 등에게도 큰 영향을 끼친 그의 주장은 '새 역사교과서를 만드는 모임'으로 대표되는 지금 일본 우익세력의 세계관과 판박이처럼 닮았다. 패전 뒤 A급 전범으로 지목당했으나 고령인 탓에 기소면제 처분을 받은 그가 남긴《근세일본국민사》100권 등 방대한 궤적들은 그가 왜 나치 독일의 국민계발선전장관이었던 괴벨스와 비견되는지 짐작케 한다. 그는 영어 네이션(nation)을 '고쿠민(국민)'이란 말로 번역해낸 인물이기도 하다.

　1940년 2월12일 이 도쿠토미에게 춘원 이광수가 편지를 보냈다. "도쿄니치니치신문에서 자동차를 타고 고쿠민신문 앞을 지나갈 때 '내 자식이 되어다오'라는 선생의 말씀을 들은 지 5년이 지난 오늘에야 비로소 선생의 간곡한 부탁을 따르게 되었습니다. …문생은 외람되게도 텐노(천황) 이름의 독법을 본받아 가야마 미쓰로(향산광랑)라고 창씨개명하여 오늘 호적계에 신고하였습니다."

이광수는 당시 일제가 조선 지식인들을 옭아넣기 위해 조작한 1937년의 '수양동우회사건'으로 구속됐다가 중병으로 출옥 중 1심 무죄판결을 받았으나 검사 항소로 여전히 피고인 신세였다. 이광수가 말한 '5년 전'은 그가 도쿄니치니치신문 사옥으로 도쿠토미를 찾아간 1936년의 일로, 그때 도쿠토미는 말했다. "자네도 내 아들이 되어주게. 내 조선의 아들이 되어 주게. 일본과 조선은 하나가 되지 않으면 안 되네. 크게 되어 주게, 알겠나?"

지식산업사가 펴낸《일본 군국주의의 괴벨스 도쿠토미 소호》(정일성 지음)는 일제 조선병탄과 식민지배의 일등공신이자, 이광수 등 숱한 조선 지식인들을 친일파로 변절케 하는 데 결정적으로 기여했고, 일제 패전 뒤 일본 우익민족주의 재생의 토대를 닦았으나 지금은 거의 잊혀진 도쿠토미를 되살려 놓았다. 그를 알면 친일부역자들과 그 시대의 내면을 알 수 있다.

도쿠토미는 이광수의 석방에도 큰 영향력을 행사했고 허영숙과의 애정 도피행각도 지원했다. 이광수와 그보다 29살이나 많은 도쿠토미의 인연은 일제강점 몇 년 뒤인 1914년께부터《매일신보》연재 등을 매개로 시작됐다.

도쿠토미는 '가쓰라-태프트 밀약'의 주인공 가쓰라 다로 총리의 정치고문이었으며, 일제 군부실세로 조선병탄조약에 서명한 데라우치 마사타케 총독의 정책고문이자 조선통치정책의 입안가 노릇도 했다. 그는 데라우치가 조선병탄 직후 서두른 조선 언론통폐합 및 총독부 기관지화 작업을 진두지휘했다. 《한겨레》2005년 8월 31일 / **한승동 기자**

☞ 〈日 식민통치 이론가의 생애〉

조선인들이 일본의 조선 통치를 숙명으로 받아들여 일본에 동화하도록 체념케 하고, 만약 제대로 말을 듣지 않을 때는 힘을 사용하라.

도쿠토미(1863~1957)가 《경성일보》에 쓴 '조선통치의 요의'의 한 대목이다. 이름조차 낯선 이 인물을 주목하는 이유는 그가 일제 식민통치의 이론가였고, 전후 일본 내셔널리즘을 부활시킨 장본인이기 때문이다.

기자 출신인 도쿠토미는 일본 정계를 주무른 실력자였다. 청일전쟁 때는 그가 창간한 《고쿠민신문》(국민신문)에서 '조선출병'을 주장해 전쟁 도발을 부추겼고, 러일전쟁 후에는 한국 병탄을 강력히 주장했다.

일본의 강제병합이 이뤄지자 대한제국의 모든 신문과 잡지를 없애고 조선총독부 기관지인 《경성일보》로 일원화한 언론통폐합을 주도했다. 1918년까지 경성일보 고문 자격으로 언론을 요리한 그는 사실상 데라우치 조선 총독의 정책보좌관으로서 식민통치를 보좌

했다.

《코쿠민신문》 창간부터 경성일보 경영, 전쟁 선동 활동과 황국 사관 개발 등 그의 생애를 추적한다. 《조선일보》 2005년 9월 3일 / 김기철 기자

☞ 〈'일제 괴벨스' 도쿠토미 조선병탄의 논리는〉

도쿠토미 소호德富蘇峰. 일제 강점기 때 조선병탄의 최선봉으로, 일제 군부에 침략이론을 주입하고 전쟁을 부추긴 극우 내셔널리스트이다. 독일의 괴벨스와 비교되는, 선전 선동정치의 귀재이기도 하다. 그러나 우리나라에서 괴벨스는 비교적 잘 알려져 있는 반면, 도쿠토미에 대해서는 극소수 사학자를 제외하곤 거의 알려져 있지 않다.

서울신문 기자와 일본 게이오대 객원연구원을 지내고 한·일 관계사 연구에 천착해온 정일성 씨가 도쿠토미 소호의 극우 내셔널리즘을 파헤친 《일본 군국주의의 괴벨스, 도쿠토미 소호》(지식산업사 펴냄)를 냈다.

도쿠토미는 기자 출신으로 60여 년 동안 일본 정계를 주무르고, 패전 뒤에도 살아남아 일본 내셔널리즘을 부활시킨 장본인이다. 이미 청일전쟁 때 《고쿠민신문》을 통해 '조선출병'을 충동질한 그는 러일전쟁 뒤 이토 히로부미의 '조선 보호국민화'를 반대하며 한국 병탄을 주장했다. 한일합병 뒤엔 대한제국 내 모든 신문·잡지를 없애고 조선총독부 기관지 《경성일보》로 통합한 조선언론통폐합을 주도했다.

책은 도쿠토미의 침략논리를 재조명하는 한편 극우 내셔널리즘 논리가 오늘의 일본 보수우익들에게 어떻게 이어지고 있는지도 조목조목 규명하고 있다. 《서울신문》 2005년 9월 3일 / 최광숙 기자

☞ 〈춘원 이광수는 어떻게 친일로 변절하였나〉

도쿠토미 소호(1863~1957)는 기자출신으로 60여 년 간 일본 정계에 영향력을 행사하고, 패전 뒤에도 살아남아서 일본 내셔널리즘을 부활시킨 일본 우파의 선동가다. 일제 군부에 침략이론을 주입하고 전쟁을 부추긴 극우 내셔널리스트라고 할 수 있다.

청일전쟁 때는 그가 창간한 《고쿠민신문國民新聞》을 통해 '조선 출병'을 주장하며 전쟁 도발을 충동질하고, 러일전쟁 뒤에는 이토 히로부미의 '조선 보호국화'를 반대하며 한국병탄을 강력히 주장했다고 한다.

그러고 나서 1910년 8월 합방이 이루어지자 대한제국 내 모든 신문과 잡지를 없애고 유일하게 조선총독부 기관지 《경성일보》만 남긴 '조선 언론 통폐합'을 주도했다. 그리고 그 해 9월 《경성일보》 고문으로 취임해 이후 8년 동안 편집과 경영을 총지휘하며 식민통치를 배후 조종한 이론가이다.

지금까지도 우리에게 많은 상처를 남긴 '민족동화정책'을 창안하고 실행했으며, 《경성일보》에 〈조선통치 요의〉라는 교본을 실어 '무단통치'의 시작을 알리기도 했다. 총독부 직원들에게는 통치요령을 제공하고 동시에 우리 민족에게는 무력행사를 협박한 글을 보

면 그의 영향력이 단순히 신문기자에 머물지 않았음을 알 수 있다.

〈조선통치 요의〉를 읽어보면 참으로 참담하다. 그 글은 통치술에 대해 교묘하고 치밀하게 적고 있다. 로마제국과 영국 식민정책 사례를 들어 분석하고, 유럽 여러 나라가 아프리카에서 행한 식민정치는 조선통치와는 다르다고 말하며 세부적인 방법론에도 공들여 설명한다.

조선을 이해하고 알아야 한다고 말하면서 편협한 인식에 기초해 우리 민족을 경멸하고 무시하는 태도는 식민사관이라 불리는 실체를 보여준다. 조선을 정치적 중독 상태라고 칭하고 조선 정치사를 음모사라고 부른다. 음모에는 정쟁과 당화가 따르기 마련이고 붕당 싸움이 조선처럼 극심한 곳도 없다고 하며 세계 악정惡政의 전형이라고 말한다. 총론 한 구절을 인용해 보면 이렇다.

통치목적을 달성하기 위해서는 첫째로 조선인에게 일본의 통치가 불가피함을 마음에 새기도록 해야 한다. 둘째는 식민통치로 자기에게 이익이 따른다고 생각하게 하고, 셋째는 통치에 만족하여 기꺼이 복종하게 하고 즐겁도록 하는데 있다.

도쿠토미는 언론을 통폐합하면서 우리말 신문을 모두 없애지 않고 《매일신보》를 총독부기관지로 남겨두었다. 여기에는 갈 곳 잃은 언론인과 지식인을 《매일신보》로 끌어 모아 일자리를 주고 조직적 저항을 미리 차단하려는 의도가 있었다. 철저한 감시 아래 기사를 쓰게 하되 정치적 문제가 아닌 소설 등을 실을 수 있는 문화마당을 마련해 항일운동을 어느 정도 잠재우려 했고 이러한 전략은 상당 부분 유효했다고 한다.

도쿠토미는 현란한 논리로 조선 지식층을 무력감에 빠뜨렸다. 춘원 이광수도 그 덫에서 벗어나지 못했던 것일까. 춘원의 글을 종합해 보면 도쿠토미의 영향을 많이 받았다고 한다. 춘원은 일반 사람들이 꼭 읽어야 책 8권을 고른 적이 있는데, 그 필독서 목록에는 도쿠토미의 〈소호문선〉도 포함되어 있었다.

합방된 지 6년이 지난 시점에서 작가가 꿈이던 춘원은 일본 유학 후 총독부 기관지에 글을 쓰는 것을 마다하지 않는다. 발행부수가 많고 신문으로는 유일한 《매일신보》가 매력적이었던 것이다. 이때 춘원의 글 솜씨에 감동한 《매일신보》 아베 사장이 도쿠토미와의 만남을 주선한다.

《매일신보》에 〈무정〉 연재를 마친 후, 새로운 여행기 연재를 위한 여행 도중 춘원은 도쿠토미를 접한다. 1917년 8월 부산항에서의 만남. 이때 춘원은 25세의 혈기 왕성한 청년이었고 도쿠토미는 54세였다. 아버지뻘이던 도쿠토미는 춘원의 실력을 치켜세우는 데 여념이 없었다.

이렇게 식민통치에 잘 순응하는 것처럼 보인 춘원이었지만 무기력하게 무너지진 않았다. 2년 뒤 춘원은 1919년 도쿄에서 〈2·8 독립선언서〉를 쓰고 중국 상하이로 건너가 독립운동에 투신한다. 상해 대한민국 임시정부 대변인이자 《독립신문》 사장으로 독립운동에 가담한 것이다.

이후 망명 2년 남짓 만에 돌아와《동아일보》편집국장과《조선일보》부사장 등을 지낸다. 하지만 이 무렵에도 도쿠토미와의 인연은 계속된다. 1936년 아베가 죽은 뒤 춘원이 도쿠토미를 방문하자 어깨를 안으며 말한다.

"자네도 내 아들이 되어주게. 내 조선 아들이 되어 주게. 일본과 조선은 하나가 되지 않으면 안 되네. 크게 되어 주게"하며 타이르며 감옥에 들어갈 일은 하지 말아달라고 손을 쥐었다. 〈소호 옹을 둘러싼 감회〉에서 춘원이 기술한 바에 따르면 그렇다. 춘원은 이후 '수양 동우회' 사건에서 도산 안창호 등과 검거되어 재판을 받는다. 재판 도중 춘원은 이름을 가야마 미쓰로로 창씨개명하고 경성부 호적계에 신고한 다음 도쿠토미에게 편지를 보냈다. 안타깝고 슬픈 일이다.

내 자식이 되어달라는 선생의 말씀을 들은 지 5년의 세월이 지난 오늘에야 비로소 선생의 간곡한 부탁을 따르게 되었습니다. 민유사에서 친히 문생門生의 손을 잡고, 감옥에 가지 말고 문장보국에 정진하라고 타이르셨는데 (중략) 그러나 옥중에서 병을 앓으면서 깊은 반성과 함께 생각할 수 있는 기회를 갖고 조선 민족의 운명에 대해 확신을 얻게 되었습니다. 이는 무엇보다 다행한 일입니다. 조선인은 앞으로 텐노의 신민으로서 일본제국의 안락과 근심 걱정을 떠맡고 나아가 그 광영을 함께 누려야 한다는 사실을 깨닫고 국민 수업에 전념하게 되었습니다. 이제 조선이야말로

텐노 중심주의로 나아가야 하리라 생각합니다…(이하 생략)

　도쿠토미는 94세까지 장수했다. 일생 동안 펴낸 책은 400여 권에 이른다. 패전 후 A급 전범으로 분류되었지만 고령으로 처벌을 면한 도쿠토미는 그 후에도 많은 책을 내놓고 '천황제' 존속을 강력히 주장했다고 한다. 지금도 텐노를 일본 국민의 구심체로 내세우는 세력이 주장하는 국민통합 논리는 도쿠토미 사고체계와 그대로 닮아 있다.

　도쿠토미의 생각은 오늘날 일본 극우 사상으로 이어져 내려오고 있다. 나카소네 전 수상은 직접 쓴 《일본의 총리학》에서 '도쿠토미 선생으로부터 정치생활에 큰 영향을 받았다. 선생의 탁월한 역사관과 사물의 본질을 꿰뚫는 통찰력에 탄복했다'고 밝히고 있을 정도라고 한다.

　나카소네는 평화헌법을 개정을 추진하는 측에서 정신적 구심점으로 삼고 있는 인물 중 한 사람으로 여전히 현실 정치에 힘을 행사하고 있다. 게다가 신사참배를 이끄는 고이즈미의 자민당은 일주일 전 실시된 9·11총선에서 압승했다.

　개헌 논의가 급물살을 탈 것이라는 전망이다. 이렇게 개헌파가 득세하는 가운데 어제 선출된 제1야당 민주당 대표 역시 개헌 찬성론자라는 소식이다. 헌법 9조 개정을 주장하는 온 목소리가 절정에 달하는 느낌이다.

　1980년대까지만 해도 '터부'로 금기시 되었던 평화헌법 개정은 이제 기정사실화 되고 있다. 개헌 추진론자들은 '보통국가'를 지향한다고 주장하지만, 개헌은 군사대국으로 이어져 주변국을 위협할 가능성이 매우 크다.

이러한 일본의 움직임을 우리는 얼마나 감지하고 있을까. 천황 중심주의와 군국주의에서 내려오는 일본 우파의 사상적 뿌리가 얼마나 견고한지 알고 있을까. 근대 일본제국주의 팽창정책의 열렬한 신봉자이며 선전가인 도쿠토미는 여전히 살아 있다. 또 다른 춘원을 포섭하기 위한 밑그림을 그리고 있을지 모른다.

신문 기자와 일본 게이오대 객원연구원을 지내며 한·일 관계사 연구에 천착해온 저자가 왜 지금 이 시점에서 일본 군국주의의 핵심인물을 밝혀 그 생애를 추적하는지 생각해 볼 일이다.《오마이뉴스》2005년 9월 19일 / 박성철 기자

☞ 〈Special Book《도쿠토미 소호》〉

언론인 출신으로 일본 근현대사 연구에 몰두하고 있는 저자는 도쿠토미 소호德富蘇峰라는 인물에 대해 방대한 자료를 수집하고 이를 분석했다. 도쿠토미는 이토 히로부미伊藤博文 못지않게 우리 민족에 해악을 끼친 인물이다.

도쿠토미는 청일전쟁에 그가 창간한《고쿠민신문國民新聞》을 통해 '조선출병'을 주장하며 전쟁 도발을 충동질했다. 또한 '민족동화정책'을 창안해 우리 민족의 정체성을 훼손했으며 총칼과 말발굽으로 우리나라 국권과 민생을 짓밟은 '무단통치'의 단서를 제공하기

도 했다.

그의 죄상이 이렇게 많은데도 우리는 도쿠토미를 모르고 있다. 아니, 그에 대해 제대로 알려고 하지도 않았다. 도쿠토미의 죄상을 밝히는 것이 우리의 부끄러운 역사를 다시 들추어내는 것이기 때문일까? 저자는 서문에서 이 책의 집필 이유를 이렇게 밝혔다.

치욕스럽다는 이유만으로 우리가 알아야 할 진실이 묻혀서야 되겠는가. 비록 수치스런 역사일지라도 이를 바르게 기록해 거울로 삼아야 한다.

《주간동아》 2006년 2월 14일(제522호) / 이인모 기자

☞ 〈이 달의 추천 도서─《도쿠토미 소호》〉

도쿠토미 소호는 일제 강점기 때 일제 군부에 침략이론을 주입한 극우 내셔널리스트다. 선전·선동정치의 귀재로 독일 괴벨스와 견줄 만하다.

도쿠토미는 기자 출신으로 수십 년 간 일본 정계를 주무르고, 패전 뒤에도 살아남아 일본 내셔널리즘을 부활시킨 장본인이다. 이광수 등 숱한 조선 지식인이 친일파로 변질하는 데 결정적으로 기여했고, '가쓰라-태프트 밀약'의 주인공 가쓰라 다로 총리의 정치고문이었으며, 한일강제합방 뒤 조선 언론 통폐합을 주도했다.

서울신문 기자와 일본 게이오대 객원연구원을 지내고 한일 관계사 연구에 천착해온 저자는 도쿠토미의 침략논리를 재조명하는

한편 극우 내셔널리즘 논리가 오늘의 일본 보수우익에게 어떻게 이어지고 있는지도 구명究明하고 있다. 《신동아》 2006년 3월호

5.《야나기 무네요시의 두 얼굴》

일본 민예운동의 창시자이자 문 장가인 야나기 무네요시柳宗悅는 최 근까지도 우리 사회, 특히 문화계에 서 '식민지시대 조선의 독립을 도운 대표적 친한파親韓派 일본 지식인'으 로 추앙받던 인물이다.

그러나 그는 실제로 '오리엔탈리 즘'을 동원, 조선총독부의 무단통치 를 '허울' 뿐인 문화통치로 바꾸는데 일조한 '제국주의 통치 이데올로그'였다. 조선의 예술을 피침의 역 사가 낳은 '비애悲哀의 미美'로 뜻매김하며 우리 민족의 가슴에 '한恨 의 못을 박은 일로도 유명하다.

그런 야나기의 두 얼굴 가운데 정치·사회적 측면을 해부했다. 이 책에 대한 언론계의 서평은 《후쿠자와 유키치》만큼이나 뜨거웠 다. 이 책도 관훈클럽 신영연구기금의 지원을 받았다. 2018년 5월 3

쇄를 냈다.

☞ 〈야나기가 조선을 사랑했다고?〉

'조선을 사랑한 일본인'. 야나기 무네요시柳宗悅(1889~1961) 앞에 수식어로 붙는 말이다. 그는 일제시대 우리 민족 편에 섰던 양심 있는 지식인의 대표로 꼽힌다. 그는 일제의 광화문 철거 계획을 비난했고, 조선 예술의 아름다움을 예찬했으며, 조선민족미술관을 설립해 조선의 우수한 예술품을 전시했다. 1984년 전두환 정권은 그가 우리나라 미술품 문화재 연구와 보존에 기여한 공로를 인정해 보관寶冠문화훈장을 추서했다.

야나기는 왜 그토록 조선 문제에 깊이 관여했을까. 그의 본심은 과연 무엇이었을까. 이 책은 그런 궁금증에서 시작된다. 그리고 야나기에 대한 그동안의 평가를 송두리째 뒤집는다. 저자의 결론에 따르면 그는 3·1운동에 대한 일제의 무력 진압에 상처받은 조선 민족의 마음을 달래려 한 심리요법사이자 식민지 조선통치의 훈수꾼에 불과하다.

야나기가 일반 대중에게 널리 알려진 건 3·1 운동 직후 요미우리신문에 기고한 글 '조선인을 생각하다'를 통해서다. 그는 "사람은 사랑 앞에 순종하나 억압에는 완강하다. 일본은 어느 길을 따라 이웃에 접근하려는 것일까. 평화를 바라는 바라면 왜 어리석음을 거듭하며 억압의 길을 택하는 것일까"라며 일본의 무단정치에 대해 비판했다. 하지만 그는 단순히 일제의 통치 방식에만 이견을 제시했을 뿐 조선의 독립을 지지한 것은 아니었다. 이에 대해 저자는 "야나기는 일제의 식민통치 방법을 무단통치에서 이른바 문화통치로 바꾸는 데 일조한 제국주의 공범"이라고 못박았다.

또 그의 글 전체를 읽어보면 우리 민족을 얕잡아 보는 속내가 드러난다.

> 역사가는 조선의 국시國是를 '사대주의'라고 할는지 모르겠다. 그러나 지리상 겪어야 했던 숙명은 우리에게 깊은 동정을 자아내게 한다. … 조선 역사는 슬픈 운명이었다. 그들은 억압을 받으며 3000년의 세월을 거듭해왔다. 그들은 힘도 갖고 싶고 돈도 바랄 것이다. 그러나 학대받고 구박받은 몸은 무엇보다 인정이 그리운 것이다.

야나기는 제국주의 침략과 이에 항거하는 독립항쟁을 모두 비판하는 양비론적 주장도 펼쳤다. 1920년 잡지《가이조》에 발표한 '조선의 벗에게 드리는 글'에서다. "일본이 칼로 여러분의 피부를 조금이라도 상하게 하는 짓이 절대적 죄악이듯 여러분들도 피를 흘리는 방법에 따라 혁명을 일으켜서는 안 된다"고 했다.

저자는 야나기의 '조선예술 비애미론悲哀美論'에 대해서도 신랄한 비판의 칼을 댔다. 야나기가 우리 예술에게 '한恨의 멍에'를 씌웠다는 주장이다. 1922년 야나기가《신초》지에 기고한 논문을 보면 그 주장에 고개가 끄덕여진다.

(조선 백성에게는) 괴로움과 쓸쓸함이 온몸에 배어 있다. 마음은 늘 예술에 가 있었지만 소리에는 강한 가락도, 색에는 즐거운 빛도 없다. 감정에 넘치고 눈물에 충만한 마음만이 있다. 미도 애상哀傷의 미일 뿐이다.

그리고 야나기는 우리 예술의 특성인 '곡선'에 대해 "동요하는 불안정한 마음의 상징"이라고 했고, 무늬를 안으로 감춘 상감기법에 대해서는 의지하고 마음을 털어놓을 만한 벗이 없는 쓸쓸함 때문에 생긴 것이라고 해석했다. 저자는 "야나기의 조선 역사 해석과 조선 예술에 대한 인식은 일제가 조선 침략을 정당화하기 위해 어용학자들을 동원해 조작한 이른바 식민사관과 맥을 같이 한다"고 말한다. 또 조선 예술을 예찬하는 그의 속내는 '일본식 오리엔탈리즘'에서 비롯됐다고 해석한다.

물론 야나기의 공적도 있다. 1922년 《가이조》에 기고한 '사라지려 하는 한 조선건축을 위하여'를 통해 광화문 철거 반대 여론을 일으킨 것 등이다.

기자 출신인 저자가 야나기에 대한 수수께끼를 풀어야겠다고 생각한 건 1982년 일본의 역사교과서 왜곡 파동 때라고 한다. 그 뒤 20여 년 동안 틈틈이 관련 자료를 모았다. 그리고 "야나기에 대한 과장된 평가는 자국 역사 미화에 익숙한 일본 학자들의 황국사관에 젖은 평가를 근거로 내린 추론에 지나지 않는다"고 결론을 내렸다. 《중앙일보》 2007년 9월 22일 / 이지영 기자

☞ 〈'조선을 사랑한 일본인'은 허구, 그는 日 제국주의의 공범이었다〉

야나기 무네요시柳宗悅는 우리에게 여전히 극복되지 못한 식민사관의 잔재와, 지금도 계승되고 있는 왜곡된 조선예술에 대한 심미적 한계를 보여주는 '멍에' 같은 존재다. 그에 대한 문제제기가 있었음에도, 야나기는 '조선인과 조선예술을 사랑한 일본인'으로 여전히 칭송받고 있다. 사실 이를 통해 우리 내부에 뿌리박힌 식민의 잔재가 얼마나 견고하고 치밀한 것인가를 알 수 있다. 거기에 우리 학계의 게으름까지.

기자 출신인 저자는 그동안 '우리 눈으로 일본 바로알기'라는 목표로 여러 권의 저작을 냈었다. 바로 '우리 눈'에 방점을 찍을 수 있겠으나, 이 책에서 드러나듯 야나기에 대한 비판적 연구조차 일본 학자들에 기대고 있는 것을 보면 한심하다는 생각이 든다. 저자는 야나기 무네요시의 거의 모든 글과 강연 등을 분석해 그가 친한 인사가 아닌 식민의 통치 이데올로그였음을 보여주고 있다.

일본 민예운동의 창시자인 야나기는 일제 때 광화문 철거를 반대한 것으로 우리에게 각인돼 있다. 무엇보다 그가 쓴 '조선의 미美'는 조선의 예술을 잇따른 외세 침입의 역사가 낳은 '비애의 미'로 규정하고, 그 기저에 '한恨'을 자리매김하도록 했다. 우리가 지금도 주저 없이 우리 문화나 예술을 '한'과 연결 짓는 것도 야나기에 의해 비롯된 것이다.

우리 학계는 야나기를 1960년대 초반 '한국 예술의 원형을 정립한 공로자'로 치켜세웠는데, 지금도 이같은 관점은 크게 달라진

게 없다. 문제는 우리 학계의 야나기 칭송도 일본 학자들의 그것을 흉내 낸 데 지나지 않는다는 점이다. 1984년 전두환 정권은 죽은 지 23년이 된 야나기에게 보관문화훈장을 주기도 했다.

야나기에 대한 정치·사회학적 재조명은 일본인 학자들에 의해 이뤄졌다. 철학자 이토 도루伊藤徹는 "야나기 무네요시의 사상과 행동은 일본 제국주의의 정치사상과 공범관계에 있다"고 단언한다. 고古도자기 연구자 이데가와 나오키出川直樹도 "야나기가 식민통치 아래 신음하는 조선민족의 현실을 제대로 보지 않고, 관념적이고 정서적 세계인 예술의 중요성만을 강조한 것은, '비극의 민족'의 관심을 예술로 돌려 현실 타파를 단념시키기 위한 허구이자 기만이며, 조선예술을 '비애의 아름다움'으로 해석한 것도 그 때문"이라는 결론을 내리고 있다.

오구마 에이지小熊英二 게이오慶應대 교수는 "야나기가 조선 예술을 집중 거론한 것은 일제의 조선 지배를 정당화하고 재구성하기 위한 일본적 오리엔탈리즘"이라고 강조한다. 야나기의 가계에는 일본군과 총독부에 친밀한 인사들이 많다. 우리 학계가 이같은 기본적인 출신성분만 분석했더라도 야나기의 정체성에 대해 근본부터 점검해보는 학문적 자세가 나왔음직하다. 《문화일보》2007년 9월 28일/엄주엽 기자

☞ 〈"일제의 문화통치 공범이었다"〉
'한恨'. 우리 민족의 지배적 정서로 가장 널리 꼽혀 온 단어다.

감정적 차원을 일컫는 단어 '한'은 명확한 실체를 갖는 예술과 역사의 차원으로 영역을 넓히며 '한의 역사' '한의 예술' 등 부자연스런 조합의 신조어를 양산해냈고, '한민족韓民族'과 '한민족恨民族'의 동음이의어적 경계를 오가며 양자의 의미를 뒤섞었다. '한'이란 지극한 '비애미悲哀美'는 '수많은 침략을 받으면서도 다른 나라를 침략한 적이 없을 만큼 평화를 사랑하는 민족'이란 언술과 맥을 같이 했고, 토끼 모양으로 형상화된 한반도 지도를 머릿속에 새기도록 만들었다. 딱히 증명할 근거도 없고, 때론 사실 관계와도 다른 이같은 의미 확장의 배경엔 뜻밖에도 '한'을 심어준 나라 일본의 한 민예운동가이자 미술평론가의 역할이 지대했다.

야나기 무네요시(1889~1961). 한국식 이름 유종열로도 잘 알려진 사람. 야나기는 일제 식민지 시절 대표적인 친한파였다. 그는 조선시대 민화에 '민화'란 이름을 최초로 부여해 학술적 체계화를 시도했고, 조선총독부 건축을 위해 광화문 철거가 논의되자 철거를 적극 반대하며 한국의 예술품 보존의 중요성을 설파했다. 1924년엔 서울에 조선미술관을 설립했고, 36년엔 일본 도쿄에서 이조도자기전람회와 이조미술전람회를 개최했다.

그가 수집했던 일본 내 조선 민화 120여 점이 2005년 9월 서울역사박물관에서 전시됐고, 역시 그가 수집한 260여 점의 자료가 지난해 11월부터 3달간 〈야나기 무네요시가 발견한 조선 그리고 일본〉이란 제목으로 일민미술관에서 공개됐다. 84년 9월엔 전두환 정권이 '우리나라 미술품 문화재 연구와 보존에 기여한 공로가 크다'

는 이유로 보관문화훈장도 추서했다. 야나기는 누가 뭐래도 식민지 조선을 사랑한 '일본인 같지 않은 일본인'이었다. 야나기는 그렇게 알려져 왔다. 그렇게 알려지며, 야나기는 침략국 일본의 야만성에서 분리돼 '은인'의 위상을 부여받았다.

《서울신문》 기자를 그만둔 뒤 한·일 근현대사 연구에 몰두해 온 정일성 씨가 최근 《야나기 무네요시의 두 얼굴》(지식산업사)이란 책을 펴냈다. 야나기의 또 다른 얼굴을 가감 없이 들춰낸 저자는 야나기를 민예운동가가 아닌 '문화정치 이데올로그'로 파악한다.

저자의 야나기 평가는 가혹하다. "3·1운동을 계기로 일제의 식민통치술을 무단통치에서 이른바 문화통치로 바꾸는 데 일조한 제국주의 공범"이자 "일제의 무력진압에 상처받은 한민족의 마음을 달래려 한 심리요법사, 식민지 조선통치 훈수꾼"이라고 규정짓는다.

저자가 우선적으로 제시하는 근거는 야나기의 친한파적 기질을 증명하는 가장 훌륭한 자료로 평가돼온 글, 1919년 5월 일본 《요미우리신문》에 발표된 '조선인을 생각한다'다. 3·1운동 당시 조선인 학살에 분노하며 썼다는 이 글은 이듬해 4월 동아일보에 번역 게재됐고, 게재 직후엔 '조선의 친구에게 보내는 글'이란 또 다른 글이 같은 신문에 실리면서 커다란 반향을 불러일으켰다.

저자는 두 글이 "주의를 기울여 읽으면 조선 독립을 돕는 내용이 아니란 걸 알 수 있다"며 몇 대목을 짚어낸다. "반항(독립만세운동)을 현명한 길이라거나 칭찬할 태도라고는 생각지 않는다('조선인을 생각하다')"고 한 것이나 "우리가 총칼로 당신들을 해치게 하는 것이 죄악이듯이, 당신들도 유혈의 길을 택해 혁명을 일으켜서는 안 된다(‘조선의 벗에게 드리는 글’)"고 강조한 점 등. 요컨대 야나기에 대한 저자의 평가는 이렇다. ‘사이토 마코토 3대 총독의 문화통치 두뇌’. 이 책을 통해 70년대 거세게 일었던 야나기에 대한 비판적 재평가가 다시 한 번 활기를 띨 수 있을지 주목된다. 《서울신문》2007년 9월 28일 / **이문영 기자**

☞ 〈야나기는 진정 조선예술을 사랑했을까〉

야나기 무네요시柳宗悅(1889~1961). 유종열이라는 한국식 음독으로 그를 기억하는 사람도 있을 것이다. 조선 사람보다 더 조선의 예술을 사랑하고 사멸의 구렁텅이에서 구출해냈다는 그. ‘비애의 미’ 등 21세기에도 여전히 조선예술을 바라보고 이해하는 틀과 권위로 통하는 개념을 안출해낸 독보적 존재. 현대 한국인들의 전통예술·전통미에 대한 관념의 형성에 지대한 영향을 끼치고, 따라서 그들의 일상적 미감과 역사관에도 심대한 흔적을 남긴 고유섭, 김원룡, 이한기, 김양기, 이진희, 한상일, 이규태 등 역사·예술·언론계의 실력자들이 예찬했던 야나기 무네요시.

《야나기 무네요시의 두 얼굴》(지식산업사)은 그런 야나기론을 근본적으로 다시 생각하도록 만든다. 야나기의 글과 개인사, 시대적 배경을 추적하고 원문을 두루 충실하게 소개하면서 그에 관한 최근 연구 성과들까지 담은 ‘야나기 읽기’의 새로운 총괄 텍스트다.

일본 민예운동을 이끈 야나기의 조선예술 비애미론悲哀美論은 의외로 단순소박하다. 그는 예술 구성요소의 기조를 형태와 색채, 선으로 나누고 이를 동양 3국의 미적 특질과 하나씩 연결하는 도식화를 감행한다. 중국은 강대하니 형태의 예술이고, 일본은 아름다운 자연의 혜택을 보장받고 있으니 색채의 예술이며, 조선은 길고 가느다란 곡선이 주조를 이루는 선의 예술이다. 그런데 그 선의 미는 "즐거움이 허용되지 않고 슬픔이나 괴로움이 숙명처럼 몸에 따라다니는" 역사 속에서 만들어졌다. "조선의 역사는 슬픈 운명이었다. 그들은 억압을 받으며 3천 년의 세월을 거듭해왔다."(조선인을 생각하다) 오직 끝없는 침략과 착취, 억압과 고통과 비참, 슬픔, 쓸쓸함으로 점철됐으며, 그게 예술에 그대로 반영됐다는 것이다.

조선이 수많은 외침을 받은 것은 사실이지만 고대정복 왕조들 간의 전쟁은 중국에서도 일본에서도 끝없이 되풀이됐고 왕후장상이 아닌 민초들의 수난과 비참은 동양 3국뿐만 아니라 유럽까지 포함한 지구상 모든 역사의 일상다반사였다. 그것을 조선이니 일본이니 하는 근대 민족국가 관념으로 파악한 것부터 넌센스다. 그리고 임진란 전까지 일본의 어느 시대가 통일신라나 고려 전기, 조선 전기보다 더 번성과 안정을 구가했단 말인가.

게다가 야나기 자신이 말했듯이 신라 · 고려 · 조선 후기의 전란과 비참에는 일본의 책임이 크다. "오늘날 조선의 옛 예술, 즉 건축과 미술품이 거의 황폐하고 파괴되고 만 것은 대부분이 실로 가공할 왜구의 소행 때문이었다." 그는 신라시대 건축물이 별로 남아 있지 않은 것도 "거의가 가공할 우리(일본) 조상들의 죄"의 결과로 봤고 "임진란의 조선 예술에 대한 일본의 부끄럽고도 무의미한 박해"를 개탄했다.

그리하여 조선 땅의 예술품은 거의 파괴되고 약탈당했으며 침략자들이 남은 정수들을 휩쓸어갔다. "지난번 나라를 방문했을 때 호류지에서 놀랄 만한 옛 미술품을 볼 수 있었다. 모두가 국보나 황실 소장품이라고 했다. 그러나 대부분이 조선의 작품이라는 사실을 부정할 수 없었다. 얼마 전 행한 쇼토쿠 태자 1300주기 마쓰리는 실로 조선에 대한 예찬이었다"('조선민족 미술전람회에 즈음하여'), "조선예술에 대해 존경하는 마음과 추모의 정을 느끼지 않는 우리의 심리상태에는 대단한 모순이 있다고 생각한다. 왜냐하면 국보 가운데 국보로 불리는 유물들 대부분이 조선 사람의 손으로 만들어졌기 때문이다. 예를 들면 호류지의 백제관음, 유메도노의 관음입상도 틀림없는 조선의 작품이다. 엄밀히 말해 일본의 국보급 유물은 조선의 미로 채워졌다고 할 수 있다."('조선의 미술')

섬세한 미감을 지닌 도쿄제국대 철학과 출신의 지식인 야나기는 그 사실을 알고 있었고, 그것을 인정할 만큼 양심적이었다. 그가 "그 무서운 사건"이라 했던 3 · 1저항운동의 충격이 채 가시지 않은 1919년 5월부터 시작한 조선의 예술에 관한 수다한 저술은 바로 그 때문에 차별 속에서 일제의 무단통치에 분노하고 자민족 역사에 절망하던 도쿄 유학생 등 식민지 조선의 지식그룹을 감동시켰다. 그들에게 야나기는 그들의 정체성을 재확인케 해주고 일제의 잘못을 공개적으로 비판한 최초의 일본인 저명 지식인이었다.

하지만 거기까지가 그의 한계였다. "야나기 무네요시의 사상과 행동은 일본 제국주의 정치사상과 공범관계에 있었다"고 한 철학자 이토 도오루나 "야나기가 식민통치 아래 신음하는 조선민족의 현실을 제대로 보지 않고, 관념적이고 정서적 세계인 예술의 중요성만을 강조한 것은 '비극의 민족'의 관심을 예술로 돌려 현실타파를 단념시키기 위한 허구이자 기만"이라고 한 옛도자기 연구가 이데가와 나오키, "야나기가 조선예술을 집중 거론한 것은 일제의 조선 지배를 정당화하고 재구성하기 위한 일본적 오리엔탈리즘"이라한 오구마 에이지 게이오대 교수의 지적대로 야나기는 조선독립에 반대했다. 일제 식민통치야말로 왜구와 임진란을 능가하는 비극의 원천이었음에도 그는 그 구조적 모순에 눈을 감았다. 메이지유신 이후시대에 살았던 야나기는 철저히 메이지유신으로 대표되는, 일본 중심으로 재편된 동아시아근대라는 지평 속에서 과거를 바라봤다. 그에게 일본제국주의는 다소의 과오는 있으나 근본적으로 선진先進이고 선善이었다. 그는 과거도 그 연장선상에서 바라봤다. 그는 일제의 무단통치는 비판했으나 식민지배 자체는 긍정했다. 다만 총칼이 아니라 정情과 예술, 종교를 통해 부드러운 방법으로 피식민자들을 어루만져 그들이 자발적으로 일본 통치를 받아들이게 만들어야 한다고 역설했을 뿐이다. 역시 '악어의 눈물'이었을까.

1922년 5월 일제의 조선 식민 지배를 정당화한 미국인 알렉산더 파월의 '일본의 조선 통치정책을 평하다'를 읽고 〈세계의 비판〉

(37호)에 쓴 '비평'이란 글에서 야나기는 "이만큼 오류가 적고 공정한 평론을 본 적이 없다"면서 주장한다. "조선민족에게 다소나마 자각이 있었더라면 중국이나 러시아 또는 일본이 넘볼 수는 없었을 것이다. … 따라서 도덕적 측면에서는 일본이 비난받아 마땅하지만 일-한 합병이라는 결과에 대해서는 조선 스스로도 절반은 책임을 져야 한다고 생각한다. … 약자는 강자를 원망하기 전에 왜 이런 처지가 되었는지를 스스로 반성하지 않으면 안 된다. … 조선 사람들이여, 독립을 갈망하기 전에 인격자의 출현을 앙망하라. 위대한 과학자를 내고 위대한 예술가를 낳아라. 될 수 있는 대로 불평의 시간을 줄이고 면학의 시간을 많이 가져라." 후일 변절한 이광수가 들고 나온 '민족개조론'의 원형이 여기에 있다.

그의 가족사가 많은 걸 얘기해줄지 모른다. 아버지 나라요시는 해군 소장 출신으로 일본군함 운요호가 강화도를 침범했을 때 해군 수로국 책임자였으며 귀족원 의원을 지냈다. 야나기는 지배그룹 자녀들이 다니던 가쿠슈인(학습원)을 거쳐 도교제국대에 들어갔다. 누나 스에코의 남편 가토는 인천 주재 일본총영사관에서 근무했고, 가토 사후 재혼한 해군무관 다니구치는 3·1운동 때 해군 인사국장으로 조선에 증파된 병력 수송 작전을 맡았으며 나중에 해군대장으로 승진했다. 여동생 지에코의 남편 이마무라는 3·1운동 당시 조선총독부 인사권과 경찰권을 쥐고 있던 내무국장이었다.

야나기는 "일본이 칼로 여러분의 피부를 조금이라도 상하게 하는 짓이 절대적 죄악이듯이 여러분들도 피를 흘리는 방법에 따라

혁명을 일으켜서는 안 된다"고 했다. 피부 정도가 아니라 오장육부를 짓이겨 놓은 가해자와 피해자를 양비론으로 얼버무리다니. 팔레스타인-이스라엘 분쟁을 바라보는 강자들의 전형적인 시각과 다를 바 없다.

1974년 시인 최하림 씨가 야나기의 〈조선과 그 예술〉 번역본《한국과 그 예술》)에 대한 해설 '야나기 무네요시의 한국미술에 대하여'에서 야나기의 조선예술관을 정면으로 반박했을 때 나라 안팎에서 풍파가 일었다. 최씨는 야나기의 글들이 "말 못하는 조선인들의 상처를 달래주었음에 틀림없었다"면서도 그의 관점을 "한국인을 패배감으로 몰아넣으려는 술책과 한국의 역사를 사대로 일관한 비자주적인 역사로 몰아치려는 일본 제국주의의 정책이 교묘히 버무려진 사고방식"이자 "일제의 조선정책과 그의 센티멘털한 휴머니즘이 혼합 배태한 것"이라고 비판했다. 그럼에도 야나기 철옹성은 거의 흔들리지 않았다. 1984년 전두환 정권은 "우리나라 미술품 문화재 연구와 보존에 기여한 공로"를 기려 23년 전에 작고한 야나기에게 '보관문화훈장'을 추서하기까지 했다. 야나기는 여전히 조선예술의 구원자이자 교사로 통하며, 심지어 그가 조선의 독립을 주창한 투사였다는 허구마저 사실마냥 떠돌고 있다. 《한겨레》 2007년 9월 29일 / 한승동 선임기자

☞ 〈그는 조선을 사랑했다? 야나기를 다시 보다〉

야나기 무네요시柳宗悅(1889~1961). 조선총독부 건축을 위해 광화

문 철거가 논의되자 이에 반대하고, 서울에 조선미술관을 설립했으며, 도쿄에 이조도자기전람회와 이조미술전람회를 유치했던 일본인.

1984년에는 정부가 보관寶冠문화훈장을 추서하는 등 그는 우리 사회에서 조선의 예술의 가치를 정당하게 평가하고 심지어는 일본의 조선 동화정책에 반대한 양심적 일본인으로 자리매김해왔다.

언론인 출신의 정일성 씨가 펴낸《야나기 무네요시의 두 얼굴》은 '야나기 신화'의 후광을 걷어내고 '식민지 문화정치의 이데올로그'로서의 면모를 밝힌 논쟁적인 책이다.

가령 3·1운동 직후인 1919년 5월 요미우리신문에 게재된 글로 '일선동화日鮮同化' 정책을 비판한 글로 알려진 '조선인을 생각하다' 같은 칼럼들만 꼼꼼히 읽어봐도 이같은 사실을 확인할 수 있다는 것.

야나기는 이 글에서 "반항을 현명한 길이라거나 칭찬할 태도라고 생각하지 않는다"며 조선인들의 독립투쟁을 반대하고 있다.

1922년 발표한 '비평'이라는 칼럼에서는 "조선 사람들이여, 쓸데없이 독립을 부르짖기 전에 위대한 과학자와 예술가를 길러라"고 주문하며 식민주의자로서의 면모를 감추지 않는다.

조선예술의 특징을 '비애미悲哀美'라고 짚어낸 그의 미학관 역시 논란거리다. 여기에는 무단통치로 상처받은 식민지인들을 위무하는 척 하면서 무력감과 허무의식을 주입해 저항정신을 말살하려는 의도가 깔려있다는 것이 저자의 생각이다.

이 책은《후쿠자와 유기치—탈아론을 어떻게 펼쳤는가》(2001),

《이토 히로부미—알려지지 않은 이야기들》(2002) 등 저자가 근대의 일본인물을 통한 한일관계사를 재조명하려했던 노력의 연장선상에 있다.

저자는 "야나기에 대한 비판적 연구는 우리 학계가 먼저 해냈어야 할 일이지만 유감스럽게도 그를 '한국 예술의 원형을 정립한 공로자'로 칭찬한 1960년대 초기 수준을 못 벗어나고 있다"며 "최근 일본학계에서 야나기를 재조명한 연구결과가 잇따라 나오고 있다는 점에서 우리 학계의 분발이 요구된다"고 강조했다. 《한국일보》
2007년 9월 29일 / 이왕구 기자

☞ 《야나기 무네요시의 두 얼굴》

서울신문 기자 출신인 저자가 식민지시대 대표적 친한파 일본 지식인으로 회자되는 야나기 무네요시(1889~1961)를 재평가했다.

일본 민예운동의 창시자인 야나기는 한국 전통미술을 연구하고 수집한 미학자로 알려져 있다. 저자는 야나기가 조선인과 조선 문화를 잘 이해하고 사랑한 사람으로 떠받들어져 왔지만 이런 일방적 평가는 잘못됐다고 지적한다.

저자는 야나기의 언행이 "제국주의 시대가 낳은 부산물"이며 그는 군중심리 이론을 동원해 일제의 식민통치 방법을 문화통치로 바꾸는데 일조한 "제국주의 공범"이라고 주장한다.

저자는 그가 '조선의 벗에게 드리는 글'이라는 제목의 글에서 "우리(일본)가 총칼로 당신들(조선인)을 해치게 하는 것이 죄악이듯이,

당신들도 유혈의 길을 택해 혁명을 일으켜서는 안 된다" 등으로 강조한 것이야말로 그의 본심을 드러내는 것이라고 적었다.

책은 또한 그의 가족관계상 조선의 독립을 요구할 수 없는 상황이었다는 의견을 담았다. 여동생의 남편은 3·1운동 당시 조선총독부 내무국장이었고, 누나의 남편은 일본 해군 인사국장이었다는 것이다. 저자는 그가 3·1운동에 대한 일제의 무력 진압에 상처받은 조선 민족의 마음을 달래려 한 심리요법사이자 식민지 조선통치의 훈수꾼이라고 바라봤다.

책에는 '민예운동가인가, 문화정치 이데올로그인가'라는 부제가 붙었다. 《연합뉴스》 2007년 9월 19일

6.《인물로 본 일제 조선 지배 40년》

2년 여 각고 끝에 펴낸 조선총독 '폐정사弊政史'이다. 일제는 을사늑약 이후 패망 때까지 조선 지배를 위해 10명의 통감·총독을 임명했다.

이들은 우리 민족을 '황민화(일본인화)'할 목적으로 금품으로 친일파를 포섭하고, 사건을 거짓 조작하는 등 '악정'을 서슴지 않았다. 이들의 '폭력성'과 '야만성'을 명증하고자 통감

·총독들이 내세운 지배논리와 지배체제, 이들의 성장·출세과정, 임용배경, 군부 내 위상 등을 집중 조명했다.

이와 함께 이 책을 펴면 당시의 통치 실상을 한눈에 알 수 있게 역대 통감 및 총독들의 시정施政을 간추린 연보, 일제가 대한제국을 병탄하기 전 한국 정부에 강요했던 각종 조약문, 일제에 빌붙은 조선인 도지사와 역대 조선군 사령관 명단 등을 부록으로 소개

했다.

책을 내는 데는 어려움이 많았다. 특히 일본이 패망 후 물러가면서 자료를 모두 불태워버려 자료를 모으는데 애를 먹었다. 집필 도중 '글문'이 막혀 한동안 쉬기도 했다.

이 책 또한 2010년 8월 출간되자마자(지식산업사) 언론들이 호평을 해주어 큰 보람을 느꼈다.

☞ 〈일제강점기 통감·총독 면면을 읽다〉

일제 강점기를 떠올리는 것은 여러 각도에서 가능하다.

짐승 이하의 대접을 받으며 일본군 위안부의 치욕을 견뎌왔던 할머니들의 생생한 육성을 듣고 삶의 존엄과 일제의 야만성에 새삼 가슴 저려올 수 있다. 아니면 가야마 미쓰로香山光郎 혹은 이광수의 매국적인 행위를 다시 접하며 공분을 키울 수도 있다.

또는 조선의 청년을 일제의 야만적인 전쟁터의 부속품으로 내모는 시를 쓰며 자신의 천재적 문재文才를 악용했던 다쓰시로 시즈오達城靜雄 혹은 서정주를 돌이키는 것으로도 가능하다. 물론 그리 거창할 필요는 없다. 이제는 몇 남지 않았을 장삼이사 평범한 어르신들이라도 당시 일제의 지긋지긋함을 증명할 구체적인 유소년의 사례 몇 가지씩은 충분히 갖고 있다.

한일관계사 연구에 천착해온 서울신문 기자 출신의 재야사학자 정일성(68) 씨는 약간 다른 곳에서 일제 강점기의 기억을 돌이킨다. 그는 최근 펴낸《인물로 본 일제 조선 지배 40년》(지식산업사 펴냄)

에서 당시 식민지 조선 지배의 최일선을 진두지휘했던 일본 제국주의 인물들, 즉 통감과 총독의 면면과 구체적인 행적을 똑똑히 살피고 기록함으로써 일제 식민지배의 야만성과 폭압성, 조선의 백성들이 겪었던 고통의 실체에 접근해 간다. 그는 1910년 이전, 사실상 국권을 상실한 1905년 을사늑약을 실질적인 강점기의 시작으로 본다.

그는 초대 통감이던 이토 히로부미와 그를 이은 두 번째 통감 소네 아라스케를 제외하고 총독을 지낸 8명은 모두 육군, 또는 해군 대장 출신들이라는 점에 주목한다. 조선 지배의 야만성과 폭력성의 또 다른 이유라고 분석한다.

지난 2일 정씨를 만났다. 그는 "도대체 일제시대 통감·총독이 어떤 역할을 수행했고, 무슨 일을 했는지 제대로 조명하지 못했다. 이러한 인물을 제대로 아는 것이 중요하다"면서 "총독의 얼굴이 모두 군인이었던 만큼 식민통치가 더욱 강경해질 수밖에 없었다"고 말했다.

그는 강점기의 역사를 학문적이기보다는 저널리즘의 시각에서 접근했다고 덧붙였다. 책은 강제 징용, 창씨개명, 강제 동원, 문화재 약탈, 무참한 학살 등을 어느 시대에, 누가 했는지를 여러 실증적인 자료를 바탕으로 실사구시적으로 추적하고 있다. 또한 적극적인 부역자로서 친일파 관료들의 규모와 내용 또한 여러 자료로 뒷받침하고 있다.

초대 통감이자 일본 제국주의 침략의 '그랜드 비전'의 틀을 만든 이토 히로부미를 시작으로, 문화재 약탈을 자행한 2대 통감 소네 아라스케, 강제 병합의 주역인 통감으로 초대 총독까지 겸한 데라우치 마사다케, 3·1만세운동을 학살의 장으로 삼은 하세가와 요시미치(2대 총독), 기만적인 문화통치를 펼친 사이토 마코토(3, 5대 총독) 등 10명의 통감·총독이 일본에서 갖는 정치적 위상과 성장 배경, 개인적 특징 등을 면밀히 조사해 기록했다. 정씨는 특히 제7대 총독이었던 미나미 지로를 '조선의 히틀러'라고 불렀다. "모국어를 빼앗아 정신을 말살하려 했으며, 창씨개명을 주도해 민족의 뿌리까지 빼앗으려 했던 가장 악질적인 총독이었다"고 말했다.

이력을 다시 들여다보니 그는 30년 가깝게 서울신문사 기자 생활을 했다. 1985년 일본 게이오대학에서 객원연구원으로 있으면서 메이지유신에 대한 연구를 시작하며 관심의 싹을 틔웠다.

그리고 1998년부터 본격적으로 연구 성과를 쏟아냈다. 《황국사관의 실체》, 《후쿠자와 유키치―탈아론을 어떻게 펼쳤는가》, 《이토 히로부미―알려지지 않은 이야기들》 등 《인물로 본 일제 조선 지배 40년》까지 포함해 평균 2년에 한 권 꼴로 저서를 냈다.

책 뒤쪽에 일제의 한국 병탄 조약문들을 모아놓았다. 외교권과 사법권을 박탈해가는 일·한 협약, 한국 병합조약 등을 따라 읽노라면 100년 전 역사 속 우리의 무력함과 치욕감, 그들의 야만적인 폭압에 저절로 얼굴이 붉어진다.

또한 두 번째 부록으로 통감·총독 시절에 도지사를 맡았던 인물들의 실명이 총독(통감) 임기와 맞물려서 나열된다. 당대의 적극적 친일부역자들의 대표쯤이 되겠다. 객관적 사실의 힘은 그 자체로 절대적이고 감정을 뒤흔든다. 《서울신문》2010년 9월 4일 / 박록삼 기자

☞ 일제 식민지 시대 우리 겨레를 짓눌렀던 일본인 통감과 총독 10명의 행적을 파헤친 《인물로 본 일제 조선 지배 40년》(정일성 지음. 지식산업사. 476쪽 2만 3000원)이 나왔다. 언론인 출신인 지은이가 총독들의 성장과 출세과정은 물론 임용 배경, 통치 논리와 방법 등을 꼼꼼하게 되살렸다. 《중앙일보》2010년 9월 4일

☞ 이토 히로부미와 미나미 지로 등 일제강점기 조선을 지배했던 10명의 일본 총독을 되돌아봤다. 《동아일보》2010년 9월 4일

☞ 〈야만적 조선 총독들, 군인이었다… 10명 중 8명〉

1910년 일제에 강제로 나라를 빼앗긴 뒤 조선은 35년 동안 식민지 생활을 경험했다. 많은 역사학자들이 일본 제국의 조선 지배를 다른 식민지에 견줘 '가혹한 식민통치'로 평가한다. 그 폭력성과 야만성은 조선을 통치한 총독(통감)의 면면에서부터 극명하게 드러난다.

일제는 맨 처음 관리 122명을 한국에 파견, '한국 보호정치'를 시작했다. 1910년 한일병합 때 파견인원을 1만 4529명으로 늘리고 3·1독립만세운동 직후인 1920년에는 8000여 명을 더 늘렸다. 태평양전쟁을 시작한 1942년에는 5만 7302명으로 증원했다. 당시 친일

조선인 등을 합하면 10만 명이 넘는 숫자다.

기자 출신 재야사학자인 저자는 "조선인 220명에 1명씩(1939년 호구조사 인구 2280만 647명) 지배 인력을 투입한 셈"이라며 "1930년대 중반 3억 4000만 인구의 인도를 통치하기 위해 행정관리 1만 2000 여 명을 뒀던 영국에 비하면 100배가 많은 인원"이라고 짚는다.

저자는 군이 조선통치를 총괄하면서 일제의 조선 지배가 야만 성을 가지게 됐다고 지적한다. 훈공을 따내려는 욕심에 강경수단 일색이었다는 것이다. 총독 자격은 3·1운동 이후 문관에게도 열려 있었지만 형식이었을 뿐 문관이 총독이 된 적은 없었다고 강조한 다. 실제로 총독(통감) 10명 중 민간인은 이토 히로부미와 소네 아라 스케 2명뿐이었다.

《인물로 본 일제 조선 지배 40년》은 1906년부터 1945년까지 일 본의 조선 식민정치를 진두지휘하고 조선인들을 괴롭힌 총독(통감) 에 초점을 맞춰 당시 상황을 정리했다. 침략의 원흉인 초대 통감 이 토 히로부미를 시작으로 침략의 증거를 없앤 마지막 아베 노부유 키까지 역대 총독(통감) 10명을 살핀다.

아울러 당시 한국의 지배논리와 지배체제, 한민족으로 동화시 킬 목적으로 조작한 사건 등에 대해 여러 실증적인 자료를 바탕으 로 진실을 찾았다. 만주전쟁부터 태평양전쟁까지 침략전쟁과 연관 지어 일제의 흥망성쇠에도 주목했다. **인터넷신문《뉴시스》2011년 1월 13일 / 진현철 기자**

☞ 〈일본의 잔혹함을 알게 해준 책〉

이 책을 쓰신 정일성 선생님!

자료 찾으시느라 고생 많이 하셨습니다.

해방되자마자 이런 책들이 편찬되었으면 지금 저희들이

역사, 국사를 잃어버리지 않고 조금은 일본인들도

한국인의 눈치를 보면서 살았을 텐데…

참으로 아쉽고 많이 속상합니다.

친일파란 말만 들었지…

구체적으로 어떠한 행위를 하고 그 피해가 조상과 지금의 후손

들, 앞으로 태어날 미래의 한국인들에게 얼마만큼의 파장으로

이어질지…

현재로서는 전혀 감이 잡히지 않고 있습니다.

책을 읽어내려 가면 갈수록 슬프고, 속상하고, 분하고,

어찌도 일본인들은 저리도 뻔뻔하게 살고 있는지…

친일파 후손 또한 하늘이 무서워서라도 조용히 살아야 되는데…

되레 권력을 휘두르며 살고 있지만,

더 많이 갖기 위해서… 온갖 부정부패를 저지르고 언론에 얼굴

내미는 모습이 역겹습니다.

가장 속상한 말이 바로 이 말입니다.

친일행위하면 3대가 잘 먹고 잘 살고, 독립투사를 하면 3대가

가난하게 산다.

일본과 중국은 원래부터 중요한 과목이라고 국사, 국어가 있었

는데…

한국은 친일파 후손들이 의도적으로 없앴는지…

올해에 국사과목이 고교과정에 들어간다는 황당한 소식이 있군요.

황국신민학교의 준말이 국민학교인데,

2000년이 지나서까지 해방 후 50년이 넘게 쓰고 있다가 초등학교로 바뀌었습니다.

이것이 친일파 후손의 힘입니다.

지금도 권력의 핵심에서 온갖 특혜를 누리는 친일파 후손들이 발 디디지 못하도록

이 책을 꼼꼼하게 읽어야 함을 알려드립니다.

인물 한 명 한 명이 세상을 망하게도, 흥하게도 할 수 있다는 점을 이 책은 너무도 세밀하게 정확하게 알려주고 있습니다.

소름끼치게 속상한 과거지만, 앞으로 더 잘 살기 위해서

이제는 일본에 당하지 않기 위해서 꼭 읽어야 될 책이라 감히 추천합니다.

인터넷서점 〈예스24〉 (http://blog.yes34.com/document/4142438)

☞ 〈일제 식민통치 야만성의 기저는 무엇인가〉

일본제국은 1906년 2월 한국통감부 설치 이후 패망 때까지 모두 10명의 통감과 총독을 임명했다. 《일제 조선 지배 40년》은 이들 인물의 조선 통치를 고찰한 책이다.

통감은 이토 히로부미, 소네 아라스케, 데라우치 마사다케 등 3 명이었고 총독은 하세가와 요시미치를 포함하여 총 7명이었다.

저자는 이들 10명의 통감과 총독을 논하면서 일제 식민통치의 폭력과 야만성을 고발한다. 저자에 따르면, 일제의 조선 지배가 야만성을 띠게 된 것은 군이 조선통치를 통괄했기 때문이다. 동시에 당시 일본 언론과 식민정책 학자 역시 일제의 야만적인 통치를 부채질 하는 데 큰 몫을 했다.

이 외에도 역대 통감 및 총독의 시정을 간추린 연보와 일제가 대한제국을 병탄하기 전 한국정부에 강요했던 각종 조약문, 일제에 빌붙은 조선인 도지사와 역대 조선군 사령관 명단을 부록으로 첨부하였다. 독자는 이 책으로 당시의 통치 실상을 한눈에 알아볼 수 있을 것이다.

저자는 이 책 외에도《황국사관의 실체》등을 저술한 일본 전문가다. 《고대 교우회보》2010년 10월 10일(제483호)

7.《일본을 제국주의로 몰고 간
후쿠자와 유키치 '탈아론'을 외치다》

첫 판을 낸 지 11년 만에 개정판을 냈다. 책 제목도《일본을 군국주의로 몰고 간 후자와 유키치 탈아론을 외치다》로 고쳤다. 여기서는 글의 항목을 좀 더 읽기 편하게 재조정하고, 내용을 다시 다듬어 잘못된 부분과 부족한 점을 수정·보완했다.

그 가운데서도 후쿠자와가 갑신정변이 실패로 끝나자 김옥균 등 개화파에 지원한 1만 5,600엔을 조선정부에 요구하여 모두 받아낸 점, 홍종우의 김옥균 암살은 일본 정부가 개입했을 가능성이 높은 점, '자학사관 극복운동'의 하나로 후쿠자와 초상을 만 엔짜리 지폐의 얼굴로 추대한 것, 후쿠자와가 검도의 달인이었다는 사실 등은 새로 밝힌 내용들이다.

☞ 〈'조선 침략' 주창한 두 얼굴의 일본인을 아시나요〉

일본인 후쿠자와 유키치(1835~1901)를 아시나요. 일본의 근대화를 이끈 계몽사상가로 19세기 중반 이후 한·일 관계사에 커다란 영향을 끼친 저널리스트이자 교육자였다. 그는 일본에서 흔히 '국민의 교사', '국민국가론의 창시자', '절대주의 사상가' 등으로 불린다.

특히 죽은 지 100년이 지났지만 오늘날 일본 화폐의 최고액인 1만 엔짜리의 얼굴로 부활해 일본을 상징하고 있다. 그러나 이는 일본의 역사가들이 일본 근대화 과정에 공헌한 그의 순기능만을 부각시킨 하나의 단면에 지나지 않는다. 탈아론脫亞論이라는 이름으로 일본을 제국주의의 미로迷路로 오도한 과오를 감안하면 그의 업적은 반감될 수밖에 없다.

다시 말해 그는 두 얼굴의 사나이다. 일본인에게도 그러하고 우리 한국인에게도 그러하다. 일본인들에게는 유럽과 미국을 따라 배워야 한다고 주장한 점에서는 선구자일지 모르지만 일본이 아시아를 지배해야 한다는 논리는 결국 일본으로 하여금 제2차 세계대전에서 원자탄의 세례를 받게 했다. 한국인들에게 그는 조선 개화파 인사들을 돕고 부추겨 갑신정변을 일으키는 데 애쓴 사람이기도 하다.

그러나 정변 실패 뒤에는 일본의 조선 지배를 강력히 주장한 장본인이다. 아울러 일제 정부보다 앞장서서 청일전쟁 도발을 충동하고 조선에 있던 일본인 보호를 구실로 조선에 주둔군 파병의 필요성을 소리 높여 외쳤다. 또 '정한론'을 뛰어넘는 '조선정략론'을 주창하고 조선의 개혁이 곧 일본의 독립을 유지하는 길이라는 논리를 내세워 조선의 국정 개혁을 추진하고 감시하는 '조선국무감독관'제를 제안했다. 이 조선국무감독관은 조선총독으로 이름이 바뀌어 일제 식민통치의 상징으로 군림하게 된다.

신간《후쿠자와 유키치》(정일성 지음, 지식산업사 펴냄)는 이같은 사실에 방점을 찍으면서 그의 두 얼굴을 자세히 들여다보고 있어 눈길을 끈다. 지금까지 우리에게 일본의 위대한 사상가로 인식되고 있는 점이 잘못되고 있다고 지적한다.

역사 교과서 왜곡을 주도하고 있는 일본 우익 지배층이 대부분 후쿠자와의 '조선·중국 멸시 이론'으로 정신무장하고 있다는 사실을 강조한다. 후쿠자와의 탈아론은 아시아 침략의 논리로 조선과 중국 지배를 정당화하고 있다는 점에서 역사 왜곡의 근원이 되고 있음을 설명한다.

이 책은 일본 우익 지배층의 비뚤어진 시각을 이해하는 데 도움이 된다. 그런 점에서 정치인, 교육자, 언론인, 그리고 대학생들이 한번쯤 읽어 봐야 할 필요가 있다는 느낌이 들게 한다. 11년 전 처음 책을 냈고 이번에 개정판을 냈다. 《서울신문》 2012년 6월 30일 / 김문 선임기자

☞ 〈동문동정 탐방─정일성 동문(14회)의 놀라운 집념〉

정일성 동문(14회)을 대하면 항상 여유로운 웃음으로 반긴다. 고집이나 외골수, 끈질김 같은 표현과는 거리가 먼 푼푼한 모습이다.

그러나 정일성 동문은 외양과는 판이하게 집념의 저술가요, 애국운동의 실천가이다. 정 동문은 일본의 한국 침략(조선 지배), 한국 병탄(倂呑)의 음모와 실천에 힘을 보탠 일본의 세력과 인물을 추적하고, 그들의 음험한 모습을 들춰내는 일에 혼신을 다하고 있다. 정 동문은 2001년에 펴냈던 책《후쿠자와 유키치—탈아론(脫亞論)》을 어떻게 펼쳤는가를 이번에 11년 만에 다시 한 번 수정·보완하여 개정 신판을 내놓았다. 책 이름도《일본을 제국주의로 몰고 간 후쿠자와 유키치—'탈아론'을 외치다》로 손질하였다.

이번 개정신판은 글의 항목을 읽기 편하게 재조정하고, 미흡했던 부분을 수정·보완했으며 새롭게 찾아낸 자료를 추가해서 책의 분량도 초판 344쪽에서 395쪽으로 늘어났다. 개정신판에는 후쿠자와가 김옥균 등 개화파에 지원했던 자금 1만 5,600엔을 나중에 조선 정부에 요구하여 모두 받아낸 것과 일본이 '자학사관(自虐史觀)' 극복운동의 하나로 후쿠자와 초상을 만 엔짜리 지폐의 얼굴로 추대한 내용, 후쿠자와가 검도의 달인이었다는 사실 등이 새로 밝힌 내용들이다. 이와 함께 후쿠자와의 〈탈아론〉이 쓴 지 66년 만에 세상에 알려지게 된 까닭과 일본 보수우익의 역사 미화 동향을 결론으로 따로 묶었다.

초판은 2001년 일본이 자국의 중학생용 교과서를 날조하여 과거 침략행위를 부정하고 일제의 조선 식민지배가 한국 근대화에 이바지했다는 억지 주장과 함께 '침략'을 '진출'로, 우리의 '3·1운동'을 '3·1폭동'으로, '일본군 위안부'나 '조선인 강제 연행' 등은 역사에 없었던 일로 교과서에서 삭제했던 사건의 와중에서 출판되었다. 그 당시 국내 언론들은 현재 일본 화폐의 최고액인 1만 엔짜리 화폐의 얼굴로 부활한 '후쿠자와 유키치福澤諭吉'의 아시아 침략 사상이 오늘날 일본 보수 우익 사상과 역사 왜곡에 맥이 닿아 있다는 책의 연구 결과를 뜨겁게 성원했었다.

국내 언론들은 〈1만 엔 권 지폐 주인공의 두 얼굴〉(한국일보), 〈일본 최고 우익 이론가의 조선 망언〉(중앙일보), 〈탈아입구脫亞入歐론 주창 후쿠자와 평전〉(조선일보), 〈교과서 왜곡의 근거─후쿠자와 탈아론 정체는?〉(세계일보), 〈일본 우익 뿌리는 탈아론〉(한겨레), 〈일본 군국주의 망령을 해부한다〉(서울신문), 〈일본 역사왜곡의 근원사상〉(한국경제), 〈일 사상가 후쿠자와의 삶〉(매일경제), 〈후쿠자와의 오만한 탈아론〉(동아일보), 〈일본 우경화의 근원 파헤쳐〉(서울경제) 등으로 서평을 메웠다.

일본인 후쿠자와 유키치(1835~1901)는 하급 무사의 아들로 태어났으나 신분상의 제약을 이겨내고 영어 통역사로, 게이오기주쿠慶應義塾를 설립, 운영한 교육자로,《지지신보時事新報》를 창간한 언론인으로,《서양사정》《학문의 권유》《문명론의 개략》등 3대 명저를 쓴 일본 제1의 저술가로 '일본 국민의 선생'으로 대우받은 인물이었다. 그는 일본의 근대화를 이끈 계몽사상가로 한·일 관계에 커다란 영향을 미쳤는데, 조선 정부와 유학생 파견에 관한 정식 계약을 체결한 뒤 비용을 미리 받고 조선 학생들을 받아들였으며, 김옥균(1851~1894) 등 개화당을 지원, 갑신정변을 사주하고도 인명 피해 등 그 책임이 청국에 있다고 주장, 외교협상을 지원하기도 했다.

후쿠자와는 정변 실패 뒤에는 일본의 조선 지배를 강력히 주장한 장본인이었다. 그는 김옥균이 암살된 후 "그동안 김옥균에게 8천 엔, 조선 유학생들에게 7,600엔의 학자금 등 모두 1만 5,600엔을 빌려주었다"고 주장, 그 돈을 조선에서 받아내기도 하였다. 그는 일본 정부보다 앞장서서 청일전쟁 도발을 충동하고, 조선에 있던 일본인 보호를 구실로 조선에 주둔군 파병의 필요성을 주장하기도 하였다. 그는 또 '정한론征韓論'을 뛰어넘는 '조선정략론'을 주창하고 조선의 개혁이 곧 일본의 독립을 유지하는 길이라는 논리를 내세워 조선의 국정 개혁을 추진하고 감시하는 '조선국무감독관제'를 제안하기도 했다. 그가 제안한 '조선국무감독관'은 '조선통감' '조선총독'으로 이름이 바뀌어 일제 식민통치의 상징으로 군림하게 된다.

후쿠자와는 일본인은 물론 우리 한국인에게도 두 얼굴의 지식인이었다. 그는 '서구 민주주의 사상의 소개자', '민권론자', 절대주의 사상가'이자 '아시아 침략의 이론가'였다. 그는 자신이 창간한 《지지신보》에 조선과 중국 문제에 관한 주장을 1,500여 편이나 썼고, 이웃 나라인 중국과 조선은 일본에 도움이 되지 않고 일본 외교에 장애가 되니 일본은 그 대열에서 벗어나 서양문명국과 진퇴를 같이하여 중국과 조선을 접수해야 한다는 이른바 '탈아론脫亞論'을 주창하여 우리 민족에게는 식민의 고통을, 일본인에게는 제2차 세계대전에서 원자탄 세례를 받게 한 선동가였다.

후쿠자와의 '문명개화'를 주제로 한 발언과 글들은 조선의 일부 개화 지식인들에게 많은 영향을 끼친다. 후쿠자와의 명저로 평가되는《서양사정》이 나온 후 25년이 지난 1895년에 우리나라 유길준의 《서유견문西遊見聞》이 출간된다. 유길준은 후쿠자와가 운영하던 게이오기주쿠에서 처음 받아들인 외국인이자 조선의 첫 해외 유학생이었다. 유길준은 후쿠자와 집에서 5개월 동안 기숙하면서 일본말과 풍습을 익혔고, 10여 개월 뒤에는《지지신보》에 일본어로 기고할 만큼 머리가 비상했다고 한다.

소설과 논설 등으로 우리 민족에게 큰 영향을 미친 문필가 이광수는 후쿠자와에 대한 흠모와 열정을 담은 글을 많이 남겼다. 이광수는 후쿠자와보다 57년 뒤에 태어나 함께 만날 수는 없었지만 상하이 임시정부《독립신문》발행과《동아일보》편집국장 등 언론계에 종사하였고, 머리가 우수한 대문장가라는 점 등 닮은 점이 많았다.

정일성 동문은 그동안 일본의 조선 지배를 정리한 역저들…《후쿠자와 유키치》(초판),《이토 히로부미》,《황국사관의 실체》,《도쿠토미 소호德富蘇峰》,《야나기 무네요시의 두 얼굴》,《일제 조선 지배 40년》 등을 포함해 일곱 번째의 한·일 근현대 관계사를 저술하였다. 정 동문의 놀라운 집념과 애국정신이 후세에 길이 남을 위대한 작업으로 결실되기를 기원하면서 정 동문의 건강과 행운을 빌어본다. **재경순천사범총동창회 싸이월드 카페**(club.cyworld.com/scns) 2012년 7월 15일 / 이홍기 전 KBS보도본부장

알수록 이상한 나라 일본

초판 1쇄 발행 2018년 12월 10일
초판 2쇄 발행 2022년 1월 15일

지은이 정일성
펴낸이 윤형두
펴낸곳 범우사

등록번호 제406-2003-000048호(1966년 8월 3일)
 (10881) 경기도 파주시 광인사길 9-13 (문발동)
대표전화 031)955-6900, 팩스 031)955-6905

홈페이지 www.bumwoosa.co.kr
이메일 bumwoosa1966@naver.com

ISBN   978-89-08-12448-6 03910

* 잘못된 책은 바꾸어 드립니다.